憲政と近現代中国

Constitutionalism and Modern China

国家、社会、個人

石塚 迅　ISHIZUKA Jin
中村元哉　NAKAMURA Motoya　編著
山本 真　YAMAMOTO Shin

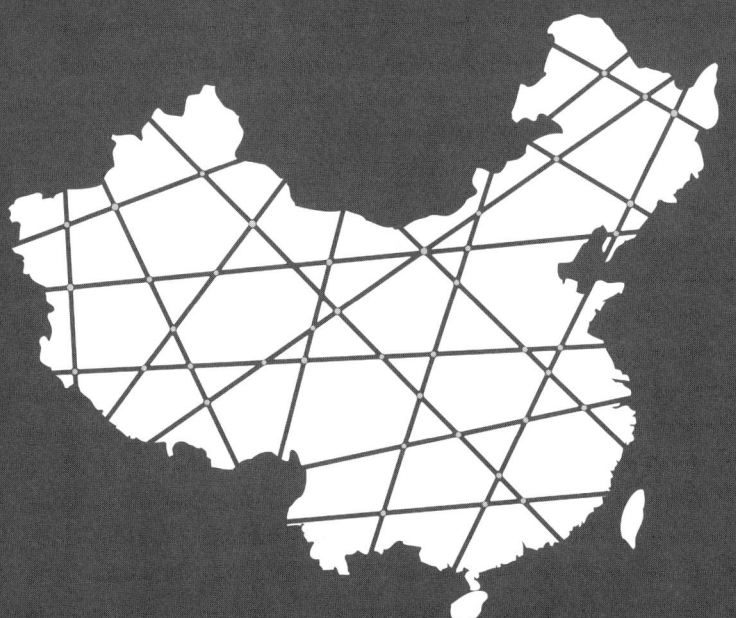

現代人文社

目　次

序 6

第1部　政治史からのアプローチ

研究の視角と方法 18

第1章　近代中国憲政史における自由とナショナリズム 22
張知本の憲法論と中華民国憲法の制定過程

中村元哉

はじめに　22
1　憲政をめぐる世界の思想潮流と張知本の政治思想　27
2　張知本と五五憲草　30
3　張知本と中華民国憲法　33
おわりに　38

第2章　憲法の制定から憲法の施行へ 43
「政協憲草」とリベラリストの憲政主張（1946～1972）

薛化元（訳：吉見 崇）

はじめに　43
1　「政協憲草」から中華民国憲政体制へ　44
2　憲法施行とリベラリストの憲政主張──雷震を中心に　54
おわりに　65

第2部　社会史からのアプローチ

研究の視角と方法……………………………………………………………………72

第1章　新式学校の設立と郷村の慣習・民俗をめぐる文化摩擦…………77
清末新政期、四川省における廟の樹木の伐採問題

徐躍（訳：山本　真）

はじめに　77
1　四川省における新式教育の導入と「廟産興学」　79
2　廟の樹木に関わる慣習・民俗　85
3　廟の樹木をめぐる紛糾と訴訟　88
おわりに　99

第2章　1940年代、四川省における地方民意機関と秘密結社…………103

山本　真

はじめに　103
1　四川農村社会と秘密結社・哥老会　104
2　四川における基層行政制度の改革と哥老会　111
3　民意機関の光と影　114
おわりに　120

第3部　憲法学からのアプローチ

研究の視角と方法 128

第1章　紆余曲折の中国憲政研究60年 133
　　　　『人民日報』掲載論文を手がかりに

周永坤（訳：石塚 迅）

はじめに　133
1　「憲政」という語の移植と消失　133
2　苦難に満ちた「憲政」の復興　141
3　『人民日報』の影響の下での憲政研究　147
おわりに　151

第2章　現代中国の立憲主義と民主主義 158
　　　　人民代表大会の権限強化か違憲審査制の導入か

石塚 迅

はじめに　158
1　立憲主義と民主主義　160
2　民主集中制における人民代表大会と人民法院　163
3　人民代表大会の権限強化か違憲審査制の導入か　165
おわりに　173

あとがき 178

索引 182

凡　例

　私たちは、本テーマに関心を示す様々な分野の研究者、さらには一般の人々に本書を広く手にとってほしいと切望している。そこで、読者の参考に供するべく本書では以下のような工夫を施した。

1　適切な日本語訳がみつからない場合、または、参考として中国語の原語を併記することが有益である場合には、中国語の原語を〔　〕に入れて表記した。

2　専門事項、事件名、人名など、説明を補足することが必要または有益である場合には、各章末の原注とは別に、頁ごとに脚注（ⅰ、ⅱ、ⅲ…）を付した。
　　なお、第1部第2章薛化元論文、第2部第1章徐躍論文、第3部第1章周永坤論文の脚注は、当該章の訳者が付したものである。

3　使用頻度の高い用語は略称を用いた。以下のとおりである。
　中華民国国民政府　→　国民政府
　中国国民党　　　　→　国民党
　中国共産党　　　　→　共産党

4　中華人民共和国の法律については、その名称の冒頭に冠せられる「中華人民共和国」を原則として省略した。また、中華人民共和国の憲法については、その制定された年に応じて、「1982（1954、1975、1978）年憲法」と表記した場合がある。

序

石塚 迅
中村元哉
山本 真

1

　かつて、憲法学者の樋口陽一氏は、「20世紀末のいま、世界に、人権＝立憲主義の妖怪があらわれている」と述べ、1989年6月4日の中国政府による民主化運動武力弾圧（「天安門事件」）について、「人権の『妖怪』性におびえた支配体制の側からの、憑かれたような反撃だった」と評し、それは「資本主義に抗する社会主義の反撃というより、西欧立憲主義の核心というべき政治的自由主義の拒否」であり、「鄧小平政権が『ブルジョア自由主義』と弾劾しているものこそ、西欧立憲主義の精神であり、その本質は、諸個人の尊厳にほかならない」と断じたことがある[1]。

　近現代中国の政治・社会・思想情勢を解析するにあたり、自由、民主、人権、法治、自治などがきわめて重要なタームであることは、歴史学、社会学、政治学、法律学など、学問分野を問わず、中国研究に携わる多くの論者の間で強く意識されてきた[2]。

　本書は、編著者である石塚迅、中村元哉、山本真が2007年以降に進めてきた共同研究の中間成果である。本書も上で述べた点を強く意識するものである。すなわち、本書は、近現代中国において憲政がどのように受容され展開されてきたのかを検討することを通じて、近現代中国の政治・社会・思想情勢を読み解くことをその狙いとする。

　従来の研究に比して、本書の斬新さは次の2点に表現される。すなわち、一つは、「憲政」を本書執筆者の共通の分析タームとした点、もう一つは、歴史学（政治史、社会史）、法律学の研究者による学際的・国際的な「対話」を重視した共同研究であるという点である。

2

「憲政」とは何か。

憲政もまた、近現代中国の政治・社会・思想情勢を読み解くにあたり、重要なキーワードの一つであることは、清末の憲政構想、孫文の国家建設論（「軍政」→「訓政」→「憲政」）などをみれば明らかである。中国の法哲学者の李歩雲氏は、憲政を次のように定義づけている。「憲政とは、国家が、現代文明を充分に体現する憲法に基づいて統治を行ない、一連の民主原則および制度を主要内容とし、法治の励行を基本的保証とし、最も広範な人権を充分に実現することを目的とする政治制度である。……民主は憲政の基礎であり、法治はその重要な条件であり、人権保障は憲政の目的である」[3]。このように、現代中国の法学界においても、憲政は、民主、法治、人権と有機的に連関し、それらを包摂しうる概念として把握・理解されているのである。憲政をめぐる思想と制度は、それぞれの国家や社会の状況をある一面から反映すると同時に、現実において理想を実現していくための規範概念としての役割をも果たしうる。近現代中国研究もその例外ではない。

他方において、それがきわめて多義的な概念であり、論者により様々な用いられ方をされてきた点にも注意を払わなければならない。共同研究を進めるにあたって、包括的な概念を提示することは、ある事象を多角的に解明するために有用である一方、共同研究の方向性を曖昧模糊としてしまう危険性をも秘めている。そこで、憲政という概念について、ここで現時点における私たち編著者のおおよその共通理解を示しておきたい。

広義における憲政とは、文字どおり憲法に基づく政治（憲法政治）を指す。ここでは、憲法の内容についてはあまり問われることはない。それゆえ、広義における憲政を形式的意義における憲政と称することも可能である。

これに対して、狭義における憲政または実質的意義における憲政は、憲法の内実を問う。憲法は立憲主義的意味の憲法、すなわち国家権力の濫用を制約し国民の権利・自由を保障する法規範でなければならない。1789年の「フランス人権宣言」は、16条において「権利の保障が確保されず、権力の分立が定められていないすべての社会は、憲法をもたない」と謳っているが、これこそが立憲主義思想の端的な表現である。そうした立憲主義的意味の憲法に基づく政治が狭義における憲政または実質的意義における憲政である。あ

るいは、狭義における憲政は立憲主義そのものと同義であると解してもよく、実際に、今日、中国・台湾の憲法学者は、少なからず、constitutionalismを「憲政」と訳している。

さらに、最狭義における憲政（立憲主義）は、国家権力の濫用を制約し国民の権利・自由を保障することの内実を問う。例えば、憲法学者の阪口正二郎氏は、「権力＝多数者によっても侵しえないものとしての『人権』という観念と、それを担保するための違憲審査制という装置を内容として持ったもの」として立憲主義を理解している[4]。また、同じく憲法学者の長谷部恭男氏は、「この世には、人の生き方や世界の意味について、根底的に異なる価値観を抱いている人々がいることを認め、そして、それにもかかわらず、社会生活の便宜とコストを公平に分かち合う基本的な枠組みを構築することで、個人の自由な生き方と、社会全体の利益に向けた理性的な審議と決定のプロセスとを実現することを目指す立場」として立憲主義を理解している[5]。

本書は、もとより、憲法学の専門書ではなく、憲政概念そのものを検討対象とすることを主たる目的とするものでもないため、憲政に関する編著者の共通の立場について最狭義をとる必要はないし、またとるべきでもない。他方において、憲政概念について広義をとれば、憲政が人権、自由、民主、自治などと連関する点を軽視することになり、私たち編著者の共同研究の分析の視角および方向性を不透明なものとしてしまう。そこで、私たち編著者は、可能な限り、憲政を狭義の意味、すなわち国家権力の濫用を制約し国民の権利・自由を保障する思想あるいは制度という意味で使用したい。ただし、それは編著者の間での緩やかな共通理解であり、執筆者によっては、より広義に近い意味で憲政概念を用いている場合もあることをお断りしておく。

3

このように、憲政概念を狭義の意味で把握することにより、私たちは様々な問いを設定し、またそれに接近していくことが可能となる。

第1に、近現代中国（中華民国、中華人民共和国）は憲政（立憲主義）を受容したといえるのか、もし受容したのであればどの段階で、またどの範囲まで受容したのか、という問いである。

この点に関連して、本書第3部所収の周永坤論文の指摘が示唆に富む。「西

欧世界においては、憲政運動は憲法に先んじたため、憲法の成立後に、憲政を否定するような現象は、憲法の存在価値を同時に否認しない限り発生しえなかった。しかしながら、東方はこれとは異なる。東方の憲法は、権力の意志を実現する道具として導入されたものであり、権力の意志は、往々にして、憲法の名を用いて、憲法の拘束を受けることを拒絶してきた。このことは、（権力の合法性を獲得するために）憲法を受け入れると同時に憲政を排斥するという異常な事態を創出させたのである」（本書152頁）。周永坤氏は、「認識において、また、実践において、憲法と憲政とを分離させることは、典型的な『東方問題』の一つである」（本書152頁）と論じている。後述するように、私たち編著者は、「西欧＝普遍」、「東方（中国）＝特殊」という単純な二分法の妥当性については慎重な立場をとり、また、「東方」の多様性（東アジア諸国の多様性、中国内部の多様性）こそ同時に検討されなければならない課題であると考えている。さらに、周永坤論文を引用することによって、近代西欧の影の部分、すなわち、近代西欧世界の一部が対内的に帝国主義政策によって支えられていた事実や自国のナショナリズムの暴走を制御できなかった事実を隠蔽したいわけでもない。私たち編著者が注目したいのは、周永坤氏の指摘における「憲法と憲政の分離」という点である。

戦前の日本は、1889年２月に「大日本帝国憲法」を公布したものの、その規定内容には、天皇の神聖不可侵、統帥権の独立、「臣民」の権利、法律の留保、協賛議会、司法審査制の欠如、特別裁判所の存在、地方自治の欠如など、様々な問題点があり、憲法と憲政（立憲主義）との間になお隔たりが存在していた。大日本帝国憲法体制が今日多くの憲法学者によって「外見的立憲主義」と称されるゆえんである。吉野作造の民本主義も、美濃部達吉の天皇機関説も、こうした憲法と憲政とのズレを埋める知的営為の試みの一つだったのである。このような一部知識人の真摯な内発的努力はあったものの、日本が最終的に憲政（立憲主義）を受容したのは、ポツダム宣言の受諾およびそれにともなう新憲法（日本国憲法）の制定によってであった。戦後、今日に至るまで、憲政（立憲主義）が日本国民の間でどこまで定着したかについては評価が分かれるところであろう[6]。

このような戦前日本の「外見的立憲主義」、憲法と憲政との間のズレは、近代中国の憲政認識、およびそれに基づく体制選択に大きな影響を与えた。近現代中国の初めての憲法的文書である「欽定憲法大綱」（1908年）は「大日本

帝国憲法」をその主たるモデルとし、その規定内容については、少なくとも「大日本帝国憲法」と同程度の外見性を有していた[7]。本書第1部において詳細に論じられるが、その後の中華民国期の憲政運動もやはり憲法と憲政との間のズレを埋める、換言すれば、憲法を真に立憲主義的意味の憲法にする努力であったといえよう。中華民国が憲政（立憲主義）を受容した一つの画期は、間違いなく「訓政」から「憲政」への移行が宣言された1947年の「中華民国憲法」の公布であろう。しかしながら、本書第2部で論じられているように、中華民国期の各政府および国民党、さらには知識人レベルでの憲政（立憲主義）の受容が一般大衆、とりわけ農村社会にどのように浸透していたかについてはなお検討の余地があるだろうし、その後、中華民国が台湾に撤退する前後に憲政を棚上げにしたこと（「動員戡乱時期臨時条款」[1948年]や「戒厳令」[1949年]など）を想起すれば、台湾において真に憲政が定着しはじめたのは、1980年代後半の政治的民主化以降である、と捉えることも可能であろう[8]。

　それでは、中華人民共和国はどうか。中華人民共和国は西欧的な立憲主義を全否定するところからスタートした[9]。すなわち、中華人民共和国憲法の位置づけは、西欧のそれとは大きく異なっているのである。憲政を狭義として把握した場合、中華人民共和国は今なお憲政を受容していないとみるべきであろう。ただし、そうした中華人民共和国憲法の性格が、西欧憲法のオルタナティブといえるものなのか、それとも、西欧憲法の「理念の不完全な実現」[10]にすぎないのか、については見方が分かれよう。現時点において、中華人民共和国政府および共産党は、ことあるごとに西欧的な政治体制は採用しないと明言しているが、他方において、近年、「社会主義法治国家の建設」や「人権の尊重と保障」といった文言を憲法に書き加えるなど、憲政（立憲主義）を意識した動きもみせている。また、中国の法学者たちは、現行の中華人民共和国憲法体制を前提とした上で、憲政の真の実現に向けて様々な政策提言を行っている（本書第3部を参照）。

　第2に、「中国的（中国型）憲政」が設定可能なのか、という問いである。

　長谷部氏は、立憲主義とは「近代のはじまりとともに、ヨーロッパで生れた思想」であるとして、「特殊東洋的な立憲主義などというものは存在しない」と断言する[11]。このように、憲政（立憲主義）を最狭義で把握する長谷部氏の立場に立てば、西欧立憲主義を近現代中国（中華民国、中華人民共和国）

が受容したのかといえるのか、という第1の問いのみが問題となり、第2の問いはそもそも問題とはならない。立憲主義の不可欠な要件として違憲審査制を挙げる阪口氏の立場でもおそらく同様のことがいえよう。これに対して、憲政を広義の意味で把握する立場に立てば、憲法の内容についてはあまり問題にしない以上、「中国的（中国型）憲政」も設定可能ということになる。それでは、憲政を狭義の意味で把握した場合はどうか。これについては見方が分かれよう。「(国家)権力は制限されなければならない」という思想、およびそれを実現する制度として、中国的（中国型）なものを想定することもあるいは可能かもしれない。第1の問いで言及したような現在の中華人民共和国憲法体制をどのように評価するのかとも関わる問題である[12]。すでに述べたように、私たち編著者は、可能な限り憲政を狭義の意味で使用することを緩やかな共通理解としているが、この第2の問いについては、私たち編著者、さらには執筆者の間でも、答えは完全には一致していない（むしろ、読者の皆さんには、この意見の不一致を玩味していただきたい）。

　ただ、ここで、一点だけ強調しておくべきことは、私たちが「憲政」という普遍的なキーワードによって世界とも共時性を有している近現代中国の政治・社会・思想情勢を解き明かしつつも、同時に、中国内部の時間性と地域性、およびそれによって規定される社会構造をつぶさに観察する手法をも活用しながら、普遍性からはこぼれ落ちてしまう近現代中国の特殊性にも着目していることである。なぜなら、憲政という分析タームを用いて、近現代中国の政治・社会・思想情勢を語ること自体に無理がある、換言すれば、憲政という普遍性を有する地平から近現代中国を眺めてみるという発想自体がもしかしたら私たちの「錯覚」にすぎないかもしれないからである。仮にそうだったとすれば、なぜ「錯覚」にすぎないのかを問い直すことも必要となってくるであろう。つまり、近現代中国において憲政を「めぐる」政治・社会・思想情勢がかくも多層・多様に確認できるにもかかわらず、なぜ憲政という研究視角が成立しえないのか、という問いである。そうした問いに取り組んだ結果として、伝統中国の法・政治文化やその社会構造に根差した近現代中国の特殊性が逆照射されるのであれば、本共同研究の成果はやはり中国研究以外の分野にも共有されうるものとなるであろう。なぜなら、そこでいう近現代中国の特殊性とは、憲政という普遍性のフィルターをいったんくぐり抜けた上での特殊性だからである。

4

　以上のような大きな問いに一歩ずつ接近していくために、私たちは様々なことを明らかにしていかなければならない。例えば、近現代中国の憲政概念をめぐって政府・党の指導者および知識人の間でどのような議論が展開されてきたのか、憲政をめぐる議論は国家の制度設計にどのように反映されてきたのか、憲政の思想および制度は一般大衆にどの程度まで浸透していたのか、等々が検討されなければならない。これら個々の検討が、研究者それぞれの依拠するディシプリンによってなされるのは当然のことであるが、そうした検討の成果を従来のように個別的な学問分野にとどめおくのでは、近現代中国の憲政をめぐる政治・社会・思想情勢を立体的に把握・理解するにあたってなお不十分である。そこで、私たちの共同研究は、「対話」を可能な限り重視するよう努めてきた。すなわち、一つは「学際」的な「対話」、もう一つは「国際」的な「対話」である。本書はかかる「対話」の積み重ねの成果でもある。

　本書は3部から構成される。第1部には歴史学（政治史・思想史）的な視角から中華民国憲法史を分析した論文が、第2部には社会史・文化史の手法を用いて清朝・中華民国期の地域政治を分析した論文が、第3部には比較憲法論・比較人権論的視点から中華人民共和国の憲法思想・憲法体制を分析した論文がそれぞれ収録される。そして、各部にそれぞれ2篇ずつ論文を収録している。そのうち、1篇は編著者の論文であり、もう1篇は編著者がこれまで研究交流を積み重ねてきた当該分野の第一人者の中国・台湾の研究者の論文である。

　個々の学問分野に配慮して3部構成にしてはいるものの、編著者の3篇の論文は、約3年にわたる共同研究において、相互に発表・討論・批判した中で生まれたものであり、それぞれが他の学問分野との「対話」を強く意識した内容となっている。すなわち、第1に、今日の中国および台湾における憲政の歴史的起源は20世紀初頭の清朝による立憲改革に始まるが、近代中国における憲政潮流の一つの総決算が、1947年の「中華民国憲法」の公布・施行であった。こうした近代中国における憲法をめぐる政治と思想の動向は、今日の中国および台湾における憲政論とどのように連関しているのであろう

か。第2に、中華人民共和国の憲法体制は、中華民国の憲法体制を全否定するところからスタートしたが（「国民党の六法全書を廃棄し解放区の司法原則を確定することに関する指示」［1949年］）、上述したように、1990年代後半以降、中国においても憲政、人権といった概念に「復権」の兆しがみえつつある。また、現代中国の法学者の一部には、「中華民国憲法」を再評価する動きもみられる。このような近現代中国の憲政をめぐる断絶性と連続性をどのように理解すればよいのであろうか。第3に、清朝や中華民国政府の行政能力は限定的であるにもかかわらず、管轄すべき領域・人口は広大かつ膨大であった。それゆえ、上から開始された憲政やそれに関連する諸改革を全国で画一的に執行し、実効性をもたせることは容易ではなかった。そこでは、上からの諸改革に対する一般大衆による積極的な抵抗や日常生活の中での無関心・消極的なサボタージュがしばしば発生し、諸改革を自己の利益に引きつけて換骨奪胎する地域有力者も登場した。こうした状況は今日の中国においてもしばしばみられる。近代中国において、なぜ、こうした状況が現出したのであろうか。一般大衆や地域有力者の行為の背景に存在した利害関係や規範意識をどのように解釈すればよいのであろうか。

　また、中国・台湾の研究者の論文においても、それぞれ編著者との「対話」の積み重ねが少なからず反映されている。薛化元氏、徐躍氏については、共同研究の中で日本に招聘して研究会を開催し、私たち編著者は彼らの研究報告から多くの有益な知見を得ることができた。

　各部の冒頭には、読者の理解の促進に資するように、各部の研究の背景と問題意識、および収録論文の意義を概説した「研究の視角と方法」を付した。また、私たちの共同研究の研究会・シンポジウム開催記録については、本書末の「あとがき」にその詳細を掲載した。

5

　私たちの共同研究は、その分析の視角、内容、方法すべてにおいて現在もなお模索の途上にある。

　研究内容については、多くの課題が残されている。例えば、第1に、憲政・法治の実現・定着にあたりその阻害要因になりうる「暴力性」についての検討である。本来、軍、特務、公安（警察）、検察といった「暴力」機構を国家機

構に組み入れることは憲政の直截的な課題であるが、近現代中国においてそれはどのように実現されたのか、あるいは実現されえなかったのか。実現されえなかったのであれば、それはなぜなのか。第2に、第2部で初歩的には扱われているものの、中国の地理的・社会的条件および伝統的法思想が憲政の受容に与えた影響のさらなる検討である。中国の領域の広大さ、人口の膨大さをふまえた上で、地域間で、あるいは都市と農村との間で、憲政の受容をめぐってどのような差異があったのか、伝統中国における「公」意識のあり方はどのようなもので、それが憲政の受容にどのような影響を与えたのか、などについて、研究をよりいっそう深化させなければならない。第3に、近現代中国の憲政の思想・制度の展開に「国際関係」が与えた影響についての検討である。近現代中国の憲政が、第1次・第2次世界大戦におけるアメリカのデモクラシー論、米ソ冷戦、国際連合の成立と国際人権法の発展、経済のグローバル化と国民国家の動揺・溶解、といった変転きわまる国際情勢と密接な関連性を有していることは、論をまたない[13]。

　また、「憲政」という分析タームを用いた点（分析視角）、歴史学（政治史、社会史）と法律学（憲法学）の学際的・国際的な「対話」を重視した点（分析方法）についても、私たちの挑戦的な試みがどの程度功を奏しているかは、読者の皆さんのご判断に委ねるほかない。忌憚のないご批判・ご教示をお願いしたい。

1　樋口陽一『自由と国家──いま「憲法」のもつ意味』（岩波新書、1989年）5頁、213～215頁。
2　例えば、土屋英雄編著『中国の人権と法──歴史、現在そして展望』（明石書店、1998年）、黄東蘭『近代中国の地方自治と明治日本』（汲古書院、2005年）、加茂具樹『現代中国政治と人民代表大会──人代の機能改革と「領導・被領導」関係の変化』（慶應義塾大学出版会、2006年）、水羽信男『中国近代のリベラリズム』（東方書店、2007年）、野村浩一『近代中国の政治文化──民権・立憲・皇権』（岩波書店、2007年）、田中比呂志『近代中国の政治統合と地域社会──立憲・地方自治・地域エリート』（研文出版、2010年）など。
3　李歩雲（西村幸次郎ほか訳）「憲政と中国」『阪大法学』第46巻第3号（1996年8月）188頁。
4　阪口正二郎『立憲主義と民主主義』（日本評論社、2001年）2頁。
5　長谷部恭男『憲法とは何か』（岩波新書、2006年）はしがきⅲ頁、8～12頁、54頁。長谷部氏によれば、立憲主義を実現するための「手立てとして、公と私の分離、硬性の憲法典、権力の分立、違憲審査、軍事力の限定などが用意」される。
6　例えば、坂野潤治ほか編『憲政の政治学』（東京大学出版会、2006年）、樋口陽一ほか『対論憲法を／憲法からラディカルに考える』（法律文化社、2008年）、浦田一郎「現代日本社会と憲法──半立憲主義憲法としての日本の憲法」『公法研究』第70号（2008年10月）22～40頁などを参照。
7　林来梵「序論：中国における立憲主義の形成と展開──立憲君主制論から『党主立憲主義』まで」同『中国における主権・代表と選挙』（晃洋書房、1996年）1～26頁、アンドリュー・J・ネ

イサン「中国憲法における政治的権利」R・ランドル・エドワーズほか（斎藤惠彦ほか訳）『中国の人権——その歴史と思想と現実と』（有信堂、1990年）113〜120頁。ただし、実際に行われた具体的な立憲改革については、近代中国のそれは、明治時代の日本のそれとは必ずしも同質ではなかったという歴史学者の指摘がある（曽田三郎『立憲国家中国への始動——明治憲政と近代中国』思文閣出版、2009年）。

8　例えば、若林正丈『台湾の政治——中華民国台湾化の戦後史』（東京大学出版会、2008年）、松田康博『台湾における一党独裁体制の成立』（慶應義塾大学出版会、2006年）などを参照。

9　毛沢東は、中華人民共和国建国直前の時期に、「帝国主義の侵略は、西側に学ぼうとする中国人の迷夢を打ち破った。不思議なことだ。どうして、先生はいつも生徒を侵略するのだろうか？中国人は西側から多くのものを学んだが、それらは通用しなかったし、理想はいつも実現できなかった。……西側のブルジョア階級的文明、ブルジョア階級的民主主義、ブルジョア階級共和国の構想は、中国人民の心の中で一斉に破産してしまった」と言明していた（「論人民民主専政〔1949年6月30日〕」『毛沢東選集（4）〔第2版〕』北京：人民出版社、1991年、1470〜1471頁）。

10　ドナルド・C・クラーク（長谷川成海訳）「中国法研究のアプローチ——「法の支配」パラダイムを超えて」『比較法学』（早稲田大学）第34巻第1号（2000年7月）74〜79頁。

11　長谷部・前掲注5書はしがきiii頁、3頁。

12　この点、安田信之氏の「アジア的人権」をめぐる議論、および杜鋼建氏の「儒教的人権」の主張が参考になる。安田信之「『アジア的』なるものについて——アジアの人権・権利概念理解の前提として（東アジア文化と近代法——日本と韓国の比較研究を通じて・11）」『北大法学論集』第52巻第2号（2001年7月）175〜209頁、同『開発法学』（名古屋大学出版会、2005年）、杜鋼建『新仁学——儒家思想与人権憲政』（香港：京獅企画、2000年）。その他、このような問題意識に立脚する研究として、大沼保昭『人権、国家、文明——普遍主義的人権観から文際的人権観へ』（筑摩書房、1998年）、季衛東『超近代の法——中国法秩序の深層構造』（ミネルヴァ書房、1999年）など。

13　これら諸課題についての編者の初歩的な考察として以下のものを挙げておく。山本真「福建西部革命根拠地における社会構造と土地革命」『東洋学報』第87巻第2号（2005年9月）33〜61頁、同「革命と福建地域社会——上杭県蛟洋地区の地域エリート傅柏翠に着目して（1926〜1933）」『史学』（慶應義塾大学）第75巻第4号（2007年3月）33〜63頁、同「1930〜40年代、福建省における国民政府の統治と地域社会——龍巌県での保甲制度・土地整理事業・合作社を中心として」『社会経済史学』第74巻第2号（2008年7月）3〜23頁、中村元哉『戦後中国の憲政実施と言論の自由1945〜49』（東京大学出版会、2004年）、同「言論・出版の自由」飯島渉ほか編『グローバル化と中国（シリーズ20世紀中国史・3）』（東京大学出版会、2009年）123〜144頁、石塚迅「国際人権条約への中国的対応」西村幸次郎編『グローバル化のなかの現代中国法〔第2版〕』（成文堂、2009年）27〜49頁、同「中国からみた国際秩序と正義——「中国的人権観」の15年」『思想』第993号（2007年1月）142〜160頁。

第 1 部

政治史からのアプローチ

研究の視角と方法

中村元哉

　憲政問題を議論するにあたり、憲法に対する分析は必要不可欠である。第1部は、主として、近代中国の憲法制定史とこの時代の憲法の特徴およびそれがその後の憲政史に与えた影響について考察する。

　第1部の最も重要な考察対象は、1930年代前半に制定が目指され、日中戦争と第2次世界大戦を経て1947年にようやく公布・施行された中華民国憲法である。今日の中国および台湾における憲政の歴史的起源は20世紀初頭の清朝による立憲改革に始まるが、その近代中国における憲政潮流の集大成が中華民国憲法であることには異論がないだろう。だとすれば、この中華民国憲法は、どのような内外環境の下で、どのような政治過程を経て制定されたのか。そして、その制定過程で何が議論され、結果的にいかなる特質を有する憲法となったのであろうか。さらに、こうした憲法をめぐる政治と思想の動向は、第2部の社会の実態とどのような関係にあるのだろうか。かりにこの両者に落差があるとすれば、その落差こそがまさに20世紀前半の中華民国が憲法において高く掲げた理想像であり、それは結局のところ第3部で検討する20世紀後半の中華人民共和国の憲政をめぐる諸情勢にどのような影響を与えたのであろうか。第1部は、現代中国および現代台湾における憲政をめぐる動態を、歴史的視点に基づいて、可能な限り説明しようとする試みである。

　清朝末期に日本の影響を強く受けた立憲改革が開始されると[1]、その憲政潮流は1911年の辛亥革命後の中華民国にも脈々と受け継がれ、その前半期にあたる北京政府期には憲法制定に関する諸改革が様々に試みられた。1920年代後半の国民革命を経て成立した国民政府も、国民党の一党独裁論である訓政を実践する一方で、孫文の三民主義と五権構想[2]の枠内にあったとはいえ、憲政への移行を実現すべく、早々に憲法の制定に向けて動き出していた。その成果が1936年の中華民国憲法草案、つまり五五憲草（次頁図表1-1）であった。五五憲草は孫文の五権構想に比較的に忠実であり、その特徴は民選の国民大会に権限を集中させたこと、および、イギリスのような議院内閣制を採用せずに、総統を中心とする行政権優位型の体制を構築したこと

図表1-1　五五憲草の組織図

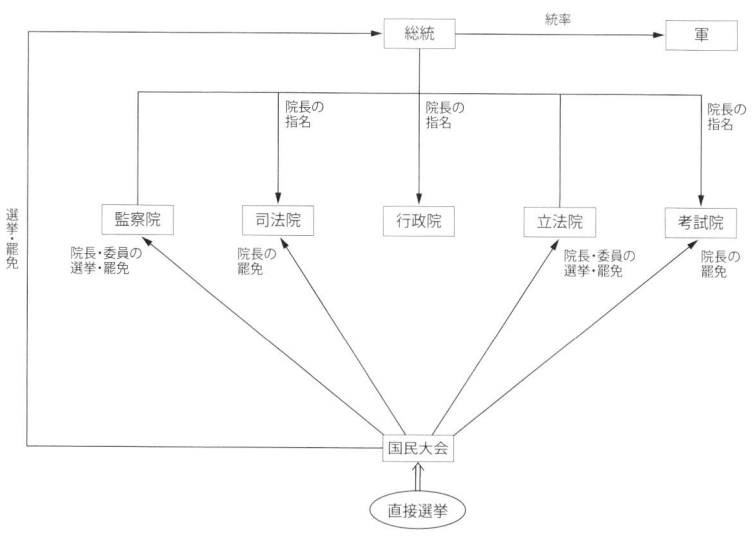

図表1-2　中華民国憲法の組織図

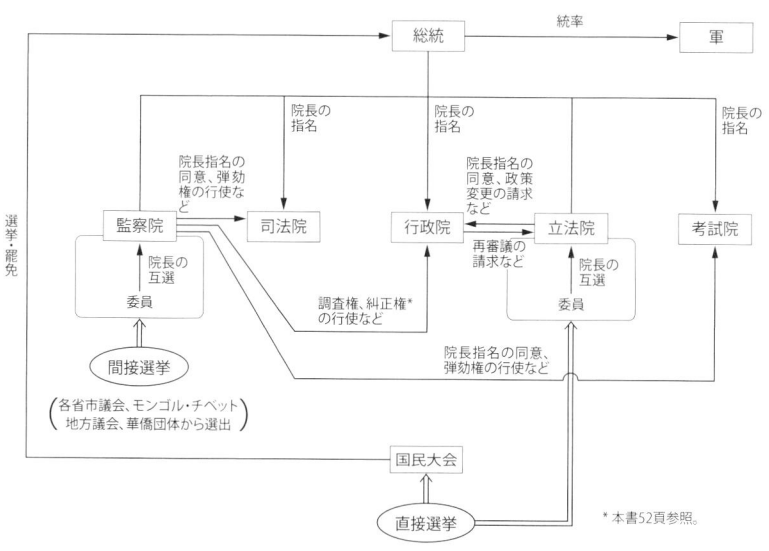

* 本書52頁参照。

研究の視角と方法　19

にある。自由と権利に関する条文も、宮沢俊義ら日本の憲法学者によって「極端な自由主義的『夜番国家』思想的な色彩を多分にもってゐる」と評価されたこともあったが[3]、一般には、国権に従属した人権規定であると理解されている。

　ところが、度重なる憲政運動の高揚とリベラリズム思想の展開を受けて、この五五憲草は大きく修正された[4]。その転換点の一つが1946年の政治協商会議であり、この会議の修正原則をふまえて中華民国憲法が制定された。この中華民国憲法は、五五憲草と比較すると、三権分立型の憲法へとより接近したものとなった。とりわけ、立法権を強化して議院内閣制に近似した体制を設計しており、五権構想の要であった国民大会の権限を弱めた（前頁図表1-2）。これらの点に中華民国憲法の最大の特徴が見いだされる[5]。

　しかし、実際のところ、以上のような歴史的変化は、共産党による1949年の革命を正統とみなす「革命中心史観」の影響を受けて、長らくの間、見落とされるか過小に評価されてきた。自由と権利を憲法で直接保障しようとした条文の変化とその政治的思想的背景についても、憲法学や政治学の分析手法によって否定的に評価され、歴史的経緯をふまえることなく表面的にしか分析されてこなかった[6]。中華民国憲法の制定過程において共産党が参加した政治協商会議の修正原則が高く評価されることはあっても、その成果を採用しなかったという（意図的な？）誤解の下、国民党を中心に制定された中華民国憲法は長らく否定されてきたのである[7]。

　だが、近年になってようやく、五五憲草から中華民国憲法に至る変化は歴史事実に基づいて実証的に解明されるようになり、中華民国憲法に対する評価も中国においてすら高まりつつある[8]。そして、このように再発見、再評価され始めた中華民国憲法の理念がうまく機能するかどうかは、総統の「徳治」にかかっていた、との学説も提示されている[9]。

　以上のような新たな研究の展開を受けて、中村元哉論文と薛化元論文が第1部に収録される。

　中村論文は、政治協商会議が開かれる以前の段階から自由と権利を憲法で直接保障するように要求していた国民党員の張知本に注目して、自由とナショナリズムの視角から、中華民国憲法が制定されるまでの政治過程を再考する。近代中国憲政史の新たな一面を明らかにするとともに、リベラリストではなかったかもしれない張知本の立憲主義者としての姿を浮かび上がらせ

る。

　薛化元論文は、中華民国憲法の母胎となった政治協商会議の修正原則が戦後台湾のリベラリストらによる憲政論とどのように関連し合っているのかを分析している。ここで注目されるのは、政治協商会議の開幕から中華民国憲法の制定に至るまでに大きな影響力をもっていた中国民主社会党の張君勱と、国民党内部から蔣介石を批判し始めた雷震である。薛化元論文は、両者の憲政論に対する分析を通じて、政治協商会議の憲政論と戦後台湾のリベラリストによる憲政論とは不可分な関係を有すると指摘している。

1　李暁東『近代中国の立憲構想——厳復・楊度・梁啓超と明治啓蒙思想』（法政大学出版局、2005年）、曽田三郎『立憲国家中国への始動——明治憲政と近代中国』（思文閣出版、2009年）。
2　孫宏雲（村上衛訳）「孫文『五権憲法』思想の変遷」『孫文研究』第37号（2007年1月）。
3　宮沢俊義ほか『中華民国憲法確定草案』（中華民国法制研究会、1936年）148頁。
4　国民党の訓政下における憲政運動の意味は、西村成雄『中国ナショナリズムと民主主義——20世紀中国政治史の新たな視界』（研文出版、1991年）、中村元哉『戦後中国の憲政実施と言論の自由1945〜49』（東京大学出版会、2004年）第2章を参照。また、この運動の思想的背景となったリベラリズム思想については、水羽信男『中国近代のリベラリズム』（東方書店、2007年）を参照。
5　横山宏章『中華民国史——専制と民主の相克』（三一書房、1996年）第5章、金子肇「戦後の憲政実施と立法院改革」姫田光義編『戦後中国国民政府史の研究1945〜1949年』（中央大学出版部、2001年）、金子肇「国民党による憲法施行体制の統治形態」久保亨編著『1949年前後の中国』（汲古書院、2006年）、薛化元（柳亮輔訳）「中華民国憲法の制定過程と組織原理に対する再考察——張君勱を中心に」『近代中国研究彙報』第31号（2009年3月）。
6　高橋勇治『中華民国憲法史』（有斐閣、1948年）243頁、稲田正次『中国の憲法』（政治教育協会、1948年）135頁、石川忠雄『中国憲法史』（慶應通信、1953年）145頁。
7　中華民国憲法の制定に至る当時の憲政思潮とリベラリズム思想を表層的なものとして総括する研究もある（石華凡『近代中国自由主義憲政思潮研究』済南：山東人民出版社、2004年）。
8　蕭公権『憲政与民主』（北京：清華大学出版社、2006年［1948年の上海中国文化服務社の復刻版］）148〜150頁、アンドリュー・J・ネイサン「中国憲法における政治的権利」R・ランドル・エドワーズほか（斎藤惠彦ほか訳）『中国の人権——その歴史と思想と現実と』（有信堂、1990年）、鄭大華「重評1946年『中華民国憲法』」『復印報刊資料中国現代史』（2003年6月）、張晋藩『中国憲法史』（長春：吉林人民出版社、2004年）257〜258頁、横山・前掲注5書、金子・前掲注5論文。
9　石之瑜「台湾本土憲政主義中的徳治与権力」『香港社会科学学報』2001年第19期。

第 1 章

近代中国憲政史における自由とナショナリズム
張知本の憲法論と中華民国憲法の制定過程

中村元哉

はじめに

　本章を書きすすめるにあたり、まず間接保障主義と直接保障主義という史料用語について解説しておきたい。
　世界の憲法史をふりかえってみると、その条文に「法律に依らなければ～できない」という表現がしばしば盛り込まれていることに気づかされる。これは法律の留保をともなう規定であり、つまるところ、自由や権利を「法律によって制限できる」という可能性を開くものである。それ故に、その可能性を完全に排除したい人々は「法律に依らなければ～できない」という表現自体を憲法の条文から取り除こうとし、自由や権利を憲法で直接保障しようと考えた。中華民国憲法の制定に取り組んでいた1930年代から1940年代の中国は、「法律に依らなければ～できない」という考え方を間接保障主義、それを否定した考え方を直接保障主義と呼んだ。本章におけるこの２つの概念も、当時と同じ意味で使用する。
　さて、この２つの概念定義を確認したところで、以下の発言内容を確認したい。

　　　民権問題は、消極的なものと積極的なものとの２種類に分かれる。積極的とは、つまり人民が国家から享受する権利〔受益権〕のことである。消極的とは、身体・居住・集会・結社・言論・出版の類のことを指す。その中でも、財産・契約などの自由は、現代社会の趨勢では、若干の制限を加えられるべきであるが、居住・身体・言論・出版などの自由については「法律に依らなければ」などの語句を憲法で用いないほうが良い

と考える(下線は訳者)。なぜなら、このような制限があると反って憲法による保障の精神が失われ、憲法があっても無いに等しくなるからである[1]。

この発言は、国民政府[2]が1936年5月5日に公表することになる中華民国憲法草案(以下、五五憲草)の原案作りに着手した1933年のものである。下線部の直接保障主義の主張を読む限り、発言者は個人の尊厳に基礎をおく近代西洋のリベラリズム思想に共感していたことが分かる。とくに、下線部より前の内容は近代西洋のリベラリズム思想が19世紀型の古典的なものから20世紀型の新しいものへと変化していること、つまり自由と平等を並存させるために国家が社会に介入し始めていたことを同時代の視線から的確に示しており、その意味において、この人物は近代西洋のリベラリズム思想に精通していたことが分かる。当時の中国国内における自由や権利の抑圧状況を想起するならば、そして、それ故に1920年代末から胡適[i]や羅隆基[ii]らが雑誌『新月』において国民党政権に対して自由と権利の保障を法的に強く求めていたことを想起するならば、この人物は体制外部のリベラルな知識人に違いない、と多くの読者は想像するだろう。

ところが、この人物は体制外部に属するリベラルな知識人ではなかった。彼は、体制内部の国民党員・張知本(1881〜1976、湖北省江陵県の人)であった。張は、孫科[iii]を委員長とする憲法草案起草委員会において副委員長に抜擢され、同じく副委員長の要職を務めることになった呉経熊[iv]とともに、中華民国憲法の制定に深く関与した人物であった。張は生涯にわたり孫文の三民主義と五権構想(本書19頁図表1-1参照)に忠実であろうとした国民党員であり、その信念の下に、日中戦争以降も、司法院秘書長、憲法制定のための国民大会〔制憲国民大会〕代表、憲法施行のための国民大会〔行憲国民大会〕代表、司法行政部長などの要職に就き、1949年以降は台湾で中国憲法学会の

---

i 胡適(1891〜1962):五四運動の若きリーダーの一人。近現代中国を代表するリベラリストである。
ii 羅隆基(1898〜1965):国共両党以外の第三勢力に属した知識人。1940年代以降は中国民主同盟を政治活動の拠点とし、ラスキの流れをくむ自由と民主主義の実現を目指した。
iii 孫科(1891〜1973):孫文の息子。孫文の死後に国民党を引き継いだ蒋介石としばしば対立した。長らく立法院院長として活躍し、憲政への移行には積極的であった。
iv 呉経熊(1899〜1986):国民党政権下の主要な法学者の一人。張知本が大陸法系の法学者とイメージされるのに対して、彼は英米法系の法学者として認識されている。

理事長を務めた。したがって、多くの研究者は、張知本を近代西洋流のリベラルな諸価値よりも中国のナショナリズムを最優先させた体制派として「否定的」にイメージしてきた。ここでいう「否定的」とは、五権構想を具体化した五五憲草——張の憲法草案を底本としているとしばしば誤解されている——が総統を中心とした行政権優位型の憲法草案であるがために、彼は国家や党による上からのナショナリズムを最優先する論理によって個人の自由と権利を法律によって制限しようとしていた、という「否定的」な意味である。

　張知本は、中華民族をどのように創出するのか、あるいはその下位に属する複数の民族をいかに融和させるのかといった問題に対しては、積極的な発言をほとんどおこなっていない。しかし、中華民国が清朝から引き継いだ領土と主権をどのように維持すべきか、という問題に対しては、人一倍に強い関心を示した。そうした意味において、彼は間違いなくナショナリストであった。ただし、注意しておかなければならないことは、彼が1933年に公刊した『憲法論』において、国家の目的は社会全体の利益を実現することにあるとはしながらも、「国権は絶対的に無制限ではない」とする国家論を前提にして、軍の政治への介入と行政権の肥大化を最大限に排除しようとしていた点である[3]。

　以上のような民族よりも国家に傾斜した、しかし国権の暴力化にも細心の注意を払うナショナリズム論を掲げた張知本は、冒頭のような自由論を展開したのである。しかし、彼のナショナリズム論と自由論の核心部分は体制内部において多数の賛同を得ることはなく、彼は憲法草案起草委員会副委員長の職を早々に辞してしまった。その後に公表された五五憲草は、軍政分離を曖昧にしたまま行政権を肥大化させ、彼が反対していた間接保障主義を採用した。

　こうなると、これまでの1930年代から1940年代にかけての政治史・政治思想史は再考を迫られることになる。なぜなら、三民主義と五権構想に強くこだわった張知本は、国民党と国家を優先させるナショナリストとして「否定的」にイメージされてきたにもかかわらず、実際のところは五五憲草の基となった草案を作成していなかったからである。しかも、五五憲草では採用されなかった直接保障主義によって、自由を制度的に保障しようとした国民党員だったからである。張知本の憲法制定活動は、これまでの政治史・政治思想史の常識からは逸脱しているのである。

そこで本章では、張知本の憲法制定活動に注目して、これまで埋没してきた観のある中華民国憲法制定史の新たな一面を提示することにしたい。もっとも新たな一面を提示するだけでは不十分であるが、憲法制定史の全容を解明するにはもう少し時間を要する。なぜなら、新史料の公開により、興味深い問題群が次々と浮かんできているからである。たとえば、国史館で公開された蔣介石の行政文書〔檔案〕によると、蔣介石は五五憲草の作成過程において責任内閣制の検討を陳布雷[v]に指示していた[4]。管見の限り、この事実は先行研究においてほとんど触れられていない。この時点の蔣介石がどういう意図で責任内閣制（本書第1部第2章辞化元論文参照）を指示していたのかを個別に検討すれば、1947年の中華民国憲法がなぜ議院内閣制へと近づいていったかについても、新たな解釈を導き出せるかもしれない[5]。中華民国憲法制定史において行政権と立法権の関係をめぐる理解が一つの焦点となっている以上、これは有意義な研究テーマであろう[6]。

なお、中華民国憲法制定史を再考するにあたっては、リベラリズムとナショナリズムを対抗的にとらえる旧来の思考様式や、国民党か共産党か、それとも中国民主同盟をはじめとする第三勢力かといった党派対立の構図、あるいは体制内か体制外かを基準とする既存の研究枠組みから一定の距離をおく必要がある[7]。そうしなければ、張知本の憲法制定活動は中華民国憲法制定史において再検討の対象にすらなり得ないからである。

では、中華民国憲法制定史の新たな一面を掘り起こし、将来の研究に新風を注ぐために、なぜ張知本でなければならないのか。研究上の意義はどこにあるのか。それは、冒頭で紹介したように、張知本が直接保障主義を重視した国民党員であり、呉経熊とともに憲法草案の作成過程において大きな力を及ぼした憲法学者だったからである。また、1936年の五五憲草は以下の13・24・25条に象徴されるように直接保障主義を採用せず、間接保障主義を唱えた呉経熊副委員長の憲法草案（1933年）に孫科委員長が賛同して公表されたものであったが[8]、1947年の中華民国憲法はとりわけ下記の11・22条に示されるように張知本の直接保障主義を採用することになったからである。

---

 v 陳布雷（1890〜1948）：蔣介石の政務を実質的に支えていた国民党の要人。宣伝政策をとりわけ重視した。

〈五五憲草〉
13条　人民は言論・著作および出版の自由を有する。法律に依らなければ、これを制限することはできない。
24条　およそ人民のその他の自由および権利は、社会秩序と公共の利益を妨害しなければ均しく憲法の保障を受け、法律に依らなければこれを制限することはできない。
25条　およそ人民の自由または権利を制限する法律は、国家の安全を保障し、緊急の危機を回避し、社会秩序を維持し、または公共の利益を増進するために必要な場合に限る。

〈中華民国憲法〉
11条　人民は言論・研究・著作および出版の自由を有する。
22条　およそ人民のその他の自由および権利は、社会秩序と公共の利益を妨害しなければ均しく憲法の保障を受ける。
23条　以上の各条に列挙した自由および権利は、他人の自由を妨害することを防止し、緊急危難を回避し、社会秩序を維持し、または公共利益を増進するために必要がある場合を除いて、法律によって制限することはできない。

　自由と権利にかかわる憲法の条文が間接保障主義から直接保障主義へと変化したことは、一般論からすれば、それらをより一層容認する方向へと変化したことを意味するわけだが[9]、この注目すべき巨大な変化が1936年から1947年にかけてどのように政治的に準備されたのであろうか。このような変化を促した政治過程とその歴史的意義とを再考し、最終的に中国近現代の政治史および政治思想史を再検討しようとすれば、直接保障主義を一貫して主張し続けていた張知本に注目することが最も効果的である。
　本章は、五五憲草と中華民国憲法の自由と権利をめぐる条項の違いを、憲法学の手法によって分析するものではない。中華民国憲法23条の解釈を含め、その憲法学的評価については法学者に委ねることにし、あくまでも本章の目的は、「法律に依らなければ〜できない」の字句を削除し、「憲法の保障を受ける」、「法律に依って制限することはできない」の字句を追加することで技術的に自由や権利をより確実に保障しようとした政治過程を、国民党政

権をとりまく内外環境をふまえつつ解明することである。憲法の条文の変化を分析したところで「自由の実態を解明することにはつながらない」との冷ややかな批判もあろうが、この点については拙著・拙稿ですでに取り組んできたところである（本書第2部第2章山本論文参照）[10]。本章では、憲法の理念は、たとえ現実社会から遊離した空虚なものであったとしても、時代の方向性を鮮明に映し出すとの立場にたって（本書「序」参照）、分析をすすめていくことにしたい。

1　憲政をめぐる世界の思想潮流と張知本の政治思想

　本章が対象とする1930年代から1940年代の中国は、多くの読者が容易に想像するように、戦争と革命に強く彩られた時代であった。張知本が属していた国民党政権は、1931年の満洲事変を契機として、対外的には日本と一層対抗しなければならなくなり、対内的には革命勢力である共産党とも対峙しなければならなくなった。国民党政権が1930年代前半に国民党による一党独裁〔訓政〕から憲政への移行を目ざした際に、その当初から、とりわけ「抗日」の論理が意識され、憲政の実施によって国家と社会の統合が目指されていたことは確かな事実である[11]。

　だが、そうした時代状況にあったにもかかわらず、なぜ張知本は直接保障主義を提起し続けたのであろうか。その理由はどこに求められるのだろうか。この点については別稿ですでに詳細に論じたことがあるため、ここではその内容を簡潔に要約しておく[12]。

　まず指摘すべきは、当時の世界におけるリベラリズム思想の変容と立憲政治をめぐる思想潮流の分岐が20世紀前半の中国に与えた影響である。

　周知のとおり、世界のリベラリズム思想は、自由権を重視する19世紀型のそれから、平等権や社会権を重視する20世紀型のそれへと変容していった。イギリスのフェビアン主義やドイツのワイマール憲法などに象徴される社会民主主義、ロシア革命後のソ連の社会主義、世界恐慌を克服するためのアメリカのニューディール政策などは、同時代の中国にも受容された。たとえば、ラスキ（H. J. Laski, 1893〜1950）の政治思想が政界や学術・思想界に広まり、中国の代表的なリベラリストである胡適の政治思想も1920年代半ばから1930年代初頭にかけて社会主義思想と融合するかのような傾向を帯びる

ようになった、と評価されることがある。

　そうした世界のリベラリズム思想の変容過程とほぼ重なり合うように、世界の立憲政治をめぐる潮流も、イギリスや日本のような立憲君主型のそれ――当然にイギリスと日本の立憲主義の原理はさらに差異化されるべきものである――とアメリカやフランスなどの共和政型のそれとに大別されるようになり、このような立憲政治をめぐる二大潮流の中に1930年代から1940年代の中国も位置づけられることになった。20世紀前半の世界の状況を極めて単純化していえば、フランスは議会制に大統領制を加味し、日本は行政権を強化し、ソ連とワイマール憲法下のドイツは直接民主政治型の体制へと移行していったのである。1930年代の中国は、こうした20世紀前半の世界の動向に加えて、北京政府期の混沌とした立憲政治に対する批判と反省の念も込めて、行政権を強化するのか、あるいは司法権を強化して立法・行政権の暴走化と軍の政治への介入を防ぐのか、それとも三民主義と五権構想を遵守することで国民大会に権力を集中させ、立法・行政・司法権の濫用を防ぐのか、といった点を争った。

　以上のような憲政をめぐる世界と中国の思想潮流において、もともと天賦人権論に否定的だった張知本は、ベンサムの功利主義を天賦人権論よりも高く評価した。だが、結局のところ、それとて「極度の貧富の差をうみだし」てしまったとして、個人の自由を大切にしながら経済的かつ社会的な平等をも達成しようとするソ連の社会主義やワイマール憲法下のドイツの社会民主主義が第1次世界大戦後の世界では主流になる、と判断した。こうした世界の趨勢は、「人民を専制の圧迫から解放し、自由・平等の域へと引き上げる」という国民革命の目標にも合致するものであり、だからこそ彼は、国家による経済的かつ社会的なコントロールも一定範囲内において必要だと考えたのであった。

　ただし、張知本は、「社会の利益を発展させるために個人の自由を尊重する」とも述べており、自由と平等の両面を絶えず重視していた。そうした姿勢が、冒頭に引用した自由論となって表れたのである。身体・居住・集会・結社・言論・出版の自由を同時に主張することは、彼のなかでは整合性をもっていた。

　その際に重要となってくるのが、張知本の政治思想内部にあるナショナリズム（≒国家）論である。より具体的にいえば、自由を侵害する可能性のある

国家権力を、自らの憲法論において、どのように位置づけていたのか、あるいは、国家権力が自由を侵害しないようにするためにどのような制度論を構想していたのか、ということである。ここでのポイントを要約すると、次のようになる。

　①　既述の如く、国家権力は「絶対的に無制限ではない」という前提にたって、行政権の肥大化を警戒していた。とりわけ、北京政府期の「軍閥」による政治干渉や独裁傾向を有する蔣介石への不信感および失望感とから、軍と政治の癒着した関係、つまり軍の行政権に対する介入を可能な限り遮断しようと考えた。

　②　憲政は地方自治に基礎づけられ、そのためには厳格な法治の実現が必要であり、それ故に司法の独立が最も肝要である。その司法の独立とは、司法官の地位の独立、司法官の職務の独立、司法判決の効力の独立をさす。そして、こうした司法制度は、直接・普通・平等・秘密選挙によって選出される国民大会を通じて実現される。

　③　好感を抱くソ連の政体が、たとえ「無産階級による専制政治」だったとしても、無産階級が多数であるが故に、少数者による専制政治よりは受け入れ易い。ただし、国民党政権下で訓政から憲政に移行することを自明視していたために、直接・普通・平等・秘密選挙によって選出される国民大会に国家の最高権力を移行すべきだと主張した。したがって、特定の政党と国家が一体化しているソ連の政体よりも、ワイマール憲法下のドイツの政体のほうが憲政期の中国にとってはモデルになり得た。彼からすれば、ワイマール憲法下のドイツ議会政治は直接民主政治の性格を有しているために、国民の民意が議会政治そのものに対しても制限を加えることが可能であり、そうしたドイツの「国民的議会政治」は、政党によって容易にコントロールされてしまうフランスの「絶対的議会政治」よりも優れていたのである。

　④　五権構想下の国民大会は民選であり、立法にかかわる諸手続きを専門的かつ技術的に処理するだけの立法院は非民選である。したがって、ドイツの「国民的議会政治」をモデルとする彼は、国民大会こそが国家の最高権力機関に相応しく、立憲主義の要件である憲法解釈権も国民大会に付与されるべきだとした。

　つまり、張知本は、民選の国民大会を国家の最高権力機関と位置づけることで、総統や行政院が執行することになる行政権の肥大化と暴力化を可能な

限り排除しようとし、民選の国民大会を介して健全で独立した司法権を制度的に確立しようとしたのであった。しかし、彼は行政権と司法権だけに着目しても、自由と権利を保障することにはならないとも考えた。なぜなら、立法権が暴走化すれば、法律の制定や改廃あるいは憲法の恣意的な解釈によって、自由と権利が脅かされることを自覚していたからである。だからこそ彼は、ワイマール憲法下のドイツ議会政治をモデルにして、憲法解釈権を立法院ではなく国民大会に付与すべきだと主張したのである。そして、立法権の暴走化の危険性を事前に摘み取っておくためにも、直接保障主義を採用すべきであると強く主張したのである。その際に、彼は、アメリカ合衆国憲法修正1条も引用して、直接保障主義の正当性を補強していった（本書第3部第2章石塚論文参照）。

　以上のような背景から、張知本は直接保障主義を提起した。彼は、リベラリストではなかったかもしれないが、間違いなく、ワイマール憲法下のドイツ政体を模倣し、それにアメリカ的要素を加えた立憲主義者であった。

　なお、行政権の肥大化と軍政の癒着を回避しようとした彼の憲法論は、彼が1900年に法政大学に留学したにもかかわらず、大日本帝国憲法を反面教師としていた。また、ソ連の社会主義思想とその憲法に好感を抱きながらも、国民革命期に共産党に暗殺されかかったことが国内の政治勢力としての共産党に対する反発心を高めていった。これらの点にも留意しておきたい。

2　張知本と五五憲草

　国民党政権は、1933年1月に立法院の下に憲法草案起草委員会を設置し、中華民国憲法の草案である五五憲草の作成にとりかかった。再確認しておくと、この起草委員会は、設置された当初、立法院院長で委員長に任命された孫科と副委員長の呉経熊および張知本を中心に運営された。

　既述の如く、張知本は自由と平等を実現させるための大前提として国家を想定していた。したがって彼は、国家の主権の及ぶ範囲を明確化し、帝国主義勢力の侵略に毅然と立ち向かうためにも、省や特別区の名称を憲法の中に一つ一つ具体的に列挙すべきだと主張した。これを当時、列挙主義と呼んだ。こうして彼は、主権の範囲が明確な強い国家を築き上げて、人民の自由と権利を憲法によって最大限に保障しようと考えた[13]。

その際に張知本は、人民の権利をまず2種類に分けている。彼は、身体・居住・通信・宗教・言論・出版・集会・結社・財産・契約の自由を「消極的権利」、国家から享受されるべき教育や労働にかかわる権利を「積極的権利」と呼んだ。さらに「消極的権利」を、個人にかかわる身体・居住・通信・宗教・言論・出版・集会・結社の自由と、社会全体にかかわる財産・契約の自由に細分化した。こうして彼は、国難の状況下にあって、自由と平等を同時に実現しようとしたのであった[14]。
　ここでの最大の問題は、彼が「消極的権利」のうち、個人の自由と権利をどのように憲法で保障しようとしていたのか、という点である。この点は、以下の引用箇所に詳しい。

> 　私は、個人に偏重する自由権を絶対化しても差し支えないと思う。つまり、それを憲法で直接的に保障して差し支えないと思う。もともと各国の憲法には、人民の自由権に対して憲法による直接保障主義を採用するものと間接保障主義を採用するものとがある。後者は行政権を制限して人民の自由が侵害されないようにしているだけであるが、前者はさらに立法権にも制限を加えている。(後者の間接保障主義について具体的に説明すると、──訳者補足) たとえば、「憲法に依らなければ侵犯し得ない」あるいは「法律の範囲内において何々の自由を得る」などの字句は、わずかに行政機関を制限して、人民の自由を侵犯する命令を発せられなくしているだけである。立法機関は依然として法律を制定して人民の自由を制限できるのである。「治安警察法」を制定して集会・結社の自由を制限すること、「出版法」を制定して言論・出版の自由を制限することは憲法違反であるにもかかわらず、(間接保障主義では、それらの行為は許され、──訳者補足) 行政機関が命令を発してこれらの自由を制限した場合にのみ、(法律でないが故にようやく──訳者補足) 憲法違反となるのである[15]。

　ここで彼は、自由と権利を憲法で直接保障すべきだ、間接保障主義を採用すべきではない、と明快に主張している。この信念は憲法草案起草委員会でも一貫しており、その具体的な発言こそがまさに本章「はじめに」で引用した史料であった。

この発言から数カ月後の1933年6月、もう一人の副委員長・呉経熊が憲法草案を公表した。しかし、この草案は国家主権にかかわる列挙主義も、自由と権利にかかわる直接保障主義もともに採用しなかった。呉は、「人民の自由と権利を確保したいのであれば、直接保障主義を採用すべきである」とした[16]が、熟慮の末に、この草案には張知本の提起した原則を採用しなかった。
　では、それは何故か。
　まず列挙主義を採用しなかった理由は、多くの起草委員が領土を概括的に記す概括主義のほうが憲法の条文には相応しいと判断し、その多数の意思に従ったからであった。彼ら概括主義者の考えはこうである。「現在各省を一つ一つ列挙した場合、もし将来省・区が縮小され、行政区域が変更されたとすれば、憲法に列挙している領域と異なってしまう」。日々刻々と変化している中国政治と国際政治のあり様が憲法の条文と乖離することを恐れたわけである[17]。
　つぎに直接保障主義を採用しなかった理由は、「我われの現在の憲政運動は、国力を集中させ、国を救う運動」であり、「我われが争っている自由は、国家の自由、民族の自由」だからであった。また、過去に自由や権利を蹂躙してきたのは主に行政機関であり、立法機関ではなかったと呉経熊が認識していたからであった[18]。
　こうした憲法草案をめぐる政治情勢を受けて、張知本は他の起草委員とともに別の草案を公表した。しかし、彼がこの草案を提出した時点において、直接保障主義はほとんど採用される見込みがなかった。呉経熊の草案を憲法草案の底本とする大勢に変化がみられなかったからである[19]。結局、張知本は、その他の私的な事情も重なって、1933年8月18日に副委員長の職を辞した。
　だが、これ以降も張知本は、「以前の個人型の自由主義」が人類全体の利益を発展させる方向へと変質していった後も、「一般の人々を尊重する自由」の側面を完全に喪失したわけではないとの立場から、委員会の外部から直接保障主義を主張し続けた[20]。ただし、彼の発言力は弱かったようで、その法治論[21]を支える軍政分離の原則も国民党政権内部からの激しい抵抗にあって次第に骨抜きにされてしまった。五五憲草は、日中戦争開始1年前の緊迫した国家情勢を背景にして、わずかに彼の列挙主義だけを復活させた。呉経熊の間接保障主義は、国家的軍事的な危機の下でその必要性を時限的に容認する

孫科委員長の支持を得ると同時に[22]、戴季陶[vi]ら国民党の元老派からも支持されて、五五憲草に採用された。戴季陶は、長年の放任政治こそが中国社会の病原であり、現在の中国には秩序と規律が備わっていなければならないため、ヨーロッパの権利・義務概念とは異なる、いわば儒教道徳に基づく法的責任観が必要だ、と主張したのであった[23]。

3　張知本と中華民国憲法

　本章「はじめに」でも指摘したとおり、それでは何故、五五憲草で採用された間接保障主義は中華民国憲法で採用されず、中華民国憲法は直接保障主義を採用したのであろうか。この変化にかかわる日中戦争期から戦後にかけての政治過程を明らかにする。

　五五憲草に対する最初の修正案は、1940年4月、国民党・共産党・第三勢力などが組織した国民参政会[vii]憲政期成会によって提出された。「国民参政会憲政期成会の五五憲草に対する修正草案」と呼ばれるこの修正案は、当時中国国内で高揚しつつあった憲政運動[viii]を背景にして、第三勢力に属する張君勱（本書43頁脚注 i 参照）や羅隆基らが起草したものであった。この修正案は、新設の国民大会議政会に議会的機能を委ね、立法権を強化しようとした点に最大の特色を見出せる[24]。

　しかしながら、間接保障主義と直接保障主義をめぐっても、この草案は重要な修正を加えていた。すなわち、五五憲草24条の「およそ人民のその他の自由および権利は、社会秩序と公共の利益を妨害しなければ均しく憲法の保障を受け、法律に依らなければこれを制限することはできない」のうち、「社会秩序と公共の利益を妨害しなければ」の字句を削除したのである。これは一見すると小さな変化にしか過ぎないように思われる。しかし、「およそ人民のその他の自由および権利は均しく憲法の保障を受け」という修正案は、間

---

vi　戴季陶（1891〜1949）：孫文の死後、儒教に基づく三民主義解釈を提唱し、国民党右派の理論的支柱と目された。日本への留学経験があり、その『日本論』（1928年）は有名である。

vii　国民参政会：戦時に民意を集約するために新設された機関で、憲政の実施にともない廃止された。

viii　憲政運動：この憲政の実現を要求する運動は、五五憲草を準備していた1930年代前半、国民参政会憲政期成会の活動が活発化した日中戦争期前半、そして戦後世界の民主的潮流を見据えて中華民国憲法の制定へと向かった1943年から戦後初期にかけての3度にわたり高揚した。

接保障主義の弊害の一つ、つまり法律を恣意的に制定して個人の自由と権利を無制限に侵害する立法権の濫用の可能性を除去した貴重な第一歩であった。この点は、しっかりと確認されなければならない[25]。

ただし、貴重な第一歩とはいっても、その直後に続く「法律に依らなければこれを制限することはできない」が残されたことの意味について考えておかなければならない。

当時、直接保障主義を支持する声は、国民参政会憲政期成会の外部のみならず内部にも存在していた。たとえば、国民党員の徐謙[ix]がそうである[26]。しかし、それにもかかわらず、憲政期成会は間接保障主義を完全には排除しなかった。その理由は、憲法の条文に美辞麗句を並べるだけでは自由と権利を保障できないからであり、官と民の双方が尊重し合う精神と法治の良き習慣があってこそ自由や権利を実質的に保障できると考えたからであった[27]。

ところが、憲政期成会は、同時に次のような説明も加えていた。「『法律に依らなければこれを制限することはできない』の元来の意図は、制限する権力を民意機関に委ね、行政当局に法律を誠実に遵守させることで、人民の権利を保障していくことにあった」。つまり、官と民による法治を重視する彼らは、自由と権利を制限する法律が必ず民意に基づかなければならない、としたのである。この民意による間接保障主義は、国家権力が法律によって任意に自由と権利を無制限に侵害することに歯止めをかけようとしている点において、直接保障主義に近い性格を帯びていた[28]。

この修正草案を受けて、国民党員の王世杰[x]らは、陳立夫[xi]・王寵恵[xii]らを招集して検討作業に入った。この検討会は、社会秩序と公共の利益を妨害した場合にだけ憲法の保障を受けないと規定した五五憲草24条を、社会の混乱を回避する点からしても妥当であると判断して、結局のところ、国民参政会

---

ix 徐謙（1871～1940）：清朝末期に法制の近代化を担い、北京政府期には信仰の自由を求める団体の会長を務めた。国民党左派が中心となった武漢国民政府にも深く関与したが、その後は国民党の左右両派から政治姿勢を批判され、政界からの引退を表明した。

x 王世杰（1891～1981）：宣伝部部長や外交部部長などの要職を歴任し、国民党内のリベラル派の一人と目されている。台湾に移ってからは胡適や雷震（本書第2部第2章辞化元論文参照）らと『自由中国』を創刊し、蔣介石との距離を徐々に広げていった。中華民国期の代表的な憲法学者の一人である。

xi 陳立夫（1900～2002）：国民党組織の中核を担い、兄の陳果夫とともにCC派と呼ばれる党内勢力を築き上げた（本書49頁脚注v参照）。

xii 王寵恵（1881～1958）：中華民国期を代表する国際的な法学者であり、中華民国憲法の制定に際して中心的な役割を果たした一人。

憲政期成会の修正案を拒否した[29]。1943年秋から黄炎培[xiii]をはじめとする第三勢力に属する知識人を中心に憲政運動が高揚し、孫科・王世杰・邵力子[xiv]ら一部の国民党員がこの運動にも関与し始める[30]と、国防最高委員会[xv]の下に新設された憲政実施協進会が憲法に制限規定を盛り込むべきか否かも含めて五五憲草を再び検討したが、ここでも直接保障主義は採用されなかった（「憲政実施協進会の五五憲草に対する研究・検討意見」）。張君勱は、先述の民意による間接保障主義を基本路線として、「出版法」による事後検閲を容認するなどの妥協案を示しつつ、言論・出版・身体・集会・結社の自由の保障を蒋介石に要求したが、彼の意図したことはそのまま実現されることはなかった[31]。国民党政権内部には依然として憲政運動の自生的発展に対する警戒心があり[32]、ここでも、間接保障主義は法律以外の命令などによって自由と権利を制限できないようにするための措置である、との旧来の解釈が提示された[33]。

　しかし、1943年秋から戦後にかけて、自由と権利をめぐって新たな情勢が生まれつつあった。第2次世界大戦後の国際秩序がアメリカのリベラリズム思想を基盤として構築されるだろうと予測され始め、この時期に盛り上がり始めたアメリカ発の国際報道自由運動[xvi]が、平和を恒久的に実現するためには言論や報道を自由化せざるを得ないと世界に向けて主張したことにより、張知本以外の国民党員も、徐々に言論の自由化を公然と唱え始めた[34]。憲法草案作成の最高責任者であった孫科は、天賦人権論を否定はしていなかったが[35]、蒋介石に配慮して取りまとめた五五憲草[36]を見直すべく、この時期になると、たとえば「言論を自由化すべきである」、「私は終始、軍事・国防秘密にかかわらない報道の検閲に反対してきた」と述べるようになった[37]。張知本の直接保障主義は、日中戦争期の2度にわたる五五憲草修正草案には反映されな

---

xiii 　黄炎培（1878～1965）：職業教育派として知られ、一貫して実業救国・教育救国を主張した。憲政運動にも奮闘し、1945年12月に第三勢力の一つを構成する民主建国会の代表的な指導者となった。

xiv 　邵力子（1882～1967）：国民党内の「民主」派の一人と称され、党内においては孫科や王世杰らとともに親ソ派の傾向を有していた。1949年の政権交代に際して、中華人民共和国に留まった。

xv 　国防最高委員会：日中戦争期の党・政府・軍の権力を集中させた戦時の最高権力機関であるが、そのようには機能していなかったことが明らかとなっている。

xvi 　国際報道自由運動：アメリカ新聞編集者協会が中心となった運動。国際平和の実現を目指して言論・報道の自由を全世界にアピールした。

かったが、それを支持する雰囲気は党内において徐々に広がり始めた。当然、国民党外部からは、直接保障主義を支持する声がさらに高まっていた。すでに1940年5月には「一般の法律が憲法で保障された人民の自由を制限することは、憲法を法律に従わせることに等しく、弊害を容易に発生させる」との意見が広西地域から発せられ、ほぼ同時期に共産党の『新華日報』も同じ主旨の社説〔社論〕を掲載するなどしていた（本書第3部第1章周永坤論文参照）が[38]、こうした自由と権利の保障を求める民意は、1944年以降、憲政実施を協議する各地の集会において繰り返し表明されていくことになった。憲政実施協進会の活動に加わった蕭公権[xvii]も、言論の自由化が憲政の必須条件であるとした[39]。

では、日中戦争期から戦後の憲政実施（1947年12月）まで、張知本は何をどのように主張していたのであろうか。

1942年、張知本は、第2次世界大戦後の世界情勢を、第1次世界大戦後のそれと対比させながら、次のように展望した。

> 第1次世界大戦後に生まれた各国憲法の新しい趨勢は、財産の自由と契約の自由を制限したことである。もしこのように言えるとすれば、第2次世界大戦後のそれは、民族の自由と神聖なる主権に対して新たな意義を付与することになるだろう[40]。

ここでいう新たな意義とは、第2次世界大戦後の世界が独立国家の主権を充分に尊重するだろう、という意味である。したがって、張知本は、戦前から希求していた強い主権国家中国が戦後には確実に実現される、との見通しを示したのである。だからこそ、自由について次のように強調した。

> 長年、国内の人々は自由の制限について誤解してきた。彼らはいつも「現在は自由を制限する時代だ」と漠然といってきた。しかし、彼らは、現在制限されている自由が財産と契約にかかわる自由に限られていることを知らないのである。その他の言論・出版・集会・結社の基本的自由

[xvii] 蕭公権（1897〜1981）：アメリカへの留学経験をもち、20世紀中国の政治学の発展に尽力した知識人の一人。燕京大学教授、清華大学教授、政治大学教授などを歴任し、1949年以降はワシントン大学などで学術活動に従事した。

は依然として存在しているのである。……(中略)……。人々はいつも「孫文〔国父〕は個人の自由を犠牲にし、民族の自由を完成させよと主張してきた」という。しかし、国父が反対した個人の自由はバラバラの砂のような状態の自由であって、正当で合法的な言論・出版・集会・結社（の自由——訳者補足）については、反対していないばかりか賛成しているのである[41]。

　彼は、財産と契約の自由を制限することは第1次世界大戦後の世界の趨勢に適っている、とここでも主張する。しかも、三民主義と五権構想に固執してきた彼にとって、これらの部分的な制限は孫文のいう土地所有権の平均化と資本の制限の理念に合致したものであった。だが、以前から繰り返し主張しているように、言論・出版・集会・結社の自由は憲法で保障されなければならない、とも強調した。確かに、これらの自由は、他人の名誉を傷つけたり、事実無根の言動を引き起こしたりした場合には容認できないが、その場合であっても刑法で制裁を加えればいいのであって、他の法律を新たに制定して任意に制限する必要はなかった[42]。

　では、張知本はなぜ言論・出版・集会・結社の自由を拡大しなければならないと考えたのか。それは、「言論の自由の多寡が、民主性の高低を規定する」と理解したからであった[43]。彼にとって、世論空間を形成し得るか否かは憲政の成否を分ける最大のポイントであり、そのためには「とくに言論の自由が合理的に保障されなければならな」かった。彼からすれば、戦時の言論統制は、あくまでも「一時的な変態」に過ぎないのである[44]。彼は、戦後（1947年）に入ってからも、「個人にかかわる自由権は、これを絶対化しても差し支えない。つまり、憲法において直接保障しても差し支えない」と表明している[45]。

　以上のような日中戦争期以降の中国を取り巻く内外環境が、直接保障主義を次第に表舞台へと押し上げていった。戦後の1946年1月、国民党・共産党・第三勢力および有識者の代表が一堂に会した政治協商会議は、五権構想下で強い権限を有していた総統中心の五五憲草を根底から見直し、議院内閣制の要素を織り込んだ三権分立型の内容へと修正した。この修正原則（本書第1部第2章薛化元論文参照）の一つに、直接保障主義も明記されていた。その理由は、法律とは自由と権利を保障するためのものであり、制限することを

目的とするものではない、と考えられたからであった（修正原則9項）。

　当然、このような五権構想から逸脱した修正案に対して、蒋介石をはじめとして国民党内部からは激しい反発が起きた[46]。結局、政治協商会議でも未決着に終わった間接保障主義と直接保障主義の争いは、間接保障主義者の呉経熊と直接保障主義者の張君勱の対立を軸に継続することになった。しかし、その後は、蒋介石自身の政治判断や立法院内部における孫科らの仲介により[47]、「政治協商会議の五五憲草に対する修正草案」（政協憲草）[xviii]を一定程度反映した中華民国憲法が制定された[48]。この制定過程において、自由と権利の条文を検討した審査会の責任者が張知本であったこと、加えて、中華民国憲法23条そのものを削除すべきだとの要求が羅家衡[xix]や何元明ら制憲国民大会代表から提出されたこともあって——しかし23条は存続——、直接保障主義は特段の議論を経ることなく同憲法に採用された[49]。

おわりに

　本章で解明したような政治過程を経て、中華民国憲法は、その23条の解釈をひとまず措くにしても、自由と権利をめぐる条文の主旋律を間接保障主義から直接保障主義へと移行させた。この意味において、張知本の憲法論は実現したことになる。

　しかし、中華民国憲法が張知本の憲法論と完全に一致したわけではなかった。

　まず、領土に関する列挙主義は、五五憲草で採用されたにもかかわらず、直接保障主義とは対照的に、中華民国憲法では採用されなかった。憲政実施協進会の修正案において概括主義はすでに復活していたが[50]、その主たる理由は、戦後中国が台湾や満洲などの失地を回復し、外部の侵略に抵抗するための列挙主義を必要としなくなったからであった[51]。この戦後中国の現実は、第2次世界大戦後の世界情勢を既述の如く予測していた張知本にとって、譲

[xviii] 政治協商会議の五五憲草に対する修正草案（政協憲草）：孫科も一員として加わっていた憲法草案審議委員会が張君勱の憲法構想を中心にまとめた草案。本書第1部第2章辞元化論文に詳しい。

[xix] 羅家衡（1883～1961）：早稲田大学政治経済学部に留学。辛亥革命を経て、北京政府期に国会議員として活躍。上海で弁護士としても活動し、日中戦争期に国民参政会参政員などを歴任した。

歩し得る範囲だったのだろう。管見の限り、彼は列挙主義に固執した発言を戦後にほとんどおこなっていない。

しかし、孫文の五権構想に忠実であった張知本にとって、より大きな問題は、中華民国憲法が三権分立型の内容へと変化し、国民大会の権限が著しく弱められたことであった。1946年、彼は、五五憲草に弱点があるからといって五権分立（本書19頁図表1-1参照）が三権分立に劣っているわけではないとし、中華民国憲法の制定直前まで五権構想を支持し続けた[52]。1950年においてもなお「五権憲法の再認識」と題する講話を発している[53]。だが、中華民国憲法が五権構想を忠実に復元することはなかった。したがって、立法機関（立法院）の専横化を防止しようとした彼の直接保障主義は、権限の弱められた国民大会の下においては、骨抜きにされたに等しかった。

最後に、個人の自由と権利を重視しようとする政治思想、より正確にいえば社会全体の利益にも配慮した新しいリベラリズム思想が、間接保障主義から直接保障主義への変化を促したこの時期の中国において、確かに存在していたことだけは再確認しておきたい。この政治思想は、中華民国憲法に直接保障主義を採用させたという意味において、言い換えれば近代中国の立憲主義をより立憲主義たらしめたという意味において、現実の政治と社会に対して一定の影響力を有していたと評価できよう。しかし同時に問題となってくるのが、この政治思想の系譜が1949年の革命後にどのように推移していったのかということである。

この政治思想は、大陸中国においては1949年で基本的に断絶している。その理由は、1949年以前に大陸で活動していた一定数の主要なリベラリストが台湾や香港をはじめとする周辺部へと脱出したからである。したがって、戦後台湾の『自由中国』（本書54頁脚注vii参照）や戦後香港の『民主評論』の論調からも分かるように、1949年以前の近代中国におけるリベラリズム思想は中華人民共和国の周辺部で受け継がれたことになる。1950年代の中華人民共和国史を理解する際に、まずこの断絶を念頭におかなければならない。この政治思想の空白が、1950年代中国の政治思想を特徴づける一つの重要な要素となっている。

しかし他方で、この断絶は表面上のものであることもまた付け加えておかなければならない。1949年以前のリベラリストで中華人民共和国に留まった知識人も少なからず存在しており、彼らの政治思想が1950年代以降も中

第1章　近代中国憲政史における自由とナショナリズム

華人民共和国内部で伏流し続けたからである。その一つの実例が、反右派闘争（本章140頁脚注xi参照）で弾圧された知識人の諸活動であった[54]。

　近現代中国の政治思想はナショナリズムを自由と人権に優先させ、それ故に社会主義思想と親和的であったと解釈するだけでは、たとえそれが中国政治思想の本流を言い当てていたとしても、本章のような歴史事実を浮かび上がらせることはできない。また、そこから導き出される1949年前後の断絶と連続の側面をも浮かび上がらせることはできない。社会主義中国は1949年以前の何かを喪失した上にも成り立っていること、その喪失した何かがその後も伏流し、現代中国で再浮上しつつあることをもう少し意識しておいてもいいのだろう[55]。今後は、1930年代から1940年代までの中国政治思想のあるがままの事実を掘り起こし、台湾と香港を視野に入れながら、1950年代中国の政治思想を分析し直すことが急務となってくる。それから社会主義中国を論じても遅くはない。見落としてしまった事実は、まだ多いと考えられる。

1　呉経熊＝黄公覚『中国制憲史』（上海：商務印書館、1937年）第2編第6章より。引用にあたっては王明根ほか編『民国叢書（第4編27）』（上海：上海書店、1992年）を参照した。
2　1912年から1949年までの中華民国は、1920年代後半の国民革命を境にして、北京政府期と国民政府期とに二分される。そのうち本章が考察対象とする国民政府は、国民党が中心となって組織した政府のことを指す。政策過程を厳密に分析する場合には、国民党と国民政府を峻別しなければならないが、本章では両者を含む概念として国民党政権と記す。
3　中村元哉「国民党『党治』下の憲法制定活動——張知本と呉経熊の自由・権利論」中央大学人文科学研究所編『中華民国の模索と苦境——1928〜1949』（中央大学出版部、2010年）。
4　「蔣中正電陳布雷補充地方応設三級制及政府内閣制等十二項制定憲法意見（1935年8月29日）」（国史館蔵『蔣中正総統文物檔案』002-080200-247-046）。
5　スタンフォード大学で『蔣介石日記』が公開されているが、この日記の内容と中華民国憲法制定史に関する新たな一面については、中村元哉「史料調査報告——『蔣介石日記』について」（南山大学アジア・太平洋センターウェブページ<http://www.nanzan-u.ac.jp/ASIAPACIFIC/essay/Nakamura0831.htm>、2009年）を参照のこと。
6　金子肇「戦後の憲政実施と立法院改革」姫田光義編『戦後中国国民政府史の研究1945〜1949年』（中央大学出版部、2001年）、金子肇「国民党による憲法施行体制の統治形態」久保亨編著『1949年前後の中国』（汲古書院、2006年）。
7　水羽信男『中国近代のリベラリズム』（東方書店、2007年）、同「リベラリズムとナショナリズム」久保亨ほか編『グローバル化と中国（シリーズ20世紀中国史・3）』（東京大学出版会、2009年）。また、章清氏は「胡適派学人群」という概念を用いて中国のリベラリズム思想を再考している（章清『"胡適派学人群"与現代中国自由主義』上海：上海古籍出版社、2004年）。
8　荊知仁『中国立憲史』（台北：聯経出版事業公司、2001年）415頁。
9　むろん、この分析作業においては、中華民国憲法23条が間接保障主義と直接保障主義を折衷した性格を有しており、直接保障主義へと至る単線的な変化を意味していないかもしれないこと、あるいは、同憲法23条が日本国憲法13条の「公共の福祉に反しない限り」と同等の条文として当時から解釈されていたか否かについても検討されなければならないだろう。

10 中村元哉『戦後中国の憲政実施と言論の自由1945〜49年』(東京大学出版会、2004年)、同「言論・出版の自由」久保亨ほか編『グローバル化と中国 (シリーズ20世紀中国史・3)』(東京大学出版会、2009年)。
11 荊・前掲注8書411〜413頁。
12 中村・前掲注3論文、中村元哉「世界の憲政潮流と中華民国憲法──張知本の憲法論を中心に」村田雄二郎編『中国のリベラリズム』(有志舎、近刊予定)。
13 張知本「憲法草案委員会之使命及草案中応行研究之問題」『東方雑誌』第30巻第7号 (1933年4月1日)。
14 同上。
15 同上。
16 呉ほか・前掲注1書124、269頁、呉経熊「中華民国憲法草案的特色」『東方雑誌』第33巻第13号 (1936年7月1日)、同『法律哲学研究』(北京：清華大学出版社、2005年) 154頁 (原載は「過去立憲運動的回顧及此次制憲的意義」胡適ほか編『張菊生先生七十生日紀念論文集』上海：商務印書館、1937年)。
17 呉ほか・前掲注1書269頁。
18 呉・前掲注16論文、「中華民国憲法草案説明書」立法院中華民国憲法草案宣伝委員会編『中華民国憲法草案説明書』(重慶：正中書局、1940年)。
19 荊・前掲注8書415〜419頁。
20 張知本「中華民国憲法起草意見」『東方雑誌』第30巻第21号 (1933年10月1日)。
21 張知本の法治論と司法制度論については、中村・前掲注3論文を参照。
22 日中戦争期の1940年4月16日にも記者との受け答えで同様の発言を繰り返している (夏新華ほか整理『近代中国憲政歴程──史料薈萃』北京：中国政法大学出版社、2004年、1071〜1073頁。ただし、戦争終結を見通し始めた1943年以降は言論の自由化へと傾斜していった。
23 「戴伝賢呈蔣介石陳述関於憲法問題之所見 (1935年9月)」(国史館蔵『蔣中正総統文物檔案』002-080101-002-006) および国史館蔵国民政府檔案『憲政発展』(001-011000-A008) に収められている1936年1月の戴季陶の発言。
24 金子・前掲注6論文「戦後の憲政実施と立法院改革」に詳しい。
25 「"五五憲草" 修正案之説明」夏ほか・前掲注22書1056頁。
26 楊紀編『憲政要覧 (近代中国史料叢刊続編第81輯)』(台北：文海出版社、1974年) 103頁 (原載は香港『大公報』1940年4月23日)。
27 前掲注25説明1056頁。
28 同上1056頁。
29 「対於国民参政会憲政期成会関於憲法提案之審査意見 (1940年5月)」(国史館蔵『蔣中正総統文物檔案』002-080101-002-006)。
30 中村・前掲注10書第2章、中村元哉「戦時言論政策と内外情勢」石島紀之＝久保亨編『重慶国民政府史の研究』(東京大学出版会、2004年)。あわせて、謝慧『「今日評論」与抗戦時期第一次憲政運動』胡春恵ほか編『近代中国与世界的変遷』(香港・台北：香港珠海書院亜洲研究中心・国立政治大学歴史学系、2005年)、水羽・前掲注7書も参照。
31 邵力子 (憲政実施協進会秘書長) →蔣介石 (憲政実施協進会会長)、簽呈第6662号 (＊収文番号)、1944年3月17日 (国史館蔵国民政府檔案『憲政発展』001-011000-A008)。
32 国史館蔵国民政府檔案『憲政発展』(001-011000-A008) に収められている1944年1月の谷正綱の発言。
33 喬宝泰「国防最高委員会憲政実施協進会建議之憲草修訂意見」『近代中国』第113期 (1996年6月)。
34 中村元哉「1947年憲政与中国近現代史──国民党的民権思想与国際関係」国立政治大学歴史学系編『東亜視角下的近代中国』(台北：国立政治大学歴史学系、2006年)。
35 孫科「序」立法院中華民国憲法草案宣伝委員会編『中華民国憲法草案説明書』(重慶：正中書局、1940年)。
36 高華「論孫科在制定『五五憲草』過程中的思想変化」『復印報刊資料中国現代史』(2001年1月)。

37　孫科「怎様促進民主（1945年4月3日）」秦孝儀主編『孫哲生先生文集（3）』（台北：中国国民党中央委員会党史委員会、1990年）。
38　楊・前掲注26書123頁（原載は『広西憲政協進会成立大会宣言』1940年5月6日）および133頁（原載は重慶『新華日報』1940年4月7日）。
39　蕭公権『憲政与民主』（北京：清華大学出版社、2006年［1948年の上海中国文化服務社版の復刻]）32頁。
40　張知本「大戦後世界各国憲法的新趨勢（1942年口述）」国民大会秘書処編『憲法講話』（台北：国民大会秘書処、1961年）。
41　同上。
42　同上。
43　同上。
44　張知本「憲政与輿論」『憲政』第2号（1944年2月1日）。
45　張知本「憲法中応行商討的幾個問題（1947年口述）」国民大会秘書処編『憲法講話』（台北：国民大会秘書処、1961年）。
46　「蔣中正対憲草審議委員会本党同志談話表示対於憲法草案意見（1946年2月10日）」（国史館蔵『蔣中正総統文物檔案』002-20204-445-001）。
47　荊・前掲注8書445頁、張憲文ほか編『中華民国史（4）』（南京：南京大学出版社、2006年）136頁。
48　薛化元「張君勱与中華民国憲法体制的形成」中央研究院近代史研究所編『近代中国歴史人物論文集』（台北：中央研究院近代史研究所、1993年）。なお、中華民国憲法をめぐる国民党内部の対立の一端については、中村元哉「国民党政権と南京・重慶『中央日報』」中央大学人文科学研究所編『民国後期中国国民党政権の研究』（中央大学出版部、2005年）を参照。
49　中国第二歴史檔案館蔵国民大会檔案『国民大会代表対憲法草案審査意見之修正案（1946年11月23日）』（451-317）、中国第二歴史檔案館蔵国民大会檔案『国民大会秘書処編印国民大会代表対於中華民国憲法草案発言紀録（上冊・中冊・下冊）（1946年12月）』（451-重12）、中国第二歴史檔案館蔵国民大会檔案『中華民国憲法草案審査委員会審査報告（1946年12月）』（451-重14）、国史館蔵国民政府檔案『中華民国憲法草案代表提案摘要』（001-011002-A001）、国民大会秘書処編『中華民国憲法之制定』（台北：国民大会秘書処、1961年）14～36頁。
50　喬・前掲注33論文。
51　国民大会秘書処編・前掲注49書6頁。
52　張知本「五権憲法的認識」国民大会秘書処編『憲法講話』（台北：国民大会秘書処、1961年）。
53　張知本「五権憲法的再認識」国民大会秘書処編『憲法講話』（台北：国民大会秘書処、1961年）。
54　水羽・前掲注7書序章および第7章。
55　水羽・前掲注7論文。あわせて、中村・前掲注10書終章および胡平（石塚迅訳）『言論の自由と中国の民主』（現代人文社、2009年）も参照。

第2章

憲法の制定から憲法の施行へ
「政協憲草」とリベラリストの憲政主張（1946〜1972）

薛化元（訳：吉見 崇）

はじめに

　本章の主たる内容は、筆者が過去におこなってきた中華民国憲法制定史と台湾のリベラリズム思想に関する研究成果に基づいている。とりわけ、1946年の中国における政治協商会議（本書第1部第1章中村論文参照）開催以来の中華民国憲法体制の変容とそれに対する主張、および1950年代以後の台湾のリベラリストによる中華民国憲法体制に関する主張に基づいている。基本的には、政治協商会議以来の憲法体制に関する議論と決議が、現行の中華民国憲法の主要な骨子となっている。したがって、本章の重点は、中華民国憲法が制定された前後の時期に始まる「政協憲草」（本書38頁脚注xviii参照）とリベラリストの憲政に対する主張との関連性に置かれることになる。

　ところで、政治協商会議で憲法問題を議論したキーパーソンは張君勱[i]であった。また、憲法が制定され施行されるまでの間、「政協憲草」を核に中華民国の憲政体制を論じ、同時に憲政の実施によって蔣介石総統を中心とする国民党を批判した代表的なリベラリストは雷震[ii]であった。制定された当時の中華民国憲法の舞台は中国大陸であったが、1949年の中華人民共和国（以下、人民共和国）の成立によって中華民国政府が台湾に撤退すると、中華民国憲法が施行された主たる舞台は台湾へと移った。本章は1972年までを研究対象とするが、その理由は、国際連合における代表権が中華民国から中華

---

[i] 張君勱（1887〜1969）：国共両党の独裁化に反対した彼は1932年に国家社会党を結成し、後に第三勢力の核となる中国民主政団同盟（1944年から中国民主同盟）の中心的指導者の一人となった。本章が指摘するように中華民国憲法の主要な精神は彼の憲政構想にも由来している。

[ii] 雷震（1897〜1979）：京都帝国大学で法学を学んだ後、1930年代から1940年代にかけて国民党政権の要職を務める。本章でも明らかになるように、徐々に国民党政権の独裁傾向に批判を強め、1960年に逮捕・投獄された（本章54頁脚注vii参照）。

人民共和国に移った直後に、雷震が憲法の制定と国家の統治機関に関して特徴ある自説を展開し、中華民国の憲政の将来像を提示したからである。

1　「政協憲草」から中華民国憲政体制へ

中華民国憲法が設計した中央政府の体制が果してどのような類型に属するのかは、長期にわたり学界と現実政治の世界において争点となってきた。台湾を中心とする法学者・政治学者は、通常はいわゆる責任内閣制によって中華民国憲法体制を定義してきたが、ある者は「総統制」を指向するものとして「総動員による反乱鎮圧時期の臨時条文」[iii]体制を解釈してきた。教科書であれ現在の一般の大学の講義であれ、その多くはやはり似たような見解を提示している。

問題は、西洋憲政史における議院内閣制の内容と、一般的にいわれる名誉元首の責任内閣制とが大きく異なっていることである。したがって本節では、まず西洋憲政史における議院内閣制の内容を検討する。そうした上で、「政協憲草」がいかにして中華民国憲法の草案となったのか、また「政協憲草」における国家の統治機構の設計がどのようにしてその体制の基本原則となったのかを確認し、中華民国憲法の施行以後、リベラリストが国家の統治機構に対してどのような主張を展開してきたのかを明らかにする。

(1)　議院内閣制の類型

西洋憲政史の発展からすると、現在のいわゆる議院内閣制は現行のイギリスや日本の体制を指すものであり、それは本来の「議院内閣制」あるいは一般的にいう責任内閣制の原型ではない。議院内閣制が最も早くに誕生したイギリスでは、内閣の体制は19世紀以前から形成されたが、王権はいまだに完全には消滅しておらず[1]、国王は純粋な名誉元首ではなかった。一般的に、イギリス国王が名誉元首となり、首相が真の行政首長となったと考えられるのは、1832年と1867年の2度にわたる選挙法の改正後のことである[2]。つまり、議院内閣制の歴史的発展に即していうならば、内閣の正当性の基礎はもとも

---

iii　総動員による反乱鎮圧時期の臨時条文：1948年5月に施行され、1991年5月に廃止された。「動員戡乱時期臨時条款」と呼ばれるこの条文は、共産党の「内乱」を鎮圧するまでの間、総統に緊急処分権を与え、立法院による緊急処分の変更と廃止を抑え込む機能を果した。

と議会に完全に依拠していたわけではなく、国王は権力を喪失していなかった。しかし、イギリス憲政の発展史において、議会からの支持が徐々に行政権（内閣）を支える正当性の来源となり、「議院内閣制」の内容と特色にも変化がみられるようになった[3]。

歴史的な変遷からすれば、内閣の権力の正当性の来源と元首・内閣・議会の相互関係性には本質的な差異がある。それ故に、憲法史を研究し分析する場合には、それらを類型化しておく必要がある。イギリスの早期の内閣は二元型の「議院内閣制」と呼ばれ、元首が名誉化した後は一元型の議院内閣制と呼ばれている。この２種類の異なる議院内閣制において、その原理面での最大の違いは、二元型の「議院内閣制」では行政権と立法権の均衡が強調され、それ故にある時は均衡型の内閣制と呼ばれるのに対して、一元型の議院内閣制は議会優位の状態に重点を置き、これが現在でいうところの議院内閣制となっていることである。

議会政治の伝統から最初に出現した二元型の「議院内閣制」の原理に関しては、レズローブ（Robert Redslob）の研究成果が憲法学によって最も注目されている成果の一つである[4]。レズローブは、二元型の「議院内閣制」が二元構造を有しており、一方は正統性を有する元首であり、もう一方は民選の議会であり、それぞれが独立しつつも対立し合う正統（当）性の基礎を有している、と考えた。内閣はこの両者の中間にあり、双方のために働き、かつ両者の信任を得なければならないのである。レズローブは、立法権と行政権の均衡を維持するためには、行政機関が議会を解散する権力をもっていなければならず、議会の新たな選挙を通じて、選挙民が両者に対して裁決を下す、と主張した。と同時に、この体制下では、元首が首相の任命権および議会の解散権を有するだけでなく、たとえ内閣が議会の支持を得たとしても、元首は自ら主体的に「国王解散」の方式で議会を解散し、内閣を改組することができる、とした[5]。だが、伝統的な君主および議会によってバランスよく対抗してきた二元型の「議院内閣制」は、伝統的な君主を欠いた条件下（君主制がすでに廃止されているか、あるいは民主政治の理念の下で君主が権力の正統性の基礎を喪失している）では新たな展開を必要とし、そうして初めて議院内閣制は民主的な憲政体制下でも存続し発展できたのである。

一元型の議院内閣制の議会は、基本的に、選挙を通じて直接に民意の基礎と正当性を獲得できる唯一の国家機関となる。そのため、議会は、政治シス

テムの運用において優位な基礎を打ち立てられる。もし国家元首が議会とは異なる独立した正統（当）性（民意の基礎）の来源をもっていなければ、たとえ国家元首が議会と均衡していたとしても、あるいは議会を優越する権力を有すると規定されていたとしても、常にその権力は正当性を欠くため、自由で民主的な体制下にあっては、一元型の議院内閣制へと発展することになる。例えば、フランスの第3共和制の発展史は、二元型の「議院内閣制」体制が次第に一元型へと変化していった事例である[6]。

しかし、これとは逆に、もし国家元首が直接選挙で選出され、議会の間接選挙によっては選出されないとすれば、国家元首は正統（当）性の基礎を有し、議会に対抗することができる。この場合でも、もしかしたら名誉元首による一元型の議院内閣制を維持することは可能性かもしれないが[7]、二元型の「議院内閣制」は国家元首と議会がそれぞれに正当性の基礎を有することを前提とするため、国家元首が人々の直接選挙によって選出されるとすれば、そこから生み出される体制は、伝統的な二元型「議院内閣制」の「現代における変種」となるであろう。ドイツのワイマール憲法やフランスの第5共和制憲法はまさにこの事例である[8]。ドイツのワイマール憲法の影響を受けた張君勱は、その体制を中国に紹介して、憲法草案を起草する際の重要な参考資料とした。ド・ゴールが第2次世界大戦後にフランスで制度化した第5共和制は、総統の直接選挙（1996年）後に追加・修正された中華民国憲法の条文に影響を与えた。中華民国憲法の制定当時の条文にせよ、その後に追加・修正された条文に依拠する現在の体制にせよ、いずれも二元型の「議院内閣制」の色彩を有しているのである。

(2) 「政協憲草」における国家統治機構の設計

政治協商会議において12項目から成る憲法草案修正原則が定められ、この原則に基づいて「政協憲草」が起草され、現在の中華民国憲法の草案となった[9]。政治協商会議の修正原則は、国民大会・立法院・監察院・司法院・考試院・行政院および総統に関する7項目を含むものであった。それらの規定は中華民国憲法の統治機構と密接に関連しており、考試院が権力分立のバランスと論理的に結びつけられて説明されていないことを除けば、中華民国憲政体制の運用に影響を与える重要な内容を含んでいた[10]。

そのうち、総統と行政院の正当性の来源と職権の内容、および行政権と立

法権の相互作用については、1・6・7項の内容からそれらの梗概をうかがい知れる。司法と監察に関する項目は明確には規定されていないが、「政協憲草」は修正原則の制度設計の基本精神に変更を加えていないため、この点も含めて後で一括して検討していきたい。

まず1項は、主に国民大会の組織およびその職権について規定している。五五憲草の本来の制度設計（本書19頁図表1-1参照）によれば、国民大会はいわゆる中央政権機関であり、中央政府の選挙・罷免・創制・複決の四権[iv]を行使するとされた。そして、総統が行政首長であったために行政院は総統に対して責任を負うとされたが、立法・監察・司法・考試の四院は、立法院と監察院の場合には院全体で、司法院と考試院の場合にはそれぞれの院長のレベルで国民大会に責任を負わなければならず、さらには総統さえも国民大会に対して責任を負わなければならないとされた。その上、国民大会の代表は国民によって選出され、国民大会は直接的な民意の基礎をもった唯一の機構ともされた[11]。ただし、国民大会は常設機構ではなく、五権も相互にバランスをとれていたわけではなかったため、行政権を主導する総統の権力だけが事実上強大化していた。それ故に、張君勱は国民大会の改革に重点を置いたのであった。

張君勱が中心となって起草した12項目の修正原則では、国民大会の名称は残されたが、総統が普通選挙によって選出される以前においては県級・省級および中央の議会が合同で総統を選出する機関を組織する（すなわちこの機関を国民大会とする）とし、国民大会を国民大会代表が存在しない無形の組織とするとした。そして、国民大会の権限は、総統を選挙・罷免すること、および憲法を修正することだけとなり、大幅に縮小された。しかし、将来的には、国民大会は全国の公民によって組織され、中央の選挙・罷免・創制・複決の各権を直接行使するとされた。これは、つまり、公民が四権を直接行使することを意味していた[12]。

6項の行政院に関する規定は、当時の人々に責任内閣制もしくは議会政治と認識されるような内容であった[13]。その主たる理由は、行政院が立法院に対して責任を負うとされ、立法院が行政院全体に対して不信任案を提出できると同時に、行政院が立法院の不信任を受けとった際には、行政院も総統に

---

iv 四権：このうち創制権は法案提案権、複決権は国民投票権とほぼ同等の意味である。

対して立法院の解散を請求できる、と規定されていたからである。ただし、張君勱は、政局を安定させるために、不信任投票には制限を加え、内閣に対しては「連帯責任」を適用せず[14]、行政院長の国会解散権も制限しようとした[15]。しかし、いずれにせよ、この6項が一般的な責任内閣制の設計と明らかに異なっていたのは、その冒頭において、立法委員が行政院長ないしは大臣〔部長〕を兼任するとは規定していなかったことである[16]。その後の憲法においても、立法委員が官吏となってはならないと規定され、さらには立法委員が内閣の一員となる可能性も徹底的に排除されたため、一般的なイギリス・日本型の議院内閣制との差異はますます広がっていった[17]。張君勱がこのような制度設計を提案した理由は、総統に比較的に大きな人事権をもたせようとしたからである。それ故に、ここで想定されている総統は、一般的な議院内閣制における国家の名誉元首とは相当に異なる存在であった[18]。

以上のような内容をもつ12項目の修正原則は、制度設計に関して基本的な原則を定めただけで、各項目には詳細な内容を明記していなかった。そのため、本節の議論の大半は、張君勱の解釈を引用しながら進めるほかない。

張君勱は、行政権について、その弾力性を説明していたが、それ以外にも、総統の能力が行政システムにおける真の権力の核心を決定していく、とも主張した。だが、こうした制度論は、総統が国会に対して直接責任を負うことで政局の不安定さを招くことを回避しようとしたものであった。そのため、この制度論は、行政院が立法院に対して責任を負い、権力は総統にあり、責任は内閣にある〔総統有権、内閣有責〕という制度を構成していくことになった[19]。

行政院長の指名権については、総統は、自らが希望する、あるいは自らの政策と合致する人を行政院長として起用することができた。しかも総統は、行政院長の人事権以外にも、少なくともその他の部・委員会の長の任用に対しても影響力を行使できた。さらに、行政院長および各部・各委員会の長が必ずしも立法委員である必要はないという状況下では、総統の人事の選択の幅はより広がり、総統が行政院（あるいは内閣）の正統性の基礎に対して非常に重要な役割を担うことになった。なぜなら、行政院は、立法院の支持を得て間接的に施政の正当性を獲得していく以外にも、総統によって指名・任命・支持されることによって、もう一つ別の正当性の来源を確保することになるからである。相対的にいえば、こうした制度設計においては、行政院

長は直接的な民意の基盤を有していないため、かりに行政院と立法院が厳しく対立し、立法院が倒閣の権利を行使したとすれば、行政院が立法院を解散することの正当性の基礎は総統の支持に求められることになる。言い換えれば、行政院が総統に対して立法院の解散を請求する行為が、かりに形式的な意義しかもたなかったとすれば、それは民主政治における民意の基礎という点からして正当性を欠く恐れがあった。このように、これまでの検討からすれば、政治協商会議の12項目の修正原則が設計した政府組織において、行政院は民意の正当性を欠いており（総統の指名と立法院の同意によって行政院は組織されるだけである）、しかも総統が一定の実権を有しているため、一般的ないわゆる責任内閣制とはかけ離れていた。全体的にみれば、12項目の修正原則が目指した政府の制度設計は、むしろ二元型の「議院内閣制」の原理をもともと指向していたわけである。

　しかし、国民党からみれば、政治協商会議における決議は総統の権力を弱め、国民党の総理（孫文）の遺教とは大きくかけ離れたものとなった。そのためCC派[v]が主導した国民党6期2中全会において、修正の要求が強まった。その修正要求において、国民大会を有形の組織とすること、そして行政院と立法院の関係を調整することが求められ、国民党は政治協商会議で定められた中央政府の体制を覆そうとした。その後、憲法制定作業に参加した民社党・青年党の両党がこれらの点について大幅に譲歩しながら国民党と調整した後に、ようやく現行の中華民国憲法の条文に相当する内容が提示されることになった。

　ところが、国民大会は有形化したとはいえ、創制権と複決権の行使については依然として議論が残った[20]。最終的に、国民大会のこれら2つの権限は憲法の条文では形式的に残されたものの、全国の半数の県ないし市がこれら2つの権限を行使した後に、国民大会が規則を制定してこれら2つの権限を行使できる、との新たな制限を付け加えた（中華民国憲法27条）。この点に関して、孫科（本書23頁脚注iii参照）は、憲法を制定するための国民大会〔制憲国民大会〕において憲法草案の内容を報告した際に、（このように2つの権限を行使し得る条件を高く設定した理由は──訳者補足）一国の中で「（立法院

---

[v]　CC派：陳果夫・陳立夫（本書34頁脚注xi参照）を中心とする国民党内の政治勢力で、中央政治学校卒の官僚層を基盤とした。

第2章　憲法の制定から憲法の施行へ　　49

と国民大会という——訳者補足）2つの立法機関を設置することはできない」からである、と明確に主張している[21]。中国の県・市の数が2000余りに達することを考えれば、結果として、この規定は、まさに雷震が指摘したように、事実上これら2つの権限の行使を「無期限に延期」することを意味するものであった[22]。

　言い換えるならば、国民大会は中華民国憲法体制下で有形となったが、その職権は大幅に縮小され、必要がなければ、総統選挙の年に国民大会は召集されるだけとなった。制度の性格からすれば、アメリカ大統領選挙の大統領選挙人と類似するかのような制度であった[23]。したがって、国民大会を無形化するとした12項目の修正原則の精神とそれまでの協議の結果は、およそ遵守されたといえる。総統の職権に関しては、それまでの五五憲草における専制的な総統制は、政治協商会議において徹底的に改変されていた。すでに言及した政治協商会議の12項目の修正原則の枠組みにおいて、総統はかなりの権力を有してはいたが、他方で行政院と立法院が均衡する政治体制となったため、議院内閣制の色彩もかなりの程度有することになった。だからこそ、その後の各方面によるさらなる協議の過程で、中華民国憲法体制の制度設計は受け入れられたのである。

　しかし、憲政の将来を想像した場合、張君勱であれ国民党であれ、12項目の修正原則の制度設計下にあっても、ある意味において総統が行政院長を指揮する権限を有する[24]、少なくとも総統がかなり大きな人事権を有する、と基本的に理解していた[25]。そのため朝野の争いの焦点は、行政院が立法院に対してどの程度まで責任を負うのかというところに置かれることになった。なぜなら、それが総統の意思とその貫徹の度合いとに関わってくるからである。

　最終的には、折衷案として、王世杰（本書34頁脚注x参照）の構想が採用された。その構想は、アメリカ大統領制のように、議会が可決した法案に対して拒否する権利（veto）を設定したものであり、「政協憲草」（56・57条）に組み入れられた[26]。この構想は、現在の中華民国憲法57条の「行政院は立法院の決議に対して、総統の許可を経て、立法院に再審議を請求することができる」という規定になっている。こうした制度設計においては、立法院と異なる意見をもつ行政院長は、総統の信任を得て、立法院の3分の1の委員の同意さえ得られれば、（総統が支持する）もとの政策案を貫徹することができ

た。このため、立法院は、総統の支持する（あるいは総統の意向を代表する）行政院を牽制しようと思っても、それは非常に困難なこととなった。したがって、この修正は、論理上は総統の権限を拡大する意義を有していた。憲法制定当時の考え方からしても、当時の朝野の人々もこの措置が総統の職権を拡大するものだと認識していた。なぜなら、立法院は、総統は信任しているが立法院は歓迎していない行政院長を下野させることが困難だったからである。なお、総統が司法院の大法官[vi]および考試院の考試委員を指名する権限については、12項目の修正原則の中にすでに含まれており、これらの規定は「政協憲草」にも残された（84・90条）。

こうした枠組みの下で「国家の最高行政機関」となった行政院は、全体の政治体制が運用される際に、五五憲草とは異なる体制となり、総統に対しても責任を負う必要がなくなった。しかし、立法院と行政院の制度設計は、立法院が行政院に対して不信任投票をおこなうことができず、行政院も立法院を解散できないという内容に変更された。その上、制憲国民大会に提出された憲法草案はさらに修正され、五五憲草の規定と同じように、「行政院の各部・各委員会には立法委員を充てず、また立法委員は官吏を兼任することができない」とされた[27]。こうして行政院は、一般的ないわゆる責任内閣制の内閣からはますます遠ざかっていった。

各方面が妥協したとはいえ、憲法が正式に可決されるまで、総統と行政院長の権限問題には一貫して明確な規定がなく、公文書に正式に残されているのは、前述の孫科の制憲国民大会に対する報告だけである。彼は、制憲国民大会に提出した憲法草案の制度設計の意図に基づいて、次のように指摘している。すなわち、行政院は立法院に対して責任を負い、「総統の責任を行政院長が負うことによって、総統と立法院が直接衝突することを避けることができる」、ただし「行政院はやはり総統の指揮を受ける必要がある」、と[28]。この発言内容は、張君勱が「総統有権、内閣有責」制を構想していた政治協商会議の12項目の修正原則の体制とほぼ同じである。

しかし、政治情勢の変化にともなって、こうした体制に対する朝野の、もしくは学界の認識は、さらに大きく分岐していくことになった。加えて、憲法を施行して以降、中華民国の政治体制は非常に人治的な色彩を帯びるよう

---

vi　大法官：憲法の解釈および法律・命令の統一的解釈をおこなう。

になり、憲法もこうした事態に対して明確な規範を設けていなかったため、法理の面からも政治体制の解釈が容易に分裂し、結果として重大な政治問題となっていった。

　司法院と監察院の制度設計は、次のとおりである。まず、司法院は、（一般的な裁判所と行政法院の上位に位置する――訳者補足）国家の最高司法機関であり、民事・刑事・行政の各訴訟の裁判および憲法解釈を掌るとされた。そのため司法院は、機能面においてだけでなく、大法官の任命やその職権においても、アメリカの最高裁判所と類似した機関となった[29]。事実、張君勱は、日記で司法院に言及した際に、しばしば最高法院と記している[30]。確かに彼は、「我が国の裁判所〔法院〕には一般的な法院と行政法院があ」り、人民が違法に権利を侵害した公務員を告訴して賠償を請求する場合には、行政法院に訴えなければならず、こうした制度は大陸法系の制度である以上、「政協憲草」の司法院に関する規定は英米法の法律観念をたんに有しているにすぎない、とは指摘していた。しかし他方で彼は、英米法系の人民は同様のケースで一般の裁判所に対して告訴でき、そうした制度は大陸法系の司法制度と比較すれば人権をより保障できるとの認識の下[31]、あえてアメリカに類似していると指摘したのであった。なぜなら、制度論からすれば、行政法院は司法院（最高法院）に帰属するため、「政協憲草」の司法体系はフランスやドイツなどの大陸法系のそれとは異なっており[32]、むしろ英米のように司法を一元化する傾向をその特徴としていたからである[33]。

　次に、監察院は、会計監査権〔審計権〕を喪失して以降[34]、国家財政に関与してそれを監査する権力を失ったため、監察院による改善勧告〔糾正案〕の主たる意義は、行政院および各部・各委員会に対して不当な政策・施政を改善するよう勧告するだけとなった。また、監察院は弾劾権を発動できるとはいえ、その最終的な決定権が他の機関にあり、その弾劾する対象も総統・副総統・行政院および各部・各委員会と中央の公務員に限定されたため、その範囲は現行の憲法よりも小さかった。行政院の各部・各委員会の施政に対しては、設置された委員会がその調査権を有するとされたが、その多くは修正案を提出するか弾劾案を発動して処理するだけであった。確かに、監察の効果を持続させることはできたが、その調査結果の実効性は、現行の憲法が規定している監察院の機能とは比較にならないほど小さかった[35]。張君勱は、中央政府の体制を設計した際に、監察院をアメリカの上院に相当する機関と

理解していたが、総統が指名する考試委員と大法官の人選に対する同意権が実質的に機能する以外には[36]、現実政治においてそれほど多くの決定的な力をもち得なかった。ただし、興味深いことは、各省・各直轄市および各民族自治区の人口にどんなに差異があろうとも、各省から5人、各市から2人、各民族自治区から8人の監察委員をそれぞれ選出し（政協憲草97条）、各地方議会が監察委員の選挙をおこなう、と規定されたことである。このような制度は、アメリカやその他の連邦国家の上院議員が各州を代表する制度と似ており、単一国家制を主張する者からは批判されることになった[37]。

　これまでの議論に基づくならば、中華民国憲法の政府組織の原理は一般にいうところの責任内閣制（一元型の議院内閣制）としばしば見なされてきたが、総統は一貫して名誉元首ではなかったため、一般にいう議院（責任）内閣制で中華民国憲法体制を解釈しようとすると、容易に矛盾が生じてしまう。したがって、中華民国憲法の政府組織の原理を一般の責任（議院）内閣制と同列に論じようとする学説は、再検討を要する。それに比べて、二元型の「議院内閣制」論は、これまでの議論に基づくならば、その他の制度論と比較してみても、理論上は、12項目の修正原則も「政協憲草」も、そして中華民国憲法の体制もより分かり易く解釈できそうである。

　しかし、張君勱は、政局を安定させるという理由から、行政権の力を基本的に立法院よりも強くしようとしたため（この傾向は12項目の修正原則では明確ではない）、両者は「均衡」を維持できなくなった。また、とくに「政協憲草」から中華民国憲法の制定に至るまで、総統が直接選挙によって選出されないとされたことから、行政院の正当性の基礎は直接選挙によって組織される議会（立法院）に対抗するには常に不十分となった。だが、それにもかかわらず、行政権は優位な地位を占め続けた。つまり、二元型の「議院内閣制」論も、こうした政府の体制の重要な部分を有効には説明できないのである。

　ただし、やや注目しておくべきことは、12項目の修正原則が構想した理想は、総統の直接選挙を想定していたことであった。これは、本章で検討してきた様々な史実と比較してみても、理論面からすれば、12項目の修正原則が最も二元型の「議院内閣制」の要件を備えていた、ということを意味している。

2 憲法施行とリベラリストの憲政主張
　　——雷震を中心に

　統治機構の設計は、五五憲草と政治協商会議で決議された12項目の修正原則とでは異なっていた。この間の様々な協議に参加していた雷震は、基本的に後者を支持していた。彼は、「国民党以外の人士が、『五五憲草』のような総統独裁型の、いわば一人に権力が集中する憲法を必要としているはずがない。事実、国民党内で真に民主制度を理解している人々も五五憲草に賛成するはずがない」と指摘していた[38]。中華民国の中央政府の制度的位置づけに関するこうした雷震の立場は、一貫したものであった。しかし、雷震も認めているように、中華民国憲法の中央政府の体制は憲法施行後において憲法の規定に完全に沿う形で運用されなかったばかりか、憲法が規定した制度設計自体にも修正の余地が残されていた。以下、憲法施行後の、とりわけ中華民国政府が台湾に移った後の、雷震の関連する議論を検討していきたい。

(1) 国民党の憲法施行に対する批判と憲政体制をめぐる解釈の変化

　雷震は、憲法を制定した当初、中華民国憲法体制の設計には多くの争点が含まれていると認識していた。彼自身も憲法の解釈を目的とするグループの立ち上げに応じたが、政治情勢の変化によって、それを実現できなかった。雷震は、政府が台湾に移る直前に『自由中国』[vii]を台湾で創刊し、彼も含めた自由派あるいはリベラリズムの色彩を濃く帯びた参加者たちは[39]、国民党が統治する中華民国が「自由中国」となり、「民主反共」の原則を打ち出すことを期待していた。この間の雷震は、『自由中国』創刊当時の理念を終始一貫してもち続けていたが、国外の情勢変化によっては「擁蔣反共」と「民主反共」という異なる2つの路線の間を行き来することになった。雷震は『自由中国』を創刊した際に、相対的にみれば「擁蔣反共」という政治路線を採用したが、権威主義体制の色彩が国民党内で強まると、国民党から徐々に距離を置くようになり、国民党が憲法に違反して人権を侵害していることに対して明確に批判を加えるようになった[40]。

[vii] 『自由中国』：1950年代の代表的な台湾の政論誌。胡適・雷震らがリベラリズム思想を掲げ、国民党政権を批判した。編集長の雷震は、野党の中国民主党の結成を目指していたことなどから、1960年に逮捕・投獄された。この事件によって『自由中国』は停刊した。

雷震は、基本的に、中華民国の憲政体制に基づく統治機構を支持し、その憲法の精神に反して五五憲草体制へと回帰しようとする試みに対して厳しく批判した。したがって、一部の国民大会代表が、1953年の第1期第2回大会において、憲法を修正して国民大会の権限を拡大し、五五憲草が付与していた創制権や複決権などを復活させようとした際に、雷震は『自由中国』で「国民大会はどこに向かわなければならないのか」を発表して、次のように主張した。もし国民大会が憲法を修正するような行動に走って、孫文の『建国大綱』で規定されている国民大会の職権を加えた場合には、国民大会の権力は民主的な先進国家の議会の権力よりも強くなってしまい、権力の不均衡と政局の不安定を生み出してしまうだろう[41]。後に雷震は、このような憲法体制が総統の独裁体制へとつながっていくのであると、さらなる批判を展開している[42]。

　『自由中国』は、中央政府の制度的位置づけについて早くから言及し、アメリカの大統領制とイギリス・日本型の議院内閣制の中間にそれを位置づける傾向にあった。例えば、夏道平[viii]は、1951年8月に「政治責任を論ず」を発表して、我が国の「制度は大統領〔総統〕制と内閣制との中間に位置する」と提起したほか、我が国の「行政権の実際の運用」は一般的な責任内閣制とは異なり、「大統領制の精神に偏っている」ともみなしていた[43]。前述の雷震「国民大会はどこに向かわなければならないのか」は、すでに言及したように、国民大会の権力の拡大に強く反対したが、現行の憲法を忠実に運用すれば良好な憲政制度を確立できる、とも主張していた。彼は、憲法修正の動きに反駁するために、憲法制定時の議論を土台として、大統領制とイギリス・日本型議院内閣制の国家元首の権限および行政と立法との相互関係性を比較しながら、中華民国憲法の中央政府体制の特徴を明らかにしようとした。そうして、中央政府が「アメリカの大統領制でも、また完全な内閣制でもなく、両者の優れた点を折衷した独創的な制度である」と明確に指摘したのであった[44]。また雷震は、中華民国の憲政体制における総統の権限および行政と立法との相互関係性についてさらなる分析を加え、次のように認識していた。行政部門の人事権に関しては、「総統はただ行政院長の指名だけをおこなって、立法

---

viii　夏道平（1907～1995）：1950年代から60年代にかけて台湾で自由を説いた有力な知識人の一人であった。自由主義経済路線を主張した人物としても知られている。

院に同意を求める。そして、その行政院は、その他の政務委員（各部・各委員会の長を含む）を自由に任用することができ、立法機関の牽制を受けない。さらに内閣の名簿を提出して、立法院の意見を諮問する必要もない」[45]。それ故に、全体的にいえば、「我が国の総統が有する人事権は、大統領制のアメリカ大統領よりもその範囲が広く、内閣制のイギリス国王やフランス大統領とはまったく比較することはできない」[46]。

　1953年11月、周囲からリベラリストとみなされ、蔣介石総統とリベラリストとの重要な橋渡し役を務めていた総統府秘書長の王世杰が罷免された[47]。このため、胡適（本書23頁脚注ⅰ参照）を含む内外のリベラリストの不満は高まり、さらには罷免の命令に行政院長の副署がなかったことから、憲政体制に関する議論が引き起こされた[48]。現行の中華民国憲法を中心となって起草した張君勱は、この年の12月から、総統の職権を修正すべきであるという意見を提出し、一般的な責任内閣制（すなわちイギリス・日本型の議院内閣制）を規準として、憲法に違反した蔣介石総統の越権行為を批判した[49]。

　雷震個人は、この事件の衝撃を通じて、現実政治に対してより不満をもつようになったのかもしれない。そして、彼が主導していた『自由中国』の、国家統治機構に関する制度論も同じ基調となった。1954年3月22日、蔣介石が2期目の総統に当選すると[50]、『自由中国』は、その社説〔社論〕において、総統と行政院長の職権に関する見解を正式に示した。「謹んで蔣総統の連続当選を諫言をもって祝賀する」という社説において、まず憲法35条から43条の規定を前提として、総統は「内外に対する崇高な地位と職権を有している」と肯定的に評価した。しかし、それに続けて、現状を批判する意図を込めながら、「行政の範囲内のこと」は、行政院が法に基づいて処理すべきであり、「何事も指示を仰ぐ必要はなく」、「総統もまた安易に干渉してはならず」、「総統は職級を超えたうかがいを受けとれない」し、「自ら職級を超えて指示する」こともできない、とした[51]。この見解は、雷震個人の見解とも大きく隔たってはいなかった。彼が1956年に脱稿し、翌年に正式に出版した『制憲述要』には、総統と行政院長の権限、および両者の相互関係性が以下のように記されている。

　　　総統が行政院長の意見に賛同しない場合、行政院長は自ら職を辞するか、総統が行政院長を辞職させる。そして自らと意見を同じくする行政

院長を選出して政務を執行できる。この新任の行政院長は、事前に立法院の同意を得なくてはならない。……このほか、総統は行政院の政務に対して多岐にわたって関与すべきではなく、行政院長が立法院の繁雑で錯綜した意見に善処しなければならなかったり、総統個人の意思に従わなければならなかったりするようなことがないようにしなければならない。もしそうでなかったとすれば、嫁（行政院のこと――訳者補足）として２人の姑（総統と立法院のこと――訳者補足）の間でやっていくことは難しく、有限の責任内閣制とはいえ、誰がこの制度下において行政院長の任に堪えることができるだろうか。もし一人で両者の間を取りもたなければならなかったとしたら、政策を貫徹することは必然的に困難となり、政務に支障をきたすだろう。これは断固として疑いのないことである。

　次に、たとえ総統がどのような意見を有していたとしても、行政院長が総統の意見を事前に知っているかどうかは別にして、いかなる政務も必ずや行政院長を通じて執行されなければならず、総統が絶対に直接処理することはできない。このようにしておけば、おおむね行政上の統一を保持することができる。行政院長は総統が指名した人物であるため、その政見の大部分は総統の政見と同じである。したがって、総統個人の意見はおよそ行政院長が受け入れられるべきものであり、だからこそ総統は政務を直接処理するに及ばないのである[52]。

　このようにして、蔣介石総統が体制の外部において権力を拡大しようとした時、雷震と『自由中国』は厳しく批判を加えたのであった。1954年7月1日、蔣介石総統は周至柔[ix]を国防会議（この組織は後の国家安全会議と類似したものであった）の秘書長に任命し、その組織と職権を強化した[53]。雷震は自らが執筆した『自由中国』の社説において、次のように指摘している。行政院長は国防会議において構成メンバーの一員であるに過ぎず、総統が主宰する国防会議が最高の行政決定機関へと変わってしまう可能性がある。それ故に、国防会議を設置することは、中華民国憲法の体制に影響をおよぼすことになり、さらには二重構造の中央政府体制という危機的な状況を生み出すこ

---

ix　周至柔（1899～1986）：空軍総司令などを歴任し、1957年に台湾省主席となった。

とになる[54]。雷震は、この問題を重視したため、社説を執筆した以外にも、個人の名義でも文章を発表して批判を加えていった[55]。

1957年、劉自然事件[×]が発生して、群衆は暴徒と化した。これにより、アメリカ大使館とアメリカ広報センターは、民衆に侵入され、彼らの破壊行為を受けた。そして、この事件を機に、行政院は一旦総辞職することになった[56]。事件が終息した後、蔣介石総統は、行政院を介在させることなく事件全体の善後処理にあたり、人事異動も直接おこなった。加えて、行政院長が情報機関と軍隊を掌握できていなかったために、行政院がこのような非常事態に対して効率的に対処し難いことも露呈してしまった。こうした事態に対して『自由中国』の社説「いかにして目下の危機を救うのか」は、行政院長の職権と責任および国家全体の政治体制の発展に関して、雷震が『制憲述要』で主張していたのと同じような見解を提示した。つまり、憲法体制とは責任内閣制であり、将来の政治体制では「行政院長が背後から操られることなく、真の責任を負い」、行政院長が一旦「過ちを犯せば、その責任は咎められる」。したがって、行政院長は「名実ともなった行政首長でなければならない。指揮する権力についていえば、彼は軍隊・憲兵・警察と特務の人員を指揮しなければならない」[57]。この社説を通じて、さらに『自由中国』は、行政院長の職権がいわゆる「軍令権」を含んでいる、とも主張した。この後も雷震は、国外情勢の変化によってその立場を微妙に変化させていき、総統の権限に関するその後の主張も、総統の権限を弱めて責任内閣制を擁護しようとする方向性へとますます向かっていった。

その後、「今日の問題」シリーズの社説であり、雷震が主に執筆していた「我われの中央政府の制度」は、我が国の行政権が「総統と行政院の両方を含むとはいえ」、「憲法の行政権に関する組織と運用は間違いなく『責任内閣制』を採用している」と今一度明確に述べた。さらに、行政院の各部・各委員会の長の人選にかかわる名簿の提出や反共救国会議の召集といった政策、および青年反共救国団や国防会議の組織編成を例に挙げながら、「実際の政治の運用」は総統主導の「総統制」となっており、「内閣制の息吹」が感じられない、と批判した[58]。雷震のこの文章における立場は、過去と比べると、一般的な責

　　×　劉自然事件：国民政府軍少佐の劉自然が1957年5月24日にアメリカ軍顧問団曹長のレイノルズによって射殺された事件。

任内閣制論に明らかに傾いたものとなっていた。そのため、雷震は1960年に国民党によっていわれなき「叛乱罪」を被せられ、10年にわたり投獄されることになった。しかし、彼は、自由を回復した後に「政協憲草」体制について検討を加え、「政協憲草」が中央政治の制度に関しては内閣制の精神を採用しており、ここでの総統は「名誉国家元首」に等しい、と一層明確に主張するようになった[59]。

　全体的にいうと、雷震の中華民国憲法の中央政府体制に関する主張は、彼が憲法の制定過程に参加してから1970年に出獄して『中華民国制憲史』を書き上げるまでの間、かなりの程度揺れ動いている。彼は、1960年以前においては、中華民国憲法体制下の総統は名誉国家元首ではなく、一定の実権を有している、と基本的には認識していた。つまり、中華民国憲法の体制に関していえば、それはアメリカのような大統領制ではないが、イギリスや日本のような名誉元首の議院内閣制でもない、と考えていたのである。しかし、その後に、権威主義体制が強化され、それが長期化されたことにより、行政院は総統の意思に対抗する空間をほとんどもたなくなり、国防会議は法的根拠がないまま成立し、運用されることになった。従来の政治体制は明らかに総統の権力の拡大という方向に向かっていき、それが憲政体制を設計した元々の精神に影響を及ぼすようになったために、雷震は総統の権限に対してますます厳しい態度を採るようになった。

　このようにみてくると、問題は、純粋な学理のレベルからいえば、次のようになるだろう。民主憲政の特色とは、民主的な正当性の基礎を有する者が国家の政権を掌握することである。しかしながら、中華民国憲法の下の行政院長および内閣の各部・各委員会の長には、独立した正当性の基礎がまったくない。そのような状況下で、かりに総統が完全に名誉元首であると解釈されたならば、独立した正当性の基礎をもたない行政院がその唯一の正当性の来源である立法院の決議を覆し、3分の1以上の立法委員の支持さえあれば立法院が一旦は反対した政策を合法的に執行できる、という事態が生じてしまう。だが、このような解釈は、(戦後の台湾の知識人が——訳者補足) 現実政治の発展のあり方と向き合った際に、既存の体制に対しておこなってきた過剰な批判の現れだったのかもしれない。やはり、中華民国憲法の体制は、一般的な民主憲政の原理によって理解されるべきではないだろう。

(2) 議会の将来像

　雷震は、総統と行政院長の権限区分や行政と立法との相互関係性にかかわる中央政府の制度的位置づけ、さらには立法院と監察院の2つの中央民意機関の議会制度のあり方についても多数言及しており、独自の見解を提示していた。

ア　立法院

　雷震は、「政協憲草」や中華民国憲法の議会制度について、監察院が上院、立法院が下（衆）院である、との見解を示していた[60]。そのため財政権は、民主国家の原則に照らして、その多くは下院に属するとした。そこで雷震は、次のように主張している。「近代民主政治の確立は、政府の費用を監督することに始まり、政府は勝手に徴税したり、支出したりすることはできない。政府は行政のために予算をもち、その予算は政府の施政方針を表明している。それ故に、民意機関が政府によって提出された予算を議決することこそが、政府を監督する任務なのである」。したがって、「政協憲草」は、「決算を審査する権利が立法院に属さなければならない」と規定したのである。また、会計監査長〔審計長〕の人事は、立法院が指名して総統が任命するため、「監査機関は立法院に帰属し、審計長は立法院に対して責任を負う」と理解したのである[61]。雷震は、このような制度設計について、会計監査部〔審計部〕が監察院に帰属していることと比較すれば、議会が行政権と協力し牽制しあう効果をより得られる、と考えた[62]。

　立法院の実際の運用問題とそれが有すべき機能について、雷震は「今日の立法院」と題する社説において、「行政部門が立法院の職権をあまりにも尊重していない。政府は、自己の便宜を図るために、人民の権利や義務に影響をおよぼす制度さえも、立法院の審議を経ることなく決定し、勝手に実施することができる」、と批判した[63]。また、「政府の徴税と増税および経費の支出は、結局のところ何件がまず立法院の同意を経て実施されているのか。毎年立法院がせっせと働いて審査している予算は、中央の総予算の何パーセントを占めているのか。また、このうち何パーセントの予算が、立法院を通過した後に、政府によって原案どおりに実行され、他のことに流用されていないのか」と問い質した[64]。さらに、政策の立案過程に対しても、雷震は、国民党の政策決定システムについて議論しなければならない、とも考えていた。彼は、「執政党（国民党）は過去の訓政時期の伝統的な方法を踏襲し、実施すべ

き政策を国民党中央執行委員会常務委員会で決定し、民主国家の議会制度のように立法院の内部にいる国民党の立法委員によって決定しているわけではない。その結果、政策を決定するのは一部の人々であり、現行制度において決定された政策が国家の法律となる過程は一部の人々に握られている」と指摘した[65]。そのため雷震は、「今後の執政党は一切の政策の決定権を立法院内部の国民党の立法委員に委ね、二度と国民党中央執行委員会常務委員会に置いてはならない。同時に、立法院における国民党・民社党・青年党などの各政党は、積極的に『議場領袖』(floor leader) 制を育み、提案・質問・回答するという行為が、計画有る行動の下でおこなわれるようにしなければならない」と力説した。さらに、彼は、「民主国家において、議会をおいて政治を語ることはできず、議会をおいて政党を組織することはできない」とも述べた[66]。彼は、立法院こそが体制内部において政治的人材を育成できると考えており、この目的を達成するためにも、以下のように主張した。

> 立法委員は小委員会に参加する際に、学歴と経験からしてそれぞれが得意とする分野に参加すべきであり、その分野で継続して働き、その分野を頻繁に変えてはならない。そうすれば、小委員会の召集人は、当該分野において権威を有する人材を容易に育成できるのである。……彼らは学識と才能を身に付け、この一委員会の仕事を主管しなければならず、またこの一分野の政府の長と対抗しなくてはならない。それ故に、彼らの学歴と経験がその分野の政府の長に劣っていてはならない。しかも、彼らを長期にわたってその任にあたらせる必要がある。こうしてはじめて人材を育成する目的を達成できる[67]。

イ　監察院

雷震は、「政協憲草」の監察院の制度設計が五五憲草と大きく異なっている、と理解していた。彼は、「政協憲草」において、監察院が人民を代表する機関となり、外国の上院に相当する機関となったため、監察院が「同意権」を有している、つまり、司法院長と大法官および考試委員は総統によって指名され、監察院の同意を経た後に任命される、と理解した。こうして総統の人事権を制限することによって、憲法は「民主」的な色彩を帯び、真の意味での「五権分立」となる、と指摘したのである[68]。そして彼は、「政協憲草」の監察

院が行政院および各部の仕事を監督し、行政院に内政・外交・国防・財政・経済・教育・交通などの各部が配されているように、監察院もこれらに相当する内政委員会・外交委員会・国防委員会・財政委員会などを配して、監察委員がそれぞれの委員会に参加することで政府を監督する仕事に集中できるようにしようと考えた。この発想の意図は、立法院に各委員会を設置したのと同じであり、監察院が人民を代表して政府を監督する機能を発揮しなければならない、との考え方に基づいていた。そのため、彼は、「政協憲草」の監察権とは議会の監察権および糾弾権のことであり、それらを独立した一機関が行使することを相当に詳細に規定しなければならず、五五憲草のように曖昧であってはならない、と考えた[69]。

1957年末、当時の行政院長である兪鴻鈞[xi]が、監察院に対して政務報告をおこなった。それに対して質疑応答をすべきか否かをめぐって、行政院と監察院の見解は分かれた。『自由中国』の社説は、監察院の全体会議あるいは委員会に、行政院長が列席して「報告す」べきだ、と明快に主張した[70]。これは、雷震が考えていた憲政体制における監察院の役割と合致するものであった。しかし、憲法施行後に監察院が担っていた実際の役割は中華民国憲法の制度設計の趣旨に拘泥してしまっており、行政院と立法院と比較すれば、その重要性を両院と同列に論じることは難しくなっていた。こうした現実に対して、雷震は、監察院の体制を全面的に改めようとしたのであった。

雷震は、監察院が中央・地方の公務員や司法院・考試院の官吏の業務上の過失または違法行為に対して弾劾する職権はもともと必要ではなく、縮小されなければならないと考えた[71]。しかし、監察院の職権は多くの民主国家の議会の性質を有しているため、一般の議会（上院）の職権を備えるようにも配慮すべきである、ともした[72]。そのため雷震は、二院制の議会制度という発想の下で新たな監察院の制度構想を打ち出し、そこで中華民国憲法の規定を次のように修正しようとした[73]。

① 今後、中央民意機関は両院制とする。
② 監察院、立法院の名称はそのままとする。監察院は、事実上、名実ともなった参議院もしくは上院となり、立法院は衆議院もしくは下院となる。

---

xi 兪鴻鈞（1898〜1960）：日中戦争直前に上海市長を、戦時中は主に財務に携わった。財政部長、中央銀行総裁などを歴任し、1953年から台湾省主席、翌年から行政院長を務めた。

③　監察院は糾正権・弾劾権を有するほか、現行憲法63条の職権を有する。

④　監察院の弾劾の対象は中央政府の官吏のみとし、しかも行政の長、すなわち総統・副総統、行政院の正副院長・政務委員、行政院秘書長のみを弾劾するものとする。弾劾は違法事件についてのみおこない、官吏の業務上の過失についてはおこなわない。過失問題については、監察院は質問し回答を求める権限を有するだけとし、立法院が憲法67条の規定に照らして正す。

⑤　地方公務員を弾劾しないため、監察院の行政官署に、この種の機構を設置する必要はない。地方団体の政務については、その得失と利害を、省・県の議会が監督する責任を負う。

⑥　監察院は、立法院と同様に、質問し回答を求める権限と調査権、および請願を受けとる権限を有する。

⑦　行政院は、監察院に対して、施政方針および施政報告を提出する責任を有する（事実上、今日の政府の各部門は、監察院に対して施政報告を随時おこなっている）。

⑧　予算案は立法院にまず提出されなければならず、立法院が議決の優越権を有する。

⑨　監察委員は、それぞれの省議会・市議会、モンゴルおよびチベットの地方議会、華僑団体から、暫定的に選挙で選出される。もし情勢が許せば、人民による直接選挙を実施しなければならない。監察委員の定員は従来通りとするが、3年ごとに半数を改選すると規定すべきである。

　基本的に、雷震は、政治協商会議における12項目の修正原則の精神に基づいて、中華民国の議会制度を改善する構想を打ち出した。その構想では、立法院（下院）と監察院（上院）が二院制の議会を構成するとされた。そして、制度面においては、立法院が完全な財政権（審計権と決算権を含む）を有し、議会の権限である調査権を付与されることになり、監察院が、審計権を失ったものの、行政院の施政方針や施政報告を必ず受けとる権限を追加され、あわせて質問し回答を求める権限や調査権、および請願を受けとる権限を追加されることになった。彼は、監察委員の選出方式については、「情勢が許せば」との条件付きで直接選挙によって3年ごとに半数を改選すべきである、と主張した。また、弾劾権を行使する範囲は、もともとは中央から地方までの各級の公務員を対象としていたが、それを縮小して、中央の行政の長による違法事件のみを対象とする、とした。

むろん監察院が上院として明確に位置づけられたため、権力を分立させるという枠組みからすれば、立法権内部で監察院と立法院とがお互いに牽制し合うという意義を有することになった[74]。

(3) 司法の改造

　憲政の表面的な制度論について述べるならば、憲法の施行以来、司法体制の核心的な争点は、高等法院と地方法院が司法院に帰属せず、権力分立の原則に反して行政院の司法行政部に帰属していたこと、および司法院の制度的位置づけをめぐる諸問題であった。雷震は、この問題に対して、民主憲政の原則にしたがって、批判的な態度を採ってきた。

　1959年に雷震が執筆した「各級法院は司法院に帰属すべきか否か」は、『自由中国』がすべての司法体制にかかわる根本的問題に対して、全面的に検討を加えた代表的な論文である。雷震は、すべての体制において、司法権と行政権の分離が完全でなければならないと強調しており、すべての法院と検察署は司法体制の下に帰属しなければならない、と考えていた。ただし、司法院の行政業務を含む司法行政システムは、すべて行政院の司法行政部に帰属させ、その司法行政部を法務部へと改称せよと主張した。司法院そのものの組織については、憲法制定時の本来の趣旨に沿った1947年の「司法院組織法」を運用することで、（司法院を真の——訳者補足）司法機関として最高法院化し、民事法廷・刑事法廷・司法裁判法廷[xii]および公務員懲戒委員会を設置して、中華民国憲法77条の体制に回帰することを主張した[75]。しかし、その際に、雷震は、司法院の行政業務の内容について踏み込んだ説明をおこなっていない。そのため、その範囲がどの程度であるかを明確に把握することは難しい。人事権に関していえば、司法行政は完全に行政院に属してはいるが、行政権が司法の人事に干渉することを避けるために、各級法院が「人事詮衡委員会」を設置して各級法院の人事異動を決定し、その後に法務部にそのまま処理するように要求すればよい、とした[76]。この論文の主張は、内容からすれば、『制憲述要』の主張とほぼ完全に一致している[77]。

　司法院制度に関する雷震の主張は、事実上、いわゆる権力分立の司法権理念に基づくものであった。しかし同時に、その基本的な構想は、政治協商会

---

　xii　司法裁判法廷：行政裁判をあつかう法廷。

議の12項目の修正原則から、すなわち「司法院は国家の最高法院となり、司法行政を兼ねてはならない」という原則から、その概要をうかがいしることができる。このことは、雷震の目指した司法制度が政治協商会議の修正原則をほぼ骨子としていたことを意味している。

(4) 国家統治機構の再構想

　雷震は、『自由中国』時代に、部分的な憲政改革の主張をおこなっていた。だが、さらに一歩踏み込んで民主的な正当性を基礎とする国家統治機構の再建を構想し始めたのは、1970年に出獄してからのことであった。この時期の台湾は人民共和国に併合されるかもしれないという危機に直面しており、だからこそ彼は、国民が憲法制定の権利を行使して国号を改め、新しい憲法を制定することで、政治改革を同時に推進すべきだと考えたのであった[78]。その際に彼は次のように提案している[79]。

　①　国家の権力機関を減らして政治上の紛糾を避けるためにも、民意機関を監察院と立法院のみとし、監察院を上院（参議院）、立法院を下院（衆議院）とする。そうして行政院が立法院に対してのみ責任を負うとすれば、日本国憲法の精神を模倣できる。

　②　総統は国内外の人民によって直接選出されるか、監察院と立法院が組織する聯席会議によって選出されるものとする。したがって、総統と副総統を選出するだけの国民大会は不要となる。総統の任期は6年であり、内閣制を実行する。

　雷震が構想した新憲法において、彼が想定していた国家統治機構は、1950年以降に蔣介石および国民党への批判を展開していく中で、「政協憲草」の基本的な構想に基づきながら、彼が少しずつ発展させてきた主張であった。

おわりに

　全般的にいうと、中華民国憲法は、その制定過程から考察するならば、孫文の遺教ないし五五憲草に基づいて制定されたというよりは、むしろ政治協商会議の12項目の修正原則との関係をより密接に有しながら制定された、といえるだろう。当事者の記録にせよ、憲法制定時にまとめられた『国民大会実録』（本章67頁注10参照）にせよ、いずれも、中華民国憲法の統治体制が現

在のイギリスや日本のような名誉元首型の議院内閣制とは異なっていたことを明らかに示している。

　雷震を代表とする、つまりは、憲法制定に参加して、その後の国民党による憲法施行の実際の運用状況に対して厳しい批判を加えてきたリベラリストたちは、彼らが主導的な役割を果たしてきた『自由中国』もしくは各自の個別の論文を通じて、自らの憲政に対する主張を展開し、政治情勢の変化に応じながら、その主張を変化させてきた。しかし、それらの改革案が提示していた中央政府の体制に関する将来像は、やはり過去の文脈から生まれたものであり、それらは大体のところ政治協商会議の12項目の修正原則や「政協憲草」と密接に関連していた。彼らが主張する一部の政府組織の制度設計は、政治協商会議の12項目の修正原則や「政協憲草」を基礎としているほどであった。

　行政権に関する雷震の主張は、当初、憲法制定時の制度設計と酷似していた。彼自身も、それが制度面においては一般的な議院内閣制とは完全に異なっており、一種の混合制である、と認識していた。その後、権威主義体制が形成され、それが強固なものになるにつれて、彼の行政体制に対する解釈は一般的なイギリス・日本型の議院内閣制へと方向転換していった。雷震は、総統が相当な権力（行政院長さえも辞職させられる）を有していることを基本的に認めていたとはいえ、総統が行政院を飛び越えて各部・各委員会を直接指揮するという状態に対しては、強く反発した。蔣介石総統が既存の憲法体制の枠組みの外部において法的根拠をもたない組織を作って権力を拡大していく行為に対しては、さらに厳しい批判の態度を採った。雷震および彼が指導的な役割を果たした『自由中国』は、とりわけ1957年の劉自然事件の後、まず行政院長の権限には「軍令権」が含まれるべきことを強調し、それに続いて蔣介石総統が3期連続で総統になろうと動き出すと、一般的なイギリス・日本型の議院内閣制の体制を規準としつつ、総統の権限を制限し、それを可能な限り憲法解釈によって形骸化させて、総統に実質的な決定権をもたせないようにすべきだ、とした。この雷震の主張は、彼が出獄した後の1970年代においても、彼が中央政府の組織を論ずる際の基調となっている。

　司法体制に関して、雷震は、すべての法院が司法院に属することを要求した他にも、憲法制定時の本来の趣旨に基づいて司法院を最高法院化すべきだと主張した。さらに、検察署も司法院に帰属させて、行政が司法に干渉する

問題を解決しようとした。

　監察院の位置づけについては、およそ憲法制定時の主張を骨子としながら、監察院の体制を、議会の二院制のうち、その「上院へと変質させる」方向で再編しようとした。監察院が弾劾する対象については、その範囲の縮小を主張し、中央政府の総統・副総統、行政院の正副院長と各部・各委員会の長および政務委員、行政院秘書長とし、弾劾権が政治責任を追及し得る範囲を明確に示した。

　雷震の中央政府体制に関する議論について述べると、政治協商会議の12項目の修正原則と「政協憲草」が、基本的には、憲政に対する彼の将来像の骨子を形成している。総統の職権に関する主張は、現実政治における権威主義体制の影響を受け入れたものであろうが、それでも総統の職権の規定を形骸化させようとした方向性は、彼の憲政論の最も特徴的なところであった。しかし、現実の憲政体制の運用に関するこの種の議論は、憲法の規定に依拠しながら現状を検討しただけに過ぎなかった。1950年代には、早くも、憲法を修正してしか実現され得ない中央政府の体制論も提起されるようになっていた。

1　樋口陽一『議会制の構造と動態』(木鐸社、1973年) 8～9頁、許志雄『憲法之基礎理論』(台北：稲郷出版社、1992年) 151頁。
2　阿部照哉「日本国憲法における議院内閣制」清宮四郎ほか編『議会・内閣 (憲法講座・3)』(有斐閣、1975年) 168頁、樋口陽一『比較憲法』(青林書院、1982年) 106頁。
3　樋口・前掲注2書103～107頁。
4　宮沢俊義『憲法と政治制度』(岩波書店、1971年) 58頁。
5　上村貞美「真正議院内閣制度論批判」『法学雑誌』(大阪市立大学) 第19巻第1号 (1972年9月) 44～46頁。
6　樋口・前掲注2書139～140頁。
7　例えば、直接選挙で選出されるオーストリアの大統領は、どちらかといえば名誉元首である。
8　許・前掲注1書152頁。
9　雷震手稿「政治協商会議的『憲法草案』(1)-1」(中央研究院近代史研究所檔案館蔵雷震・傅正檔案『中華民国制憲史』手稿D14) 17～19頁。なお、檔号は閲覧当時のものであり、以下も同じである。
10　12項目の原則の条文について、出版されている史料や条文を引用した書籍では多くの誤りがみられる。原文は国民大会秘書処編『国民大会実録』(南京：国民大会秘書処、1946年) 278～280頁を参照。
11　「五五憲草」の27条・28条・32条・46条・63条・77条・84条・87条の規定を参照。
12　雷・前掲注9手稿191頁。
13　薛化元『民主憲政与民族主義的弁証発展』(台北：稲郷出版社、1993年) 234頁の注272。
14　内閣が「連帯責任」を有するか否かについては定説が無いため、ここでは張の意見を参考とし

た（張君勱『中華民国民主憲法十講』台北：宇宙出版社、1984年、63、70頁）。
15　雷震手稿「政治協商会議的『憲法草案』（2）」（中央研究院近代史研究所檔案館蔵雷震・傅正檔案『中華民国制憲史』手稿D16）420～421頁。
16　『張君勱日記手稿』1946年1月23日条、張・前掲注14書63、68頁。
17　中華民国憲法75条の規定を参照。
18　「政協憲草」の規定も、この精神を留めていた（雷震手稿「政治協商会議的『憲法草案』（1）-2」中央研究院近代史研究所檔案館蔵雷震・傅正檔案『中華民国制憲史』手稿D15、380頁）。
19　張君勱「対『五五憲草』修改原則疑難之解答」『大公報』（1946年3月15日）。
20　張君勱「『政協憲草』小組中之発言」『再生』総176期（1947年8月9日）7頁。
21　国民大会秘書処編・前掲注10書394頁。
22　雷・前掲注9手稿234～237頁。
23　涂懐瑩『中華民国憲法原理』（台北：涂懐瑩、1982年）208頁。
24　張・前掲注19論文、国民大会秘書処編・前掲注10書395頁。
25　張・前掲注19論文。
26　雷・前掲注15手稿436～437頁、張君勱「中国新憲法起草経過」『再生』総220期（1948年1月20日）4頁。
27　国民大会秘書処編・前掲注10書396頁。五五憲草74条の規定については、繆全吉編『中国制憲史資料彙編』（台北：国史館、1989年）555頁を参照。
28　国民大会秘書処編・前掲注10書395頁。
29　このことは、憲法制定後に国民政府がはじめて公布した「司法院組織法」4条「司法院は民事法廷・刑事法廷・行政訴訟法廷を設置する」からも分かるだろう（雷震『制憲述要』香港：友聯出版社、1957年、61頁、張君勱「台湾政潮」『再生』総345期、1953年12月、7頁）。
30　張・前掲注16手稿1946年4月2日・5日条。将来の省自治法が違憲か否かという問題を検討した際にも、両者を混用している。
31　張・前掲注14書93頁。
32　劉慶瑞『中華民国憲法要義』（台北：劉慶瑞、1978年）216頁を参照。劉慶瑞は、現行の司法体制に基づくならば、行政法院は一般の法院とは異なる状況で案件を処理する、と指摘している。しかし、「政協憲草」の本来の趣旨は、最高法院に民事法廷・刑事法廷・行政法廷を設置するということであり、大陸法系の制度との差異はより大きなものであった。したがって、2001年の司法院大法官会議による司法院組織に関する解釈は、基本的に「政協憲草」を現行の中華民国憲法の司法院組織の基礎と「すべき」である、というものであった。
33　行政訴訟の最終判決を下す法廷は、一元的に最高法院の下に設置されているからである。
34　中華民国憲法90条においては、監察院の審計権が復活した。
35　雷・前掲注15手稿649～653頁。
36　監察院は指名権を有していなかったが、その人事に対する同意権は決定的な作用をもっており、その決定を他の機関が覆すことはできなかった。他方で、糾正権や弾劾権については、監察院自身が決定できたが、もし他の機関が受け入れなければ、その意義は実質的に失われることになった。
37　しかし、監察院は立法機構ではないため、この主張を根拠に憲法が連邦制を採用しているとは理解できない（劉・前掲注32書236頁）。
38　雷震手稿「中華民国憲法詮真（1）」（中央研究院近代史研究所檔案館所蔵雷震・傅正檔案『中華民国制憲史』手稿D1）5～6頁、雷震手稿「中華民国憲法詮真──兼述制憲期間的重要波瀾（2）」（中央研究院近代史研究所檔案館所蔵雷震・傅正檔案『中華民国制憲史』手稿D27）437頁。
39　胡適・杭立武・雷震・王世杰などの『自由中国』創刊当時の主要なメンバーは、著名な自由主義者ではなかったかもしれないが、一般的には、自由派の色彩を濃く帯びた政治的人物とみなされている。
40　薛化元「従『反共擁蔣』掛帥到人権意識抬頭」『法政学報』（淡江大学）第5期（1996年1月）43～66頁。
41　雷震「国民大会要走到那里去？」傅正主編『雷震全集(15)』（台北：桂冠図書、1989年）85～87頁。

42 雷・前掲注38手稿「中華民国憲法詮真――兼述制憲期間的重要波瀾（２）」435～436頁。
43 夏道平「論政治責任」『自由中国』第5巻第3期（1951年8月1日）10頁。
44 雷・前掲注41論文103頁。
45 「行政院は立法院に対して責任を負わなければならず、そのため政務委員の任用については、総統が行政院長の同意を得るか、もしくは行政院長が指名して、総統の裁定を求めなければならない、と憲法が規定している」ため、人事権は総統のみのものではなく、行政院長と必ず折衝しなければならない（同上105頁）。
46 同上105頁。
47 薛化元『《自由中国》与民主憲政――1950年代台湾思想史的一個考察』（台北：稲郷出版社、1996年）3章1節2項で検討。
48 張・前掲注29論文8頁。
49 薛化元「張君勱対『中国前途』看法之研究（1949～1969）」『法政学報』（淡江大学）第1期（1993年7月）155頁。
50 李永熾監修＝薛化元主編『台湾歴史年表（終戦編Ⅰ）』（台北：国策中心、1990年）206頁、『中央日報』（1954年3月23日）、『台湾新生報』（1954年3月23日）。
51 社論「敬以諍言慶祝蔣総統当選連任」『自由中国』第10巻第7期（1954年4月1日）3頁。
52 雷・前掲注29書35頁。
53 李監修・前掲注50書213～214頁、『総統府公報』第510期（1954年7月2日）1頁。
54 社論「民主憲政的又一試金石」『自由中国』第11巻第2期（1954年7月16日）4頁。
55 詳細については、雷震「謹献対於国防制度之意見」『自由中国』第15巻第9期（1956年10月31日）を参照。
56 李監修・前掲注50書270頁、『中央日報』（1957年5月25日）、『立法院公報』第19会期第7期（1957年7月16日）71～80頁、『中央日報』（1957年5月27日）。
57 社論「怎様挽救当前的危局」『自由中国』第16巻第12期（1957年6月16日）5頁。
58 社論「我們的中央政制」『自由中国』第17巻第9期（1957年11月1日）3頁。
59 雷・前掲注9手稿346頁。
60 雷・前掲注29書38～39頁。
61 雷・前掲注15手稿535-536頁。
62 雷・前掲注29書57頁。
63 社論「今天的立法院」『自由中国』第17巻第11期（1959年12月1日）3頁。
64 同上3頁。
65 同上3頁。
66 同上4頁。
67 同上4頁。
68 雷・前掲注15手稿630～631頁。
69 同上646～648頁。
70 社論「行政院長応不応該到監察院報告備詢」『自由中国』第18巻第1期（1958年8月1日）11頁。
71 雷震「監察院的将来（３）」『自由中国』第7巻11期（1952年12月1日）14～15頁。
72 同上17頁。
73 雷震「監察院的将来（６）」『自由中国』第8巻第3期（1953年2月1日）18頁。弾劾の対象については、その文脈からすると、政務官（とくに部・委員会の長）は含まれるべきである。なお、当然のことながら、行政院の各部・各委員会の長の大多数は政務委員の身分を有している。
74 雷・前掲注41論文109～110頁。
75 雷震は、司法院の組織が憲法制定時の本来の趣旨に沿ったものではなくなっていると考えていたが、中華民国憲法を中心となって起草した張君勱も同じように考えていた。なお、2001年10月の司法院大法官会議は、正式に大法官解釈530号において、その違憲性を宣告し、必ず2年以内に法律を修正して、司法院を「最高法院化」しなければならない、とした（『自由時報』2001年10月5日）。
76 雷震「各級法院応不応該隷属於司法院？」『自由中国』第20巻第3期（1959年2月1日）8～

14頁、とりわけ14頁。
77 雷・前掲注29書61～62頁。
78 1959年の『聯合報』は、憲法の制定権を活用して中央民意代表の改選と改革を推進するように最も早くに主張した台湾の新聞である。
79 「雷震給蔣氏父子等五人的『救亡図存献議』」傅正主編『雷震全集(27)』(台北：桂冠図書、1990年)84～85頁。

第2部
社会史からのアプローチ

研究の視角と方法

山本 真

　近現代中国における立憲改革は、清末の「新政」以来の政治・行政・教育制度の全般的改革の一環として実施された。しかし中国は広大な領域と膨大な人口を擁しており、基層社会において改革を均質的に執行することは容易でなかった。さらに改革には、民衆が有した伝統的慣習や規範意識と鋭く衝突したり、利害関係を複雑化させる内容が含まれる場合もあった。では、上からの改革は人々の生活空間である基層社会においていかに展開されたのだろうか。人口の大半を占めた民衆及び郷村レベルの指導層は改革をどのように認識し、これに対応したのだろうか。こうした問いが第２部で解明されるべき課題として浮上する。

　具体的には、清朝が20世紀初頭の立憲改革に先立って実施した教育改革や国民政府が憲政施行の前提として1940年代に導入した民意機関制度[1]を、社会史や文化史の手法により考察する。民衆や地域有力者の行為の背景に存在した利害関係や規範意識を地域の社会構造や文化、慣習・民俗から照射し、探求・解釈したい[2]。

　ところで民衆の多くは文字資料を残さなかったため、彼・彼女らの認識と行動を規定した地域社会における民衆の慣習・民俗、そして「心性」[3]を分析するには相応の工夫が必要となる。そこで第２部では、宗族（父系同族組織）[4]や各種結社（宗教結社や秘密結社）[5]など中間団体[6]の動向に着目する。これら中間団体は、識字層を内部に擁する一方で、多くの一般民衆をも構成員として包摂した。それゆえ、その組織形態や行動様式の分析を通じて、上記の課題に迫ることが可能となろう。また資料としては官側の記録や新聞・雑誌などによる外部からの報道に加えて、中間団体により作成された文献資料や民衆による口述資料[7]などを活用したい。

　以上の問題意識に基づき、徐躍論文と山本真論文が第２部に配置されるが、両論文はいずれも四川地域社会という民衆の生活空間に着目している。周知のように中国においては、社会経済構造も地域的差異が極めて大きい。それゆえ固有の「空間」・「場所」[8]と結びついた民衆の慣習・民俗に着目してこそ、人々の生活世界や規範意識を内在的に読み解くことが可能となるだろ

う。

　まず徐躍論文では、清末の四川省における新式学校の設立を巡って、政府・学校理事と地域の宗族・結社などの中間団体との間に発生した紛争が考察される。これにより政府の上からの介入に抗して伝統を維持しようとした地域民衆の規範意識の解明が目指される。

　清末においては立憲改革の前提として教育制度の改革が必須とされた。新式学校の設立は第一に教育に関わる事業であったが、その影響は教育の領域に止まらず、当時の政治、経済、法律、社会文化などに関わる多面的な「新政改革」の動向と密接に関連していた。具体的には清朝は1904年に「初等小学堂章程」を発布し、地方の県城や市場町そして一定規模の人口を擁する村に初等小学堂を設立し、官費や私塾・慈善事業などの経費を活用して運営すると規定した[9]。これにも関わらず、新式教育を地方において実施する財政的余裕は清朝にはなかった。そのため学校の設立費用や運営費を増税で賄ったり、寺院や廟の財産を強引に没収して教育振興の原資とする「廟産興学」と呼ばれる運動が展開された。しかし、上からの強引な改革は、必然的に民衆からの強い反発を招くこととなった。いわゆる清末の学校打ちこわし暴動である[10]。ところで、この動きについて従来の研究では、後の辛亥革命に連なる制度改革や民衆運動史の流れのなかに位置づけ、政府の圧政や民衆の革命性を抽出することに重きが置かれる傾向にあった。しかし民衆の行動を規定した規範意識を内在的に考察し、解釈を加えるアプローチは幾つかの先駆的研究で試みられたものの、いまだ十分に普及しているとはいえない[11]。

　こうした研究状況にあって、徐論文では四川省における「廟産興学」を題材とし、廟の樹木、風水を守るために地域の人々が数年に亙り継続した訴訟、学校の打ちこわしに至った事件を考察する。これを通じて、その背景に存在した廟の樹木に対する慣習・民俗、それにまつわる規範意識の様態を内在的に分析する[12]。さらに清末の立憲改革による上からの動員、新たな規範意識の強制が伝統的な地域秩序空間（郷里空間）[13]に大きな亀裂を生じさせたことが示唆されるのである[14]。

　次に山本論文は、1940年代の四川を考察の舞台とし、県・郷鎮レベルでの民意機関制度受容の実態を郷村での政治文化[15]や社会構造と関連付けて分析する。その際着目されるのが四川の市場町以下の基層社会に根をはっていた秘密結社「哥老会」の影響力である。

中華民国期（1912年〜49年）に入ると四川では大小の軍閥が各地に駐屯区を設定し、そこに割拠する政治的分裂が発生した。さらに軍閥混戦の中で匪賊が横行するにつれ治安は一層悪化し、ついには自衛団・軍閥・秘密結社が相互に癒着するという軍事優先の社会状況が現出した。そのなかで「郷里空間」では伝統的文人に代わり、自衛団や秘密結社などの武装勢力と密接な関係を有する新たな指導者が台頭することとなった。

　その後日中戦争時期において四川省に本拠地を置いた国民政府は抗戦のための動員へ社会の協力を取り付けるとともに、憲政実施へ向けての前段階として省参議会・県参議会・郷鎮民代表会などの地方民意機関を設立した。下から民意を汲み上げることを通じ、社会統合や統治の正統性を確保することが企図されたのである。こうした民意機関の役割について「草の根民主主義」の受け皿として、その積極面に着目することは正当であろう[16]。その一方で、広範な民衆の公益を代表するべき民意機関が党派的利益の追求の場と化した現実も看過できない。すなわち市場町以下の「郷里空間」においては地域の有力者は往々にして秘密結社の領袖であるか、それと密接な関係を有する人々であった。そして秘密結社の動員力に依拠し選挙が戦われたため、様々な不正や敵対勢力を排除する暴力が顕在化することとなった。さらに民意機関が有した地方財産の管理や地方予算の分配に関する権限を巡り、党派的抗争が露骨に繰り広げられた[17]。秘密結社の領袖でもある地域有力者は、自らの地盤である市場町レベルの「郷里空間」においては民衆の庇護者として行為することもあったが、それを超える県レベルの政治空間では党派的利害に基づく利権獲得に狂奔したのである。

　このように憲政移行の一環として導入された地方民意機関について、地域社会の構造や政治文化から照射し、その実態を読み解くことが山本論文の特徴である。

1　民意機関という言葉を使用するのは、日中戦争時期の県臨時参議会は事実上の諮問機関であり、権限が強化された戦後内戦時期の正式参議会にしても、議決結果に省政府が介入する余地があったからである。制度の詳細は本書第2部第2章山本論文を参照されたい。
2　クリフォード・ギアーツは「文化の研究は……意味を探求する解釈学的な学問」としている（C・ギアーツ［吉田禎吾ほか訳］『文化の解釈学』岩波書店、1987年、6頁）。
3　「心性」については、二宮宏之「心性史の領域」同『歴史学再考──生活世界から権力秩序へ』（日本エディタースクール出版部、1994年）、ピーター・バーク（森岡敬一郎訳）『社会学と歴史学』（慶應通信、1986年）109〜118頁を参照されたい。なお「心性」の方法を中国革命史に応用した研究

としては藤谷浩悦「辛亥革命の心性——湖南省の民衆文化を中心に」村田雄二郎ほか編『中華世界と近代（シリーズ20世紀中国史・1）』（東京大学出版会、2009年）が示唆的である。

4　宗族については瀬川昌久『中国社会の人類学——親族・家族からの展望』（世界思想社、2004年）を参照されたい。

5　結社については野口鐵郎「中国史と結社」同編『結社が描く中国近現代史』（山川出版社、2005年）を参照されたい。

6　中国社会を理解する上での中間団体の重要性については、岸本美緒「中国中間団体論の系譜」同編『東洋学の磁場（岩波講座「帝国」日本の学知・3）』（岩波書店、2006年）が示唆的である。

7　口述資料から切込み、民衆の生活世界に迫る研究としては佐藤仁史＝太田出ほか編『中国農村の信仰と生活——太湖流域社会史口述記録集』（汲古書院、2008年）が注目される。

8　地理学者のエドワード・モレフは「生きられた世界」の「現象」を、或いは自らの直接経験によって分節した空間を、「場所」と呼んでいる（同『場所の現象学』ちくま学芸文庫、1999年）。なお地理学の立場から四川農民の市場町を中心とした生活空間を描くものとして小島泰雄「散居農民の生活空間」石原潤編『変わり行く四川』（ナカニシヤ出版、2010年）が興味深い。

9　小林善文『中国近代教育の普及と改革に関する研究』（汲古書院、2002年）18〜19頁。

10　阿部洋『中国近代学校史研究——清末における近代学校制度の成立過程』（福村出版、1993年）第2章。学校打ちこわしの原因としては寺廟の財産の没収以外に学校設立のための新税の加徴、官僚紳士による中間搾取も挙げられている。

11　この方面での特筆すべき研究としては、前掲の藤谷氏の他に、小林一美『義和団戦争と明治国家〔増補版〕』（汲古書院、2008年）、佐藤公彦『義和団の起源とその運動——中国民衆ナショナリズムの誕生』（研文出版、1999年）などが挙げられた。

12　歴史民俗学・歴史人類学的方法を採用した研究としては、例えば桐本東太『中国古代の民俗と文化』（刀水書房、2004年）、上田信『森と緑の中国史』（岩波書店、1999年）などが参考となる。また民俗学的視角で革命史を分析したものとして丸田孝志「太行・太岳根拠地の追悼のセレモニーと土地改革期の民俗」『近きに在りて』第49号（2006年5月）が示唆的である。

13　溝口雄三氏は「郷里空間」を「在地の社会秩序が形成される場」とし、明清期のそれを「官、吏、郷紳、民の有力層、一般民衆らが、宗族、ギルド、善会、団練などの組織やネットワークで交わりながら、社会的・経済的な共同関係を構築した地域活動空間または地域秩序空間」と定義付けている（溝口雄三ほか『中国思想史』東京大学出版会、2007年、195頁）。

14　これは伝統的社会秩序（カルチュラルネクサス）が解体する一方で、新たな秩序が構築されなかったとする華北農村社会を事例としたドアラ氏の学説とも一致する見解であろう（Prasenjit Duara. Culture, Power, and the State : Rural North China, 1900-1942. Stanford, Calif. : Stanford University Press. 1988）。

15　民意機関のあり方を政治文化から考察する視角については、笹川裕史「農村社会と政治文化」飯島渉ほか編『近代性の構造（シリーズ20世紀中国史・2）』（東京大学出版会、2009年）が興味深い。また野村浩一『近代中国の政治文化——民権・立憲・皇権』（岩波書店、2007年）が政治文化を論じ示唆的である。

16　笹川・前掲注15論文。なお笹川氏は民意機関の有した光と影の両側面に注意を向けている。

17　秘密結社の反社会性を過度に強調し、その相互扶助的側面を過小評価することの問題点については既に孫江氏による鋭い批判がある（同『近代中国の革命と秘密結社』汲古書院、2007年）。こうした視点を受け本書第2部第2章山本論文でも秘密結社について、アヘン販売や暴力による支配という反社会的側面を有する一方、市鎮を中心とした「郷里空間」における影響下にある民衆の保護、紛争の調停などの秩序維持機能を果たしていたことに留意している。

四川省地図

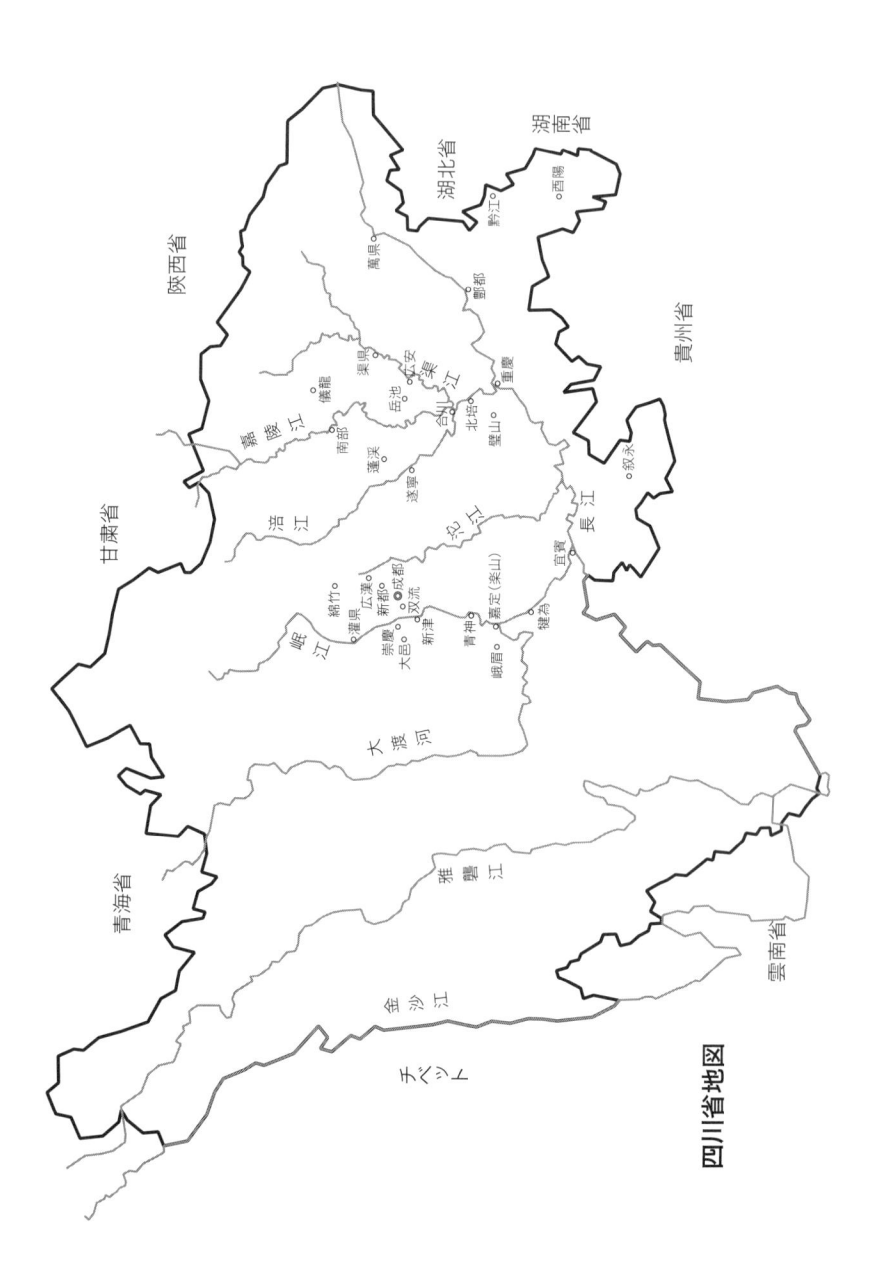

第1章
新式学校の設立と郷村[i]の慣習・民俗をめぐる文化摩擦
清末新政期、四川省における廟の樹木の伐採問題

徐躍（訳：山本 真）

はじめに

　清朝はその末期に新式学校の設立を試みたが、その実施を命令された各地方はこれに対応する財源を保有していなかった。その対策として清朝政府は、各地に廟の財産〔廟産〕、廟地及び地方の村祭り〔迎神賽会〕などの民間文化活動に関わる公共財産の活用を奨励し、学校の開設と管理のための資金の調達を指示した。廟や「会」[ii]の財産は各地で「新教育」実施のための主要財源となったが、こうした動きは通常「廟の財産により学校を興す」〔廟産興学〕と呼ばれていた。日本では早くから清末の「廟産興学」に関心が寄せられ[1]、近年では中国の学界もこれに注目するようになってきている[2]。研究者の多くはこの動きが仏寺に与えた影響と仏教界の対応（特に仏教学教育が盛んになったこと）に注意を払うか、あるいはこの運動が何を引き起こし、いかなる結果をもたらしたのかについて総合的に考察を加えてきた[3]。しかし、「廟産興学」の過程において発生した様々な事件をいかに解釈するのかについては、これまで十分に検討されてはこなかった。

　中国人にとって、「廟宇」や「寺廟」というのは豊富かつ複雑な意味を持つ言葉である。仏寺や道教の道観以外にも団体祭祀の神廟、政府に未登録の民間信仰の祠、父系同族組織である宗族の祠堂[iii]、そして会館[iv]などの多様な意

---

i 郷村：ここでは市場町及びその周辺農村レベルの基層社会空間を指している。
ii 会：伝統社会において民間信仰などのために組織された講・任意団体のこと。
iii 祠堂：一族の祖先を祭るほこら。
iv 会館：同郷出身者や同業などの仲間的な団体の建物。神が祀られ宗教的色彩を有する場合もあった。

味が含まれている[4]。政府から正式の度牒を得た僧や道士により設立された仏寺や道観以外に民間で祭祀されている諸神の廟、祠、宮などが存在したが、中国の農村においてはこれらの廟は民衆の日常生活と密接な関係をもつものであった。また「廟産興学」といっても大雑把な概念に過ぎない。ここでいう廟の財産とは、仏寺や道観の財産以外に、各種の団体が祭祀する神廟、政府に未登録の民間の祠廟、宗族の祠堂、会館などの諸団体の公共財産も含まれている[5]。したがって、「廟産興学」はまずもって教育に関わる事業ではあるが、しかしその影響は教育の領域だけに止まるものではなかった。これは清朝末期に実施された政治、経済、法律、社会文化などに関わる多面的な改革である「新政改革」の動向と相互に関連するものであった。それにも関わらず、「廟産興学」により惹起された具体的な問題については、現在まで専門的な研究が行われてこなかった。本章では、新式教育を実施するための資金調達において、廟の樹木が伐採されたという事件に着目し、清末の教育改革と四川省の伝統的な農村の習慣・民俗、文化との間に発生した衝突について検討を加えたい。

　ところで、多くの研究者が利用している『四川学報』[v]や『四川教育官報』などの史料では、新式学校設立の過程で廟の樹木が伐採された事実については僅かしか言及されておらず、民国時期に記された四川各県の地方志も、この問題にはほとんど触れていない。しかし、各州県の教育振興機関〔勧学所〕の公文書〔檔案〕においては、廟の樹木の伐採に関わる文書や訴訟記録が数え切れないほど多く保存されている。本章では特に、四川省の南部県、叙永庁、新津県、綿竹県などの州県に保管されている清末の学務「檔案」に基づき、「廟産興学」の過程における廟の樹木の伐採問題を考察したい。

　まず伐採された樹木の用途、類別について検討し、引き続き、廟の樹木の伝統社会における文化上の意義を歴史文献から明らかにし、さらに廟の樹木の伐採によって引き起こされた紛糾について検討する。この作業を通じて、官僚や紳士にとっては廟の樹木の伐採は学校の修繕とその資金の調達を目的とするものであったが、このことが経済上の問題に止まらず、人々の信仰、慣習・民俗などにも広く影響を与えたことを指摘する。廟、祠堂や墓の樹木

---

[v] 『四川学報』：四川学務処が1905年に創設した学務官報。1907年に『四川教育官報』に名称変更された。

の伐採は村落民衆が共有する慣習を破壊した。これにより農村の社会秩序が混乱する一つの要因が醸成されたのである。清末の地方教育事業を研究するに際して、民衆の生活史と法律史の視点から照射することにより、当時の地方での教育事業が直面した複雑な問題の背景を一層深く理解することが可能となろう。

1　四川省における新式教育の導入と「廟産興学」

　清末の教育制度改革の基本的な特徴は、中央政府が政策方針の決定において主導的な役割を果たす一方で、地方が自ら必要とする教育経費を賄うことにあった。中央政府は官僚と紳士の相互協力という教育モデルを案出し、これを推進した。新旧教育の最も重要な相違は、教育の普及範囲と程度である。清末に行われた一連の改革である「新政」の一環として実施され教育改革は、科挙制度の廃止、近代学校制度の導入を主な内容としていた。しかし中央の財政は教育の普及に必要となる莫大な費用を捻出することができなかったため、学校の所在地である地方が自力でその費用を賄うほかなかった。さらに農村社会が有する資源を有効に動員するために、国家は伝統社会の公共事務の「公」に新たな解釈を施した[6]。これを受けて「奏定初等小学堂章程」は一つの指針を打ち出した。すなわち、初等小学堂を開設する際に、公所[vi]や寺院、道観などを借りて学校とすることができる。ただし必ず建物を修築しなければならず、講堂や体操場などにはとりわけ注意しなければならないと指示した[7]。ただし四川では早くから学校に廟を利用する伝統があり、地方の義学の多くは寺廟の中に設けられていた[8]。また宗族の学校にも寺廟のなかに設けられたものがあった[9]。こうした伝統は明らかに朝廷が学堂章程を施行することに有利に作用した。清末の四川での地方学校の多くは「寺観等の処を借りて之を為す」との規定に基づき設立された。そのなかの一部には義塾及び私塾が制度改革を経て新式の小学校に改変されたものもあったが、その校址はなお元来の寺廟に置かれ続けた。学校の多くは既設の建物を改修し使用され、設備も既存のものが利用されたが、授業に使う机や椅子などの器具を新たに増設することが必要となった。当然、新式小学校に改名した以上は、

---

　　vi　公所：同区域内の人により組織された事務所。例えば村公所は村役場。

教育内容や設備に新味を出す必要が生じたため、元来の設備を引き続き利用している学校であっても、教壇や黒板などの新型の教育機器を購入しなければならなくなった。この時期に学務に携わった学校の理事たちは市場で木材を購入するのではなく、しばしば「廟産興学」政策を利用し、寺廟から寄付〔募化〕を募ったのである。「募化」というのは、本来は仏弟子が托鉢すること、または寺廟が寄付を募ることを意味するが、清末、四川において地方の学校を開設する際によく使われる言葉となった。この場合は、学校の理事が学校を修理したり、学校運営のための資金を調達するために、廟の樹木を伐採する許可を地方官に請願することを意味したのである。

寄付により得られた廟の樹木は主に学校の修繕のための材木となるか、あるいは売却することにより器具購入のための資金とされた。ただし新たな建物を建造するわけではなかったため、その伐採の数量は限られていた。例えば、南部県梅家場の新式学校は、元来は義学であったが、数年の休校を経た後、光緒33（1907）年の初めごろに公立の初等小学校となった。この学校の理事である文生の梅炳嵩、武生[vii]の呉上達が地方官に提出した上申書には以下のような記述がある。

> 我々は命令に従って梅家場の学校理事となり、学校の設立事業に携わって以来、懈怠することはありませんでした。しかし、学校には机、教壇、黒板などが完備されておらず、その上窓を修理する必要が生じたため、木材が必要となりました。団保の紳耆[viii]と相談した結果、廟の樹木を1、2株徴用し、学校に必要な経費に充当することにしました。しかし我々も勝手にはこうしたことを行うことができません。我々が行っていることが朝廷の恩恵である新たな政策だと知らずに、地元のチンピラが我々の公務を妨害する恐れがあるためです。それゆえ、我々は公の事業を完成させるために、廟の樹木を徴用することをお許しいただきたく、閣下に懇請いたします。もしご許可いただけましたならば、まことにありがたく存じます。知事閣下の御前に額づいてお願いする次第です。光

---

vii 文生、武生：文生、武生とは文と武の生員。科挙制度では府州県学の生徒を生員と呼んだ。
viii 紳耆：清末には基層社会の治安を維持するため団保局が設けられ紳士や長老がこれを指導した。詳しくは王笛『跨出封閉的世界——長江上游区域社会研究1644〜1911』（北京：中華書局、2001年）378頁。

緒33年２月16日[10]。

また学校の建物を改善するために廟の樹木を寄付させることもあった。例えば、叙永庁老鴉岩学校の理事が提出した上申書には以下のように記されている。

　老鴉岩学校は王爺廟の廟地に開設されたものです。今年７月25日、県の視学は、この近辺の道路は交通量が多く、雑踏のため喧騒であり、埃っぽい、さらに校地が狭小で、かつ窪地に位置するため、学校を設置するには適さない環境にあるとして、早急にこれを改善するよう指示されました。さらに、廟の中央にある神像をおさめる厨子を黄色に染め、孔夫子の像を建て、忠君尊孔を人々に教化することや、講堂を改修し、廟宇の側廊を教員室、学生の自習室、寝室、応接室、使用人の部屋として修築すること、さらに騒音を避け、また通告を貼り出すために学校の街路に面している側に壁を作ること、校舎の右側の空き地に運動場を設け、塀を直し、学校の面目を一新するように、などの指導がありました。私たちはこの指示を聞いて誠に感服いたしました。そこで学校の改良を図るために、１年間この廟の各種神会や劇会を停止し、さらに廟の樹木を数株寄付させたく存じます。しかし、我々の進歩的な考えを理解できない者がこれを妨害する恐れがありますので、ご訓示をお願いする次第です[11]。

廟の樹木を寄付させる際、地方官に上申しその許可を獲得すれば、一般に事業は順調に進行した。しかし一部の学校理事たちは、学校の振興は朝廷からの命令であり、かつ地方の公益でもあり、さらには廟の財産は公共のものであるため、自分たちが寺廟に樹木を寄付させることには十分な理由と正当性があると思いこんでいた。このため、地方官からの指示、許可を待たずに直接当地の寺廟に樹木の寄付を要求する者もいた。しかしこうした行為は、しばしば寺院の住職の反対に遭遇した。例えば、永寧県両河鎮学校の理事は窓を修繕するために宝蓮寺に樹木を寄付することを要求したが、住職に拒否された。理事の張登華は学務を妨害するという理由で、地方官にこの住職を告訴したため、当該住職は地方官に厳しく咎め立てられ、ようやく数本の廟

の樹木を伐採することに同意した[12]。

　廟の樹木を寄付させるに際しては、材木として直接利用するだけでなく、寄付された樹木を売却する場合も少なくなかった。叙永庁と南部県の「勧学所」の文書に廟の樹木の伐採及び販売の申請についての案件がある。そのなかで廟の樹木を売却した主な理由としては、学校を設立するための経費を調達するため、滞っていた教員への給与を支払うため、廟宇の破損がひどく、その改修の費用に充当するため、などが記されている。廟の樹木を売却するには一般に地方官の許可が必要であったが、一部の理事は廟の樹木を伐採した後、ようやく地方官に申請したのである。例えば、南部県趙鴻観小学校の理事が地方官へ提出した報告書には以下のような記述がある。

> 我々、生員の馬玉麟、貢生[ix]の陳善など学校の理事は、朝廷の恩恵を受けて命令により学校の理事となり趙鴻観等小学校の建設の任に当たっております。任職以来我々は、当該地域の紳士と会の指導者たちと経費のことについて交渉しました。その結果、各会から130串の資金を拠出させ、通常経費として使用し、その清算書を各会の首事人に送付することにしました。しかし、学校の椅子や机などの器具を購入するための費用に事欠き、また校舎が非常に荒廃していたため、これを修理する必要がありました。我々理事は既に当該寺廟の柏の木30本を伐採し、その売却代金が約40串となりましたので、これを修理費に充当しました。学校を振興するための緊急の必要に応じるために廟の樹木を伐採したのです[13]。

　許可が必要であることを知りながらも、伐採する前に申告せず、その後に「事は公務に属するため、我々は勝手な振る舞いをすることはできません。伐採をご許可くださるよう懇願致します。学務は重要な事業であるため、公共の物を公共の為に使用致します」と報告をしたのである。こうした既成事実に直面し、県知事は「報告の通りにやりなさい。売却の価格と伐採した本数を後で的確に報告しなさい。他の項目と混同して今後取調べの対象とならな

---

　ix　貢生：生員のなかより選抜された者であり、一定の条件により官職を授けられるとされた。社会的には監生（次頁脚注x参照）より高い地位を占めた。

いように」と返答する外なかったのである。

　また一部の学校では、廟の樹木の売却により得た資金を1回では使い切らず、そこからの利子をもって、その後の学校運営の経費とした。これは伝統的な書院と義学が資金を捻出する際によく使われた方式である。例えば、叙永庁に属する永寧県の紅岩子初等小学校の場合、経費を工面するために一度で該地の7つの寺廟の200以上の廟樹を伐採、売却し、その代金からの利子を学校の日常運営経費に充てた[14]。南部県と叙永庁勧学所の公文書には、廟の樹木を売却して得た代金で初等公立小学校の管理・運営費を賄ったことについての記録がある。そのなかで、南部県の花牌楼学校理事であり監生[x]の陳全忠、保正[xi]の董時春は当該学校の費用が不足したため、廟の樹木を伐採、売却し利子を生むことの許可を上申している。

　　私どもは花牌楼学校の経費を今まで77串しか工面できませんでした。もとよりこれでは必要な経費に足りません。現在また当学校の器具を修繕するために資金が必要となりました。これについて廟の樹木を伐採して売却することを衆議して、これに皆が同意しました。出費を差し引いてなお30串の資金が残りました。その他、陳元奇が水田1筆を質入し、5000文を手に入れました。さらに、趙自培が自分名義の水田1筆を理事の趙正権、趙正和に譲渡しました。これは15串の資金と評価できます。廟の樹木の余剰金と水田2筆の価格を合わせて計50串となりました。我々は水田を小作に出すことによって年間15串の利益が得られると見積もりましたが、これでは必要な経費に足りるとはとてもいえません。このため、さらに廟の樹木を伐採、売却して合計100串の資金を集めて数年の経費に充当したいと考えています。互いに協力して学務を全うできますように、ご許可をいただき、永遠の規定とすることを懇請いたします。このように実施することを御前に額づいて願うものです。

これに対して地方官は以下のように回答した。

---

　x　監生：中央の最高学府である国子監の学生であるが、清末には金銭でその身分を獲得した者が多かった。

　xi　保正：清代基層社会において治安を司った保甲制度の在地責任者。四川においては在地の有力者がこれに就任する場合があった。王・前掲脚注viii書378頁。

第1章　新式学校の設立と郷村の慣習・民俗をめぐる文化摩擦　　83

既に常年の経費77串を工面しており、またその後に50串を得た。ここから毎年15串の収益があり、合計で92串の資金が調達可能である。しかし計画のように資金を100串とするためにはなお8串が欠けている。そこで廟の樹木をさらに伐採することを許可する。しかし独断で多く伐採してはいけない。伐採完了後も記録を残しておき、後日の審査に堪えられるようにせよ[15]。

　ところで、上申書における「衆議」というのは、民衆の間で議論したのではなく、実は理事の間で議論したとの意味である。花牌楼学校は費用を捻出するために2度にわたり廟の樹木を売却し、1回目だけでも50株以上の樹木を伐採し、120本の角材を得た。その後も同じようなことを行い、伐採された樹木の数も少なくなかったはずである。この小学校は長期的な経費を確保するために相当数の廟の樹木を伐採したのである。

　新式学校が設立され廟の樹木が伐採されることに対して、僧侶、寺廟の施主そして民衆は絶えず抗議を行った。しかし各地で伐採され、売却された樹木の数量は年々増加していった。基本的に、清末期において地方で学校を振興するために、廟や目的別任意加盟団体である各種「会」の財産を使用することについては政府からは大原則が示されるのみで、廟の樹木がその規定の適用範囲内にあるのかどうかについては、明確な細則がなかった。光緒31（1905）年7月、四川総督は廟の樹木を乱伐することは「大いに道理に違反する」として禁止令を出した[16]。これにもかかわらず各地で乱伐するものが後を絶たず、光緒34（1908）年に趙爾巽が四川総督に就任してからも繰り返し同様の禁令が出されたのである[17]。清末の四川省の諮問議会〔諮議局〕でも、廟や「会」の公用財産としての樹木を乱伐することを許してはならないと議決したが[18]、実際には、伐採が止むことはなかった。1919年に至るまでに四川省当局は寺廟や尼の庵の財産を保護するための布告を発しており、各県の紳士や「会」の責任者が公益に名を借りて無理やりに廟の樹木を寄付させていると非難した[19]。上述の状況から、四川においては廟樹の伐採が清末から民国初期に至るまで間断なく続行されていたことが判明する。

2　廟の樹木に関わる慣習・民俗

　寺廟はその地方の景観のなかでも最も印象深い建築物である。普通、寺廟の境内、周辺地では樹木が植えられていた。古人が残してくれた寺廟の碑文や記録からもそのことは裏づけられる。例を挙げると、黄庭堅の「香山寺行記」[20]には「山と水と高い木、伽藍が聳え立ち、風物は清浄である」との叙述がある。また馮俊の「真相寺園覚洞記」[21]は「真相寺の森林は深遠であり、鬱蒼として悠久である」と描写する。さらに林愈藩の「重修洪端寺碑記」[22]は「古木がまばらに存在し、その姿を河の流れに映えさせながら、岸を挟んで屹立している」としている。3作品とも老樹が青々と繁茂しており、その下に緑陰が広がる寺廟の幽雅な環境を描写していた。木々が繁茂する自然環境を選び寺廟を建立することは、道家における山林での隠棲や仏家の遁世修行という宗教哲学と密接な関係を有していた。隠居と遁世修行には共に世俗の喧騒を遠く離れた環境が必要とされ、鬱蒼とした森林は安静を必要とする隠居や修行に理想的な場所を提供したのである。それゆえ、中国の僧侶たちは、ある意味において比較的早期に生態及び森林保護の観念を抱いた人々であったといえる。歴史上の様々な時代において、多くの寺廟はしばしば具体的な措置を制定し周囲の森林の伐採を禁止した[23]。それゆえ、中国の伝統社会では、人々が布施により寺廟を建立する際に風水[xii]は考慮されるべき要素の一つとされた。例えば、杜全壁が著した「重鐫烏尤山碑記」は次のように述べている。

　　烏尤山は、天下に著名であり、実に絶景である。また風水に関わる重要な場所である。その高い山、険しい嶺、繁茂する林や竹は、寺院の施主である我が杜姓と胡姓のみが占有するものではない。しかし名山が有れば必ず仏寺があり住職がいる[24]。

　伝統社会において寺廟の衰退は風水と地相〔地脈〕及び人文景観の破壊を象徴したため、その維持は地方の繁栄に重要な意義をもった。多くの郷紳たちにとって、儒教と仏教とは思想上において趣旨が共通しており、現実の社会において各階層の人々にそれぞれの効用をもたらすものとして認識されて

---

　　xii　風水：方位や地相を見て墓地や家屋の吉兆を判断する占い。或いはそれに基づく自然観。

いた。民衆にとって、仏教の説く極楽と地獄は善悪を判断する基準であった。また神や仏の教義は、民衆をして畏敬の念を抱かせるものである。一方、儒教は民衆を教化し、風俗を改善し、民衆を導くことを使命としている。民衆をして神を畏れ教化に服す規矩を身に付けさせることは、伝統社会において秩序を保つために極めて重要な要件であった。老樹が天まで高くそびえる廟宇は威厳に満ちており、こうした外観を廟宇にもたせることは、民衆の教化と繋がったといえる。例えば、清代順治年間に蘆山県の住民が隆興庵を建て直したが、これについて『蘆山県志』は「（風水上の重要地点に）楼閣を建造し、人々の遊山の場所とし、この場所の威勢を増そうとしても、時が経ればその荒廃は免れない。むしろ当地に仏や龍の像を建立するのがよい。こうすれば重要な風水を後世まで伝承することが可能となる。さらに仏寺や道観によって地脈の及ばないところを補うことも可能である」と述べている[25]。さらに光緒版本の『永川県志』の「寺院と道観」の項目には次の記述がある。

> 寺院の読経の声や寺院道観の建立は四川においてはとりわけ多い。永川県は小さな県に過ぎないが、僧侶や道士に対しては叩頭の礼を行い深くこれに帰依している。田野の農夫であっても降雨や晴天を求める祈祷においては恒に廟に赴き神仏を敬っている……人心を収束し、儒教による教化の及ばないところを補うに足るのである[26]。

明清時代の下層士紳の多くは「三教合一」すなわち、儒教、仏教、道教を融合した通俗宗教を提唱していた。彼らは仏教寺院の建立が風水や「地脈」を保護する作用があるとするだけでなく、さらに儒教思想を補完するものとして、仏教には民心を安定させる役割があると考えていた。

ところで、中国の伝統社会では、廟の樹木を切り倒すことは禁忌とされてきた。例えば、北宋時代の文人であり四川生まれの文同は、ある詩のなかで、鳳凰山古祠の老樹が切り倒された後に発生した出来事を描写している。その大意は、祠の周囲の林木は伐採破壊されてしまったが、このために廟宇の本堂や周囲の廊屋もまた倒壊し、祠の中の神像も横転してしまった[27]。すなわち古い祠の樹木が伐採された後に、あたかも災いが到来するかのような超常現象が発生したというのである。中国の伝統社会では廟の樹木を乱伐すれば超常現象と災禍が引き起こされると信じられていた。このことは風水と「地

脈」、そして民間信仰と関係している。

　また、あらゆる民族には死に関する信仰があり、しかも多くの民族は、死後も人の霊魂が生き続けると信じていた。中国の古代社会においては、神廟の周囲と土地神を祀る場所である社壇には必ず樹木を植えねばならなかった。鳥の形をした霊体がそこで休息するためである。作家でありまた民俗学者であった許地山は霊魂と樹木に関して以下の興味深い研究を発表している。すなわち『礼記』の「檀弓下」編には「古の侵伐する者は祀を斬らず」の一句があり、その注には「祭祀を行うときには位牌〔神主〕を作り、祭祀する場所には廟宇と樹木がある」と記されている。これは社壇のみならず、神を祭るすべての場所には樹木が必要であるとの意味である。次に『淮南子』の「説林訓」には「人の鬼を侮る者は，社を過ぎてその枝を揺かす」とある。これらは鳥の形をした霊魂がしばしば社壇の樹木に宿っていることを表現しており、樹木の枝を揺することによりそこに宿っている霊魂や神を不安にさせると意味づけられる。

　許地山は引き続き以下の指摘を行っている。福建や広東地方はなお古風を留めている。社壇には必ず樹木があり、招魂は社壇の上で行う。先祖の霊魂もその社の中に住みついていると信じられている。「神主」が必ず木製であることは、先祖の霊魂が鳥の形をしており、かつ木の上で生息する習慣があることを表現するためである[28]。ここからも、廟の樹木は中国人にとって特別な意味を有していることが見て取れよう。また枝を揺さぶるだけでも霊魂を驚かすのであるから、祠廟や墓地の樹木を伐採すればさらに重大な罪となろう。日本の学者・広田律子は、霊魂には善や悪に変化しやすい両面性があり、善となるか悪となるかは人々の彼らに対する態度に左右されると指摘している[29]。霊魂の性質は人の態度に左右されるという広田の観点は非常に興味深い。善の霊魂は帰るべき所があり、帰るべき所がないのは「厲」すなわち悪霊である。悪霊が横行すれば社会に不安をもたらすことになる。中国の昔の人々は「帰るべき所があれば霊は悪霊とはならない」という考え方をもっていた。これについて『春秋左氏伝』は「鬼に帰る所が有れば、乃ち厲（わざわい）を為すことはない」と述べている[30]。また清代の呉栄光は『春秋伝』を解釈して以下のように説明している。

　　子産は伯の為に後嗣を立て、霊魂に帰る所を有らしめた。これにより

遂に悪霊とはならなかった。則ち厲壇を設けるのは、寄る辺無き孤魂に寄る辺を設け、食を求めさせるためである。故に春と秋と冬とに３度祭祀を行うのである。城隍神を迎え、祭りの主とすることは鄭の子産が国を治めた遺法である。寄る辺無き霊魂もこの祭りがあれば自ら敢えて民の害とはならないのである[31]。

以上の議論に関連して、古代の陰陽家[xiii]は「和気は吉祥をもたらし、気にそむけば異常をきたす」と信じていた[32]。廟の樹木を伐採することは気に背き異常をきたすに等しく、このような観念は伝統中国の民間社会に根付いていたのである。

3　廟の樹木をめぐる紛糾と訴訟

廟の財産と廟の樹木の所有権はすべて寺廟に帰属しているわけではない。ある時には、寺廟は現代の法律の概念での「使用権」しかもたず、その財産は寺廟を寄進した「施主」の所有に帰した。そして件の財産は通常施主の祖先祭祀と関係があった。廟の樹木を伐採するだけでも直接的に村民の習俗と衝突する可能性があった以上、祠堂や墓地の樹木を伐採すればその影響は更に大きなものとなるだろう。重要なことは、廟の樹木を伐採する学校理事たちの関心は学校のための経費を調達するという経済問題にあったが、現地の民衆からすれば侵害されたのは経済上の価値というよりも、人々の文化であり、心に平安をもたらす信仰が冒瀆されたのである。

明清時代には、多くの宗族の規約に祠堂の老樹を切り倒してはならないという文言が盛り込まれていた。例えば四川万盛の猶姓一族の家系譜である『猶氏族譜』に記載された嘉慶21（1816）年の８カ条の誓約には風水と樹木の保護に関する規則が非常に細かく明記されていた。

風水のために、関口河の川辺及び当岡にある木々は永続させなければならない。一族の指導者であっても独断で伐採してはならない。青杠樹

[xiii]　陰陽家：世界の万物の生成と変化は陰と陽の２種類に分類されるという陰陽思想を説いた学派。

の葉に蚕を放して樹木を傷付けてはならない。祠堂の所有する全ての柴山については小作人に手入れをさせる。勝手に伐採することを禁止する。従わない者がいて山林が損なわれた際には、小作人に弁償させ、伐採の犯人を厳しく処罰する[33]。

江蘇省の事例ではあるが、江陰県の銭姓一族が編纂した『項里銭氏宗族』の「宗族規」には以下の記述がある。

祠堂は祖先の霊が宿っている場所であり、墓は祖先の身体が保存されている場所である。子孫は祖先のことを想起する際に直接に対面できずとも、祖先の霊と身体が残っている場所に行けば対面することができる。時には祠堂で、時には墳墓で祖先を祀るが、その際には必ず敬意を払わねばならない。樹木や祠堂の器具などを大切に扱うこと。仮に外部のものに祠堂や墓地が侵害されたとすれば、協力して復元すること……これは死してなお生けるが如く、滅びてもなお存するが如きの道であり、族人が第一に重んずべき事柄である[34]。

上の記述のなかで鍵となるのは「死してなお生けるが如く」の基本原則である。祠堂の樹木は祖先の霊魂や身体の安静と関係しているため、安易に変動を加えることができない。ゆえに、やむを得ない状況の下で、宗族の財産、土地を売却することになったとしても、祖先の風水を破壊しないように、買い手側に祠堂の老樹を伐採することを禁じていた。例えば、南部県柳辺駅の邱姓族人は道光18（1838）年に張姓族人の農地を購入したが、そのなかに張姓祠堂の柏の老樹18本、価格として銅575串が含まれていた。その後、邱姓の族人がこれらの老樹を伐採しようとしたところ、張廷宗・張廷仕がそれを阻止し、紛糾が発生した。最後に地方官は「永遠に伐採を禁止し碑を建立する。多年違うこと無かれ」との訓示を出した。しかし、その後光緒30（1904）年に、一方の族人が再び柏の老樹1株を切り倒そうとしたことから、2つの宗族の間に衝突が発生した。そこで当地の紳士である貢生の邱寿棋や県学の教諭陳洪沢に調停を依頼したが解決できず、官へと訴訟が持ち込まれることとなった[35]。風水を保護するために祠堂の老樹を伐採してはならないという「禁約」は、清末に至るまで民間において人が守るべき慣習として維持されて

きており、地方官もこの慣習を尊重していたのである[36]。ここから我々は、樹木自体は高価でないにもかかわらず、これをめぐる紛争が教諭、紳士を仲介に入れても解決できず、結局訴訟に至ってしまったことの文化的背景を理解することができるのである。

さらに、宗族と無関係の廟の財産についても、その樹木の伐採を禁ずる永きに亙る伝統が存在した。これについては清末の『永川県志』に次の記述がある。

> 我が朝廷は200年来、古い習慣を継承しており、廟の樹木には些かの伐採も加えなかった。平民や下賤の民の識見は浅く、頑固で道理を解さない。このため因果応報の比喩をもちいて彼らを畏怖せしめるのである。極楽へ渡る金の橋や迷いの海を乗り越え悟りの彼岸に至らしめる筏、また地獄の剣の山などは、特に下愚のために法を説く際に使う比喩である。易経では聖人は鬼神を以って教化を行うと説くが、寺院や道観が廃れないことには深い寓意が含まれているのである[37]。

聖人でさえも鬼神を用いて民衆を教化することを主張し、識見の浅い田舎者でも因果応報を信じている。風水に対して、また死者の霊魂の安静に対して高い関心を持つ文化においては、祠堂や廟そして墓地の樹木を伐採することは非常に危険な行為であり、宗族や地域社会の住民には樹木を保護する義務があった。その結果、廟の樹木を伐採することは民衆の信仰、慣習・民俗と齟齬をきたし、そのため民衆からの反発を買い、各地で紛争、訴訟が発生したのである。

こうした紛争は、民間の団体により引き起こされたものと、個別の宗族単位で引き起こされたものとに類別できる。民間の団体による紛争のなかには、寺廟に属している各「神会」の信者たちが信仰に関わる信念から学校の理事や政府に対して起こした争いや訴訟がある。例えば、宣統元（1909）年に儀隴県において宝林寺の樹木をめぐる争いが発生した。その年の３月、宝林寺に設置された学校の理事が政府の命令に従い、廟の樹木を数本伐採し、学校の修繕に充てようとした。この時期はちょうど廟の清明会[xiv]の開催期間に当たっていたため、信者たちは伐採を制止しようと押しかけた。学校の理事は清明会の会長の董含章を大衆を扇動し学務を妨害したとの理由で告訴し

た。地方官は部下を派遣して董含章を逮捕したが、それに対して民衆の不満が高まり、1000人以上の民衆が県政府の公務を妨げ、騒ぎ立てた。儀隴県を統括する上級の役所である保寧府は愚かで無知な信者たちを説得し抗議行動をやめさせる為に、儀隴県から府に派遣され専門的な訓練を受けていた警官6人をその故郷に送り帰すこととなった[38]。

このように地域社会における信仰の最も一般的な形態はいわゆる「神会」であった。これらの「神会」に関連する社会、経済、宗教の活動は地方文化の中に深く根を下ろしていた[39]。そのほかに、多くの寺院に檀家によって組織された組織〔寺隣会議〕があり、廟宇の修繕、管理などの事項を決定していた[40]。「寺隣会議」のメンバーや廟に財産を布施した宗族は廟の樹木の保護を祖先から代々伝わる責務であるとみなしていた。すなわち祖先が宗族の風水を保護するために植えた樹木は補填することができても、破損、伐採することはできないと考えていた。

また南部県純陽山寺の「四姓施主」は廟の樹木をめぐって継続的に学校の校長盧上選と対立した後、王、余、趙、李四姓の代表が樹木によって地相〔地脈〕を保護するために、伐採の禁止を求めて上申書を提出した。

> 純陽山寺は元来王、余、趙、李の四姓家族の祖先が平安と幸福を願うために土地を布施し、伽藍や仏像を建立した寺院です。山には気勢があり、それが牢固であるため優秀な人材を育み文運が発展しています。僧を招いて人材の育成を行っており、数百年来衰えることがありませんでした。争いは大堰壩場において小学校を開設することになり、校長の盧上選等が神樹を伐採して学校の費用に充当しようとしたことに起因します。民らは互いに相談し神会から14串を捻出し、樹木を伐採させませんでした。校長はさらに7串余りを要求しました。これを以って浪費を節約し器具や書物の費用に充当することになりました経緯については、光緒31年5月1日に証拠となる文書をお届けしており、閣下にお調べいただけます。しかし、昨年12月にまたしても純陽山の樹木を伐採することを要求してきました。私どもが思いますには、樹木は100余年も保護さ

---

　　xiv　清明会：二十四節気の一つで春分後15日めに当たる清明節に開催された祭り及びその開催団体。

れてきており、その存在は風水と地脈に関係しています。樹木により寺廟の神聖性が庇護され、これにより風水は崩れず、良い気脈が土地を巡り、地域が繁栄しているのです。純陽山に面して、花が開くような勢いに乗り、科挙の合格者を続けて出しており、民はこのことを喜んでおります。これにより民は樹木を伐採することを忍ぶことができず、この騒動を引き起こしたのです。どうか樹木の伐採を禁止いただくよう懇願いたします。ご許可いただければ、ご恩を忘れはいたしません。

これを受けて地方官は以下のように指示した。

> 風水は根拠のない話である一方で、学校の振興は育才のために肝要である。盧上選は先に大堰壩学校に設備をそろえるための材料を必要としたために伐採を申請した。これはもとより私を化して公と為す類のことであり、当然許可すべき事柄であった。この請願によれば、先に学校の設立を準備した際に、該会は費用を負担し樹木は伐採を免れた。そのことは既に報告されている。そこでしばらく重ねての伐採を免じ、恩恵を示すこととする。この決裁を記録し、理事盧上選に伝達し遵奉せしめよ。光緒33年3月15日[41]。

学校の理事や校長たちは学務のために禁忌であることも顧みず、廟の樹木を伐採した。しかし郷村社会に暮らす多くの人々は伝統的な禁忌に従っていた。ゆえに、地方官は通達において風水は根拠が無いとしたものの、四姓族人の樹木が伐採から免れることを許可した。地方官が廟の樹木を伐採することを禁忌だと見なしていたからこそ、四姓の感情に配慮し、ことを穏便に処置したのである。

その他、明清時代には施主が祖先祭祀のために寺廟を建立することが行われた。そのなかには紳士が出家するため、あるいは功徳を積む喜捨を目的とするものもあった。多くの場合、宗族の先祖が喜捨のために寺廟を建立し、施主の子孫が管理、修繕、住職の招聘などの責任を負った。少なからざる大宗族は寺廟を建立し、先祖の位牌をそこに安置した。さらに、僧侶を招聘し祭祀を司らせた。これにより寺廟は宗族のために祖先祭祀を行う場所に転化した[42]。例えば、永川県の報国寺はこのような寺院に属する。乾隆年間（1736

年～1795年）に立てられた碑文には、寺院の建立の経緯とその沿革が記されている。呉姓宗族の祠堂が当該寺院に設置されており、各種の祖先祭祀、子弟の教育がその中で行われた。加えて施主である呉姓の祖先について、あの世での生活や祭祀を世話する僧侶がいた[43]。これら寺院の施主には平時から寺院の財産を管理、保護する責務があり、寺院の対外交渉も宗族の長老が担当した。族人にとって家廟の性質を帯びる寺院の樹木の価値は非常に高いものであり、その存在は家族の存続と繁栄に関係していると見なされていた。

　清朝末期、新式学校が振興され学校の理事たちが廟の樹木を伐採することの許可を官に求めた際には、往々にして寺廟の施主である宗族の族人の反対に遭遇した。その理由は風水が破壊されることにあった。光緒32（1906）年、南部県の新鎮壩に新式学校が設立された時、理事の武生員の張寅東は観音土地神廟に柏の老樹2株を寄付することを迫ったが、当地の王姓宗族の反対に遭い、紛糾が発生した。王学蟻等の王姓族人は、その廟は先祖が建立したものであり、廟の前に柏の木を植え、その恩恵で一族は5代に亘り栄えてきた、これにもかかわらず、学校の理事たちが樹木を伐採すると地相が破壊されてしまうと考えたのである。これに対して理事たちは「妄りに争いを持ちかけ、学校の開設を妨害する」との理由で王姓族人を告訴した。結果、県知事が王学賜、王学貢を拘禁し、釈放しなかった。ここに至って王姓族人は県知事の上司である府知事の役所に出向き「伐採に関わるいざこざは小事であり、殺人や強盗などの重大案件ではございません。これにもかかわらず、下役人を派遣し拘束したことは法規に符合することでしょうか。府知事閣下に、命令を発して厳しく事を究明し、悪弊を取り除き良民を安んじていただくことを懇請いたします」と書かれた訴状を提出した。結果、府知事は南部県にこの案件について再審を行うよう指示を与えたのである[44]。

　この案件から、地方の多くの廟や庵は個人が布施したものであり、学校の理事が地方官の命令なしに勝手に寄付を強要した場合、往々にして施主である宗族の反対に遭遇したことが判明する。王姓族人は2株の柏の木のために理事と1年間に亘って訴訟を継続した。さらに地方官の2回の判決に納得いかず、資金を集めて府知事に提訴した。1年の間に、王姓族人がこの訴訟の費用、旅費、謝礼などに費やした金額は2株の柏の木の価格より遥かに高いものであった。このことは、今日でいうところの経済権益をめぐって彼らが争ったわけではないことを示している。ゆえに基層社会において、廟の樹木

がいかに重視されていたのかを浮き彫りにする事例といえよう。類似の案件で訴訟が1年を超過した事例は決して少なくない。これには人々が慣習を守るために屈しない姿勢が現れているのである。

さらにもし個人の墓地の樹木を伐採するとなれば、族人の反応はもっと激しいものとなる。新津県の帥姓族人の墓地の樹木が伐採された事件はこの典型的な事例といえよう。光緒32（1906）年、新津の江西会館内に初等小学校が設立され、理事の何恩龍と地保[xv]の趙相琦などが学校の改修を名目とし樹木を29株伐採した。切り倒された樹木は、帥姓族人が所有する墓地と祀聖寺との境に所在したが、柏の樹木とそれが生えている地面は帥合順の祖先が購入した財産であった。理事と地保はその事実を隠し通そうとして、樹木の伐採を申請する上申文に「その柏の木の所在地は公用地です。学校建設は既に竣工しており、緊急に材料が必要です。伐採の許可を懇請致します」と記し、県知事はこれを許可した。しかしこの許可はその後数年に亘る訴訟を引き起こすこととなったのである[45]。

趙相琦が県知事の許可を得て柏の木を伐採した後、帥合順は土地の契約書を携え、県の役所に赴き、樹木を伐採し財産の横領を試みたとして趙相琦を告訴した。知事は、告訴したことは明確な根拠がなく、明らかに小学校の開設を妨害する行為であるとして、県の役所の一部門である礼房と地保とが同行して現地調査を行うように命令した。学務を擁護するためだろうが、地方官の命令には明らかな暗示があった。それゆえ県の下役の謝春は契約書を携え地保と簡単な調査を行ったものの、柏の木は祀聖寺の公共財産であると認定したのである。これに対して帥姓族人は「悪賢い下役人が共謀して不正を働いている」との理由で、再び上申し「彼らの調査は是非が顛倒しています。彼らは柏の木が公共財産であるとして、民を恫喝していますが、これは上を騙し下を虐げるものです」として、改めて調査を実施するよう県知事に懇請した。その後、後任の県知事が人を派遣し再調査を行った結果、その土地は帥姓族人の所有に帰することを認定した。土地の所有権は帥合順にあると判定すると同時に、樹木を学校のために寄付することを勧めたため、帥合順はそれに同意し誓約書を提出した。しかし、しばらくして帥合順が病死すると、

---

xv 地保：在地レベルで納税の督促などに従事し、殺人、窃盗などの事件があると奔走し、その他司法警察上の雑役に任じた者。

その息子の帥廷斌は父親が同意した誓約を認めず、県の役所に出向き、理事の何恩龍と地保の趙相琦を提訴した。その上申書に対して県知事は以下の回答を行った。

> 学校を建設するのはもとより人材を育成するためである。県に居住する紳士や民で積極的に支援し善行としない者はいない。学校の理事・何恩龍は樹木を寄付することを請うた。これが元来国子監生の帥廷斌の所有物であるかどうかは別として、その父合順は樹木を学校に寄付することを誓っている。当該監生は提出された誓約書に背いているだけでなく、父の命にも背いている。不義不孝であり紳士のくずといえる。趙相琦は公平に事務をとりさばいており、それは地域において学校を興すためである。これに対して当該の監生は己の利益のために訴訟を起こしており、その料簡は誤謬も甚だしい。ここに訴えを却下する。

この後、帥廷斌が上告し、訴訟が３年に及んだ。宣統３（1911）年の学務処の決済は以下の通りであった。

> 訴えによれば、当該国子監生の所有地のなかの柏の木を保正の趙相琦らが祀正会の公樹として伐採を図った。訴えによって県知事はその調査を命じたが、調査結果は未だ上申されていなかった。しかるに趙相琦らは県の下役人と結託して伐採を試みた。この訴えが嘘でないなら、趙相琦が地域社会に横行し、偽って民の財産をつまみ食いしていることが見て取れるであろう。ここに裁決を下す。学校理事の何恩龍と保正の趙相琦は私人の墳墓の樹木を伐採しようとするとは大胆である。新津県に命じて事の次第を究明させる。たしかに学校を建設することは急務である。しかし不肖の責任者が役所の下役と結託し、民の樹木の伐採を図ることも深刻な問題である。公の事業を口実に不正が行われることを防ぐこともまた急務である[46]。

この紛糾は３年に及び帥姓一族は莫大な訴訟費を費やして、体面を保ったのである。しかし、墓地の樹木については最終的に県知事の命令により学校に寄付させられることとなり、何恩龍は継続して学校理事を務め、趙相琦も

処罰されなかった。ここから地方官の個人的意思が裁決に重要な作用を及ぼしたことが見て取れる。教育行政の監督官である視学や学校理事の上申書が先入観となり知事の判断に大きな影響を与えたのである。この場合、原告の陳述や反論は明らかに不利な立場におかれていた。多くの学務紛糾の訴訟案件のなかで学務に携わる紳士の意見は往々にして地方官の裁定に支配的な影響を与えたのである。律令の中の民事条項は考慮に入れられず、裁定においても学務優先の傾向が見られることとなった。清代の人は「訴訟をみごとに裁くこと、政治に通じていること、人の和を保つこと」を県知事評価の基準としていた。清代末の「新政」時期であれば、新式学校の振興もその評価の対象となっていたのであり、学務に関する訴訟を何件処理したのかも評価の中に含まれていた[47]。このことは清末における司法観念の変化を物語っている。教育の振興を司った勧学所の文書には学務に関する紛糾の上申文が多く含まれている。双方の陳述から、我々は地方における学務推進の雰囲気を感じ取ることが可能である。法律という視角から清末の政治、経済、社会文化を分析すると、変動期における県級司法機構での民事案件において、学務訴訟が非常に大きな比率を占めていたことに気づくこととなる。

　ところで、地方の学校行政を取り仕切る視学は、学務紛糾の案件を地方官に処理させると、審理の過程において時間がかかりすぎると考えていた。確かに地方官は一般的にいって学務人員の意見に沿って審理を進めたのだが、それでも自らが裁判するほど簡便なことはなかった。それゆえ視学のなかには、勧学所内に司法機関的な性質を有する機構を設置して、専門的に学務案件を処理させることを主張する者もいた。例えば、鄞県の視学は勧学所内に学務裁判所を設置することを省の教育行政を主管する提学使司へ建議した。その文書のなかで、学務裁判所を設置するのは、学務の紛糾案件のみを取り扱うのであり、決して地方官の権限を侵犯するものではないことを保証していた。しかし提学使司は、実際に案件を截然と分けることは難しく、同一の事件においても、一方は学務において必要な事項と言いたて、他方は単なる金銭上の紛糾であり民事訴訟に属すべき案件だと申し立てるかもしれない。それゆえに、軽率にこうした改革を行えば弊害が多発し、公平性に欠けたり、正邪を捏造したりする問題が生じる恐れがある。結果として上級の機構への控訴につながったりすれば、問題を増やすばかりである。もし裁判を解決できず勧学所から県に案件を廻すようなら、いたずらに手間がかかるだけであ

り、何ら裨益することもないとして、この建議を退けたのである[48]。

　鄞県の視学の提案は清末の学務の実施において紛糾が頻繁に発生しており、これが学務の実施の阻害要因となっていたことを示している。また提学使司の裁決は学務問題の複雑性を体現するものであった。実際上学務を任されていた紳士からすれば、寄付を要求するのは当然のことであるかもしれない。しかし民衆や当事者の僧侶にとってみれば、彼らの関心事項は必ずしも提学使司が想像するような金銭にまつわる債務事項ではなく、ある場合においては、より深遠な文化に関わる問題であった。まさにこのような認識上の差異が、清末の学務訴訟の増加を招いたのである。

　光緒29（1903）年に南部県の知事が交代した際に、引き継がれた民事案件は12件あったが、そのなかで学務訴訟は１件のみであった[49]。これに対して光緒33（1907）年に同県が審理した案件の半分近くが学務とその他の「新政」に関わるものとなっていた。そして光緒33（1907）年に知事が交代した際に、引き継ぎの民事案件36件のうち学務訴訟は16件に上っていた。さらにそのなかの10件が直接廟の樹木の伐採や廟の財産を学務に転用することに関わる案件であった[50]。学務訴訟は学務の進捗に比較的大きな影響を与える問題であったといえる。これについてある地方官は以下のように述べている。

　　　近年新式の学校が開設されて以来、財産を争うことを念頭に置く地方の紳士が多くなり、公の事業に熱心な者は少ない。地方の役所や役人にとっては、学校を創設すること自体はたやすいものの、学務の訴訟は煩雑である。公徳は明らかにされず、私怨が発生しやすい。そもそも功績を己がものとすることができず、権勢も振るうことができないとなれば、誰もが一切の公益を省みなくなる。口実を借りて相手を攻撃し、訴訟が頻繁に起こり、案件が山積みになり、争いが歴代に亘ることになる。学務が進捗せず、地方も活気づくことができないのは、全てこのためである[51]。

　学校の理事が廟の財産の寄付を強要することにより、紛糾や訴訟がおこり、地域社会の安寧は破壊され、民衆に負の印象を与えることとなった。これによりある地方では極端な心理情況が惹起され、人々が互いに戒めて子弟を学校に入学させないという事態が発生した。これについて『南渓県志』は

以下のように記載している。

> その時、県の風紀は未だ開けず、各学校理事が廟や会の財産を寄付させようとして、訴訟が連年に渉り、社会の不安が惹起された。地域の長老は互いに戒めて子弟を学校に入学させないようにした。それゆえ、たとえ良い教師がいたとしても、教育を施す手立てがなかった。たまたま1人、2人の不肖の教員がいたとすれば、みながこれを辱めた。業務は苦労が多く薄給であったため、智者は教員にならなかった。また貧困な家の子どもが入学しても長く学業を続けることができなかった。それゆえ学校を設立し10年経っても、初級小学校の卒業証書を獲得できた者は甚だ少数に止まったのである[52]。

　子弟を学校に入学させないのは、政府を後ろ盾とする学校の理事に対する一種の抗議の態度であった。また各種団体の長〔会首〕も地域で有力な人物であり、私怨に基づいて、学校理事と廟の財産をめぐって争うことも行われた。学校理事の県知事への上申書や「会首」による反駁は極めて多くの人々を巻き込むこととなった。官府の命令書をもった下役人がやってくると、それが面倒の種となった。訴訟の当事者や証人は知事が駐在する数十里（1里は500メートル）、甚だしくは数百里離れた県城へ赴かねばならず、これに苦しめられた。このように学校自体を拒絶することは地域の人々が互いに約束し団結する社会的行為となった。この行為は人々の新式学校に対する不満を反映し、政府を後ろ盾とする学校理事のやり方に対する抗議の象徴となったのである。

　ところで、清末の新式教育に対する人々のこのような心理的反応や行為は、消極と積極の2つの方面に分類することができる。消極的行為とは学校に対する拒絶であったが、積極的な抗議は学校に対する破壊活動に帰結した。中国史上、様々な形態の民衆反乱が発生したがこうした激烈なやり方で学校を破壊することは、過去の大きな社会変動に際してもほとんど見られなかったことである。一体何が民衆のこうした情緒を醸成したのだろうか。日本の学者の阿部洋は既に清末の学校破壊に対して詳しい検討を加えている[53]。しかし、清末の学校破壊運動は極めて複雑な問題であり、様々な社会的背景を有するものであった。その一つとして、寺廟や祠堂、墓の樹木の伐採

に起因する紛糾がある。これは民衆の心理に大きな影響を与えたと考えられるのである。

おわりに

　清末の学務振興では廟や「会」の財産をその経費の来源の一部とした。ゆえに各地で大量に廟の樹木を伐採し、学校の建物を修繕するための材料や学校の運営費に充当することが行われた。これは清末の学務事業で普遍的に見られた現象である。しかし近代中国教育史全体のなかでは、この事件は忘れ去られてしまっている。地方志のなかにその記載が見られないだけでなく、後世の研究者の注意を引くこともほとんど無かった。あるいは近代中国が直面した激烈な変動の中においては、廟の樹木の伐採は取り上げる価値の無い些細な事件であるかもしれない。しかし、この問題は我々が清末における社会変遷を観察する上で重要な視角を提供してくれるのである。

　また廟の樹木を利用し学校を振興するに当たっては四川省各地の地方色が現れたことも注目される。巴県や新津などの経済的条件に比較的優れ、商業化の程度が高い県では、廟の樹木の伐採量も少なく、特に伐採した樹木を売却してその代価から利息を得るという状況はあまり見られなかった。しかし、南部県や叙永庁などの商業化の程度が低く、学校経費の調達が困難な貧困地区では、廟の樹木を大量に伐採したり、それを売却し学校の経費に充当することが行われた。確かに、これらの行為は学校の経費調達にある程度の助けにはなったであろう。しかし、同時に注意すべきは、この行為が農村社会の景観や自然環境に一定程度の破壊をもたらしたことである。これは必ずしも環境保護という現在の後知恵からのみ指摘できることではなく、当時の一般庶民や下級紳士から見た場合でも、風水や「地脈」と社会の安定には密接な対応関係が認められていた。廟の樹木の伐採は地域社会の文化や慣習・民俗と衝突し、多くの訴訟や紛糾を引き起こしたが、このことは清末の郷村社会の秩序が紊乱する背景となったのである。さらに重要なのは、当時の人々の眼差しにおいて、廟の樹木の伐採は世の盛衰と関係するだけでなく、国家の禍福とも関係すると考えられたことである。綿竹県のある紳士は、廟の樹木の伐採を目撃し、「たとえ朝廷が維新を実施するにしても廟には徳を施さねばならず、樹木を伐採するなどもっての外である」と嘆息した。彼は

樹木を不断に伐採することが国家に禍をもたらすことを憂慮したのであり、さらには、このことから朝廷の命脈が尽きる兆を感じ取っていた。それゆえ地方官に上申して伐採を禁止する命令を出してもらうことを要求したのである[54]。また当時の重要なメディアである『東方雑誌』に掲載された記事は「新政は断行せざるを得ず、新政を行ってはならぬという者は時勢に逆流している」と述べた上で、以下のように付け加えている。「新政を行っても民を貧困に置いて省みず、適切な規則や方法に基づかず、民衆の受容能力を省みないのならば、民衆が反乱を起こし王朝を転覆させるという禍をもたらすことになろう」と[55]。

　清末において地方の学務が推進されるに随い、郷村社会でも伝統的な慣習・民俗を維持することが困難となっていった。しかし慣習・民俗のなかの一部は農村の民衆生活のなかで不可欠な要素となっていた。それゆえ国家が強権的にこれを改変しようとした時、必然的に郷村社会との間に強烈な衝突が引き起こされたのであり、ひどい場合には無秩序状態が発生してしまった[56]。「廟産興学」における廟の樹木の伐採問題は、このような社会的・文化的背景の下で発生したのである。

1　牧田諦亮「清末以後における廟産興学と仏教教団」同『中国近世仏教史研究』（平楽寺書店、1957年）253〜284頁、村田雄二郎「孔教と淫祠──清末廟産興学思想側面」『中国──社会と文化』第7号（1992年6月）。
2　王雷泉「対中国近代両次廟産興学風潮的反思」『法音』1994年第12期、鄧子美「伝統仏教与中国近代化」（上海：華東師範大学出版社、1994年）第4章、耿敬「廟産興学運動及仏教界的回応」『五台山研究』2003年第2期、劉成有「廟産興学与仏教革新」『徐州師範大学学報（哲学社会科学版）』2004年第3期、賀金林「清末僧教育会与寺院興学的興起」『安徽史学』2005年第6期。
3　関係する研究には呉林羽「清末廟産興学及其社会反応」『済南大学学報』2005年第3期、邵勇「清末廟産興学運動与毀学民変」『青海社会科学』2006年第3期がある。
4　ジェームズ・ワトソンは「一見したところ、中国における廟宇に対する崇拝は文化の一致ではなく、無秩序を表現しているかのようである。確かに、何千、何万の神が全帝国の想像可能なあらゆる廟宇で祭祀されている。中国の大部分の地区で行われている宗教活動は専門的な職業宗教技能者により組織されたものではない。地方の民衆は独自に廟宇を建立し、神像を安置して祭りを挙行している」と述べている。詹姆士・沃森（ジェームズ・ワトソン）「神的標準化：在中国南方沿海地区対崇拝天后的鼓励（960〜1960年）」韋思諦（ステファン・アヴェリル）編（陳仲丹訳）『中国大衆宗教』（南京：江蘇人民出版社、2006年）58頁。
5　「清初移民実川、于是同籍客民、聯絡醵資、奉其原籍地方通祀之神、或名曰廟、或名曰宮、或名曰祠、通称会館」練習册総纂（民国）『重修大足県志（巻2・方輿下）』（中国学典館刊印、1945年）。
6　銭穆は「通財性」という概念で中国社会の特性を概括した。すなわち「私財を廃さず」というもの、却って「寡きを患ずして均しからざるを患う」のであり、民間には社倉、義庄、会館等があった。「皆通財の誼が有り、亦これらは皆政府の法令により規定されたものではなく、全て社会が自

ら成立させたものだ」とする。さらに政府は「徭役を軽くし賦（土地税）を薄くする」の原則の下で、徭役や賦の徴収を行うだけであり、「財を融通し富を均しくする」ことについては、社会自身の責任として、紳士によりこれが唱導されたとしている。同『国史新論』（北京：三聯書店、2001年重版）214頁。以上は一種の理想形態の描写ではある。しかし国家は賦税徭役の他は基本的に民間の「公産」には関与せずというのが長きに亘り遵行された慣行であった。清末の「新政」において、国家は有効に民間の資源を動員するために伝統的地域社会の公共事務の「公」に対して新たな解釈を施した。清末に郷村社会の共有財産を徴発したことは、それがどのような目的であろうと、多かれ少なかれ国家と地方民間社会の「公」と「私」との関係に対する新たな解釈と定義付けをもたらしたのである。

7 「奏定初等小学堂章程」（屋場図書器具章第5第11節）朱有瓛主編『中国近代学制史料（第2輯上冊）』（上海：華東師範大学出版社、1987年）188頁。

8 清代道光年間以後、巴県には多くの義学が設立されており、これらの義学は往々にして諸山寺院の中に設けられていた。重慶市教育志編纂委員会弁公室編『重慶教育志（初稿・上）』（未刊稿、1999年）77～78頁。

9 解璜「重修明月寺記」孫清士ほか修『蒲江県志（巻4）』（1879年刻本）。

10 「梅家場学童文生梅炳嵩武生呉上達為遵諭陳明懇查作主事（光緒33年2月16日）」（南充市檔案館蔵『南部県檔案』1／17）。

11 「老鴨岩学童為改善学堂募化廟樹文（光緒34年8月初十日）」（宜賓市檔案館蔵『叙永勧学所檔案』1／12）。

12 「両河鎮学童文生張登華具稟文（光緒33年6月15日）」（宜賓市檔案館蔵『叙永庁勧学所檔案』1／16）。

13 「為以公済公懇准撥款以重学務事情（宣統元年6月19日）」（南充市檔案館蔵『南部県檔案』1／21）。

14 「紅岩子営建学堂伐廟樹事」（宜賓市檔案館蔵『叙永庁勧学所檔案』1／12）、劉朝鎔ほか修＝万慎総纂『叙永永寧庁県合志（巻7）』（1908年鉛印本）建置・寺観（附表）1～4頁。

15 「花牌楼学堂稟伐廟樹事情（宣統元年4月15日）」（南充市檔案館蔵『南部県檔案』1／20）。

16 「総督部堂通飭各属筹提廟款毋得抑勒滋擾札」『四川学報』第7冊（光緒31年7月）公牘15頁。

17 中国第一歴史檔案館蔵『趙爾巽檔案』案巻号462、提取号（マイクロフィルム）86。

18 隗瀛涛＝趙清主編『四川辛亥革命史料』（成都：四川人民出版社、1981年）19頁。

19 王笛（李徳英ほか訳）『街頭文化――成都公共空間、下層民衆与地方政治1870～1930』（北京：中国人民大学出版社、2006年）221頁。

20 黄庭堅「香山寺行記」龍顕昭主編『巴蜀仏教碑文集成』（成都：巴蜀書社、2004年）142頁。

21 馮俊「真相寺園覚洞記」龍顕昭主編『巴蜀仏教碑文集成』（成都：巴蜀書社、2004年）103頁。

22 林愈蕃「重修洪端寺碑記」龍顕昭主編『巴蜀仏教碑文集成』（成都：巴蜀書社、2004年）624頁。

23 （清）釈徳介・聞性道撰『天童寺志（第2巻16上）』（清康熙年間刊、嘉慶年間重刊）、孫治撰『霊隠寺志（第8巻11上）』（清康熙11年刊）、葛寅所亮撰『金陵梵刹志（第16巻25下）』（明万暦35年刊）、（明）釈鎮澄撰『清涼山志（第5巻26上）』（1596年刻本、寧夏回族自治区仏教協会、1998年重印）。

24 杜全璧撰「重鐫烏尤山碑記」龍顕昭主編『巴蜀仏教碑文集成』（成都：巴蜀書社、2004年）834頁。

25 宋琅ほか修（民国）『蘆山県志』（1943年鉛印本、蘆山県志編纂委員会重印、1987年）140頁。

26 許曽萌ほか修（光緒）『永川県志（巻3）』（1894年刻本）「建置・寺観」。

27 （宋）文同撰『丹淵集（巻4）』四部叢刊初編、上海涵芬楼蔵明刊本（上海：商務印書館重印、1929年）。

28 許地山『扶箕迷信的研究』（北京：商務印書館、1999年重印）79～80頁。

29 広田律子（王汝瀾ほか訳）『鬼之来路――中国的假面与祭祀』（北京：中華書局、2005年）1頁。

30 （唐）孔穎達疏『春秋左伝注疏』『景印文淵閣四庫全書（第144冊巻40）』（台北：台湾商務印書館、1983年重印）228頁。

31 （清）呉栄光『吾学録初編』『四部備要史部（巻9）』（北京：中華書局、1966年重版）。

32 （漢）班固撰『漢書（巻36）』（北京：中華書局重印、1962年）16頁。

33 四川万盛（民国）『猶氏族譜』（1925年）23頁。
34 江陰県（民国）『項里銭氏族譜（巻首）』宗規条。
35 「違禁覇伐叩勘喚追事情（光緒30年10月26日）」（南充市檔案館蔵『南部県檔案』1／18）。
36 範氏「林塘宗規」「墓祭」条。李文治＝江太新『中国宗法宗族制和族田義庄』（北京：社会科学文献出版社、2000年）280頁から転引。
37 光緒『永川県志（巻3）』（1894年刻本）建置・寺観。
38 「保寧府通飭札文」（南充市檔案館蔵『南部県檔案』1／20）。
39 王宗培『中国之合会』（上海：出版社不明、1931年）、邁伦・科恩（マイロン・コーエン）「共有的信仰：清代台湾南部客家人的会所、社区与宗教」草思諦（ステフェン・アヴェリル）編（陳仲丹訳）『中国大衆宗教』（南京：江蘇人民出版社、2006年）197～223頁。
40 「清代四川蒲江県明月寺有布施者組成的寺隣会議」解瑇「重修明月寺記」民国『蒲江県志（巻4）』（1879年刻本）所収。
41 「純陽山寺隣四姓施主禁伐廟樹禀（光緒33年3月15日）」（南充市檔案館蔵『南部県檔案』1／18）。
42 宋琅ほか修（民国）『蘆山県志（巻3）』廟壇、王銘新ほか修（民国）『眉山県志』典礼志下（1923年刊、眉山県志辦公室、1983年重印）、卜正民『為権祈祷——仏教与晩明中国士紳社会的形成』（南京：江蘇人民出版社、2005年）168～176頁。
43 「報国寺碑記」（四川省檔案館蔵『永川県正堂檔案』全宗号清9、案巻順序号58）。
44 「新鎮壩設学伐廟樹一案（光緒32年6月具）」（南充市檔案館蔵『南部県檔案』1／18）。
45 「興一支監生帥廷斌请示禀明以免朦混事（光緒32年5月初一日）」、「興一支監生帥廷斌為請示験勘免任弊朦事（光緒32年5月初一日）」（新津県檔案館蔵『清代県正堂檔案』案巻号32）。
46 「興一支監生帥廷斌赴轅呈控奉批文（宣統元年3月）」（新津県檔案館蔵『清代県正堂檔案』案巻号58）。
47 地方の視察において各州県官が積極的に学務案件を処理したか否かが評価対象となったことについては「陳繽等遵赴川東視察学務之歴次報告、電報（光緒34年7月至34年8月）」（中国第一歴史檔案館蔵『趙爾巽檔案』案巻号473、提取号（マイクロフィルム）87）。
48 『四川教育官報』1908年第3期公牘。
49 「光緒二十九年南部県礼房移交訟清冊」（南充市檔案館蔵『南部県檔案』1／16）。
50 「光緒三十四年南部県正堂礼房移交敵県任内詞訟清冊」（南充市檔案館蔵『南部県檔案』1／18）。
51 「整頓学務詞訟」『四川教育官報』1909年第4期附録3頁。
52 鐘朝煦纂修（民国）『南溪県志（巻3）』教育（1937年刊本、成都巴蜀書社、1992年）。
53 阿部洋「清末の毀学暴動」同『中国近代学校史研究——清末における近代学校制度の成立過程』（福村出版、1993年）69～141頁。
54 「致視学函（光緒34年8月）」（綿竹県檔案館蔵『清代檔案』全宗巻301、案巻号7）。
55 『東方雑誌』宣統2（1910）年第3期81頁。
56 例えば四川彭県の龍王泉地方では毎年端午の節句に民衆は湖や泉などの景勝地に赴き「投石」の遊びを行った。これは民間の娯楽活動であり、その習俗は長く伝承されてきたものであった。清末に至り学校業務に携わった士紳は悪俗であり禁止すべきであるとしたが民衆の反対にあったため地方官が民衆を弾圧したという（『四川教育官報』1909年第6期公牘13頁）。この種の衝突は清末時期の四川の各州県で発生した。

第 2 章

1940年代、四川省における
地方民意機関と秘密結社

山本 真

はじめに

　本章では、日中戦争時期に国民政府による抗戦の本拠地となった四川省を対象として、1940年代に実施された地方民意機関制度[1]の実態を検討する。なお、四川省では秘密結社である哥老会が強い力を有していたが、その存在が地方民意機関、特に県参議会の運営にいかなる影響を与えたのかに着目し、考察を進めたい。

　1930年代初頭の2回に亘る全国内政会議以来、地方行政制度の改革を模索してきた国民政府であるが[2]、日中戦争時期には新たな県行政制度〔新県制〕[3]を施行し、郷鎮そして行政村である保レベルにまで行政権力を下降することを試みた。さらに戦時体制構築の一環として、社会を統合し、民衆を動員するために、県市級以下での民意機関制度（県市参議会、郷鎮民代表大会、保民大会）を導入した[4]。その後、日中戦争末期から戦後内戦時期には、訓政から憲政への展開、その前提としての地方自治の導入、という政治的潮流を背景として、直接・間接の選挙による民意代表の選出を実現させた。さらに憲法公布後は、国政に参与する国民大会代表と立法委員も民衆により直接選挙されるに至った。こうした一連の措置は、近代中国における議会制度史のなかでどのように位置づけられるだろうか。国民政府による議会制を階級支配を隠蔽するものとして一律に否定する過去の評価を乗り越え、地方民意機関や中央の議会である立法院については、近年その積極的側面に注目する研究が現れつつある[5]。その一方で国民政府による民意機関制度導入の試みが、その理念にも関わらず様々な困難に直面していたことも否定できない事実である。それゆえ民意機関が有した光と影とを多面的かつ実証的に考察し、評価するためには、中国の政治文化や社会構造にまで踏み込んだ考察が不可欠

となろう。これが地方民意機関と地域に根を張った秘密結社との関係を問う本章の問題関心である。

　なお、ここで注意しなければならないのは孫江氏が指摘する秘密結社に関わる資料及びその叙述の問題である[6]。これら資料の多くは同時代の官が作成した公文書〔檔案〕や都市知識人による新聞記事、後に政治協商会議により作成された『文史資料』と呼ばれる回顧録である。しかし、その眼差しや叙述には外在性や歴史の後知恵による一定のバイアスが存在する。それゆえこれらの史資料を利用する際には以上の問題点に留意する必要があろう。民衆の生活世界において秘密結社がどのような役割を果たし、いかに認識されていたのかを内在的に論じるために、本章では四川省檔案館、重慶市檔案館所蔵の公文書、地方新聞、県級文史資料を注意深く利用するのみならず、農村での民衆からの聞き取りにより得られた「記憶」に基づく口述資料を活用したい[7]。

1　四川農村社会と秘密結社・哥老会

(1)　四川における市場町と行政

　四川省成都盆地における村落の景観は、農戸が分散する散村という特徴をもつ[8]。散村を前提として市場町が農村における情報・流通の結節点となっていたことは、ウィリアム・スキナー氏の研究により広く知られており[9]、当該時期の四川市場町の発達状況についても倉持徳一郎氏や小島泰雄氏によって検討が加えられている[10]。ところで、四川農村を統治するためには、その結節点である市場町を掌握することが重要であることは当時から認識されていた。日中戦争時期に四川を拠点として活動した教育団体である中華平民教育促進会は「農家が産品を売りに出す市場は郷を以って最多となし、需要の物品を購入するのも郷鎮が多い。その他納税や紛糾の解決、社交娯楽も郷鎮を主としている。郷鎮と農民生活とは深く結びつき、農民の経済圏を成している」[11]との認識を示していた。また四川省政府民政庁長であった胡次威は、郷鎮レベルまでを正規の行政系統に組み込むにあたって、四川には4,000余りの市場〔集市〕があり、経済と文化の中心となっていたため、それに基づき全省を4,000余りの郷鎮（この場合は行政単位）に分割したと回顧している[12]。この点については、抗戦期四川における商工業の税管理を論じた飯塚英明氏

も「集市および場鎮に行政役場をおき郷鎮政府とした」、「集市および場鎮に結び付けられていた農村に行政を浸透させた」[13]との指摘を行っている。また国民党の党組織の設計においても、郷鎮が党の区分部に対応する[14]と規定されており、市場町を単位とした党組織の建設、そして市場町の党組織を通じた基層社会への影響力の行使が企図されていたことが窺われる。

(2) 市場町における哥老会の活動

　国民政府の権力が郷鎮＝市場町から、さらに農村レベルにまで下降を試みたとき、直面したのは市場町に根をはった秘密結社である哥老会の影響力であった。1930年代末の犍為県（成都盆地南方、岷江の河畔に位置する）に関する農村経済調査は、「全県各地に哥老会があり、常に一地に複数の哥老会がある。……哥老会は地方政治に大きな影響を有する。政党に類似した力量を有しており、地方の一切を操縦する能力がある」[15]と叙述している。その収入源は会員の入会金に加え、アヘン販売、賭博などの不法行為などに依拠していた[16]。特にアヘンの販売は政府の禁制にも関わらず1940年代末まで隠然と継続されていた[17]。

　哥老会の活動単位〔碼頭〕は、多くは市場町の茶館に置かれた[18]。今井駿氏は茶館は哥老会の活動のセンターであったことや、ここで地域の紛争の調停も行われたことを指摘している[19]。王笛氏も「哥老会〔袍哥〕の支部は多くは茶館に設けられ、実際には袍哥が開いている茶館もあった」と述べている[20]。市場町を拠点として活動した哥老会こそ、清末から民国時期にかけての四川郷村社会を理解する上で、最も重要なファクターの一つであるといえよう。ところで四川における哥老会の起源や辛亥革命において果たした役割については、既に先行研究において詳しい検討が施されている[21]。本章が検討対象とする民国時期において、四川では長く軍閥抗争が続き[22]、かつ匪賊が横行していた。このため、県レベル以下の地域社会では自衛組織〔民団〕が組織され[23]、その団長が地域の権力を掌握した[24]。また治安の悪化を背景として、哥老会もその勢力を拡大した。このことは「現在自衛の声が全境域に遍く及んでいる。ここにおいて少数の小資産家階級分子が民団を提唱し、劣紳土豪が機会に乗じて活動し、団務（民団の業務――訳者補足）を把持し、団閥が軍閥に代替する趨勢がある」、「哥老会は兵、匪、団三位一体の策源地であり、兵匪で哥老会員でないものはいない」との共産党による報告[25]からも窺知され

よう。哥老会は合法武装組織である民団と非合法武装組織匪賊とを人的に繋ぐ役割を果たしていたと思われる。また、成都の北郊に位置する新都県で県長を務めた陳開泗は、農村の治安は悪く、強盗殺人が無い日はなく、人民が貿易運輸を行うためには哥老会に保護費を納め、護送を頼まねばならなかった。結果、県内の治安は哥老会の頭目の手に握られた、と回顧している[26]。

　このように治安の悪化した民国時期、四川では哥老会が地域の治安と秩序の維持に重要な役割を果たしており、無頼漢のみならず、在地有力者及び大部分の地主もまた哥老会に参加していた[27]。さらに哥老会の参加者は一般農民にまで及んでいた。哥老会会徒は「義気」を重んじ、仲間である「兄弟」が生活や経済上で困難に陥った時哥老会に助けを求めると適当な助力が得られたという[28]。以下では民衆の哥老会への参加情況について各県の情況を一瞥する。商業と流通の中心重慶の近郊に位置した璧山県では1940年前後において、農村民衆の70～80％が哥老会に参加し、郷鎮の責任者である郷鎮長も哥老会の領袖により占められていた[29]。また宜賓県では、市場町の成年男子の90％前後が、農村部でも70％前後が哥老会に加盟していたという[30]。これは宜賓が四川と雲南とを結ぶ重要な交通路上にあったことと関係しよう。そのほか、成都南郊の双流県では、哥老会に参加した民衆の大部分は、小商人や貧農であり、彼らは自らを保護してくれる後ろ盾を求めていた[31]。特に抗戦期、兵役負担が増加すると、農民は哥老会からの庇護を求めて続々と加入したとされる[32]。

　このことは日中戦争時期に双流県などで県長を歴任した羅宗文氏からの聞き取りによっても裏付けられる。氏によれば民衆は哥老会との関係を利用し兵役逃れを試みた。すなわち哥老会から行政村の責任者である保長への口利きの無い者が徴兵された。また県長の側でも、徴兵や食糧徴発のためには哥老会の協力を得る必要があり、彼らの利権に抵触しないよう配慮したという[33]。ただし、先に挙げた璧山県や宜賓県における哥老会への参加率を四川農村一般に普遍化することには注意が必要とする。筆者が行った双流県永興鎮（民国時期には華陽県属）[34]と大邑県安仁鎮（成都の西方近郊）での聞き取りによれば[35]、ともに哥老会への参加率は農戸の10％あるいはそれ以下であったと記憶されていた。その一方で、崇州市（成都西方近郊）の市場町での聞き取りでは60％程度、農村部では30～50％と語られた[36]。なお『四川月報』[i]に掲載された資料では、1930年代に哥老会が強勢であった地区は、豊

かな成都盆地に位置する温江、郫県、崇慶、新都、灌県、川南の嘉定・峨眉・青神・眉山、四川東部の三峡地域、四川北部の岳池・広安・渠県とされている[37]。これらはいずれも省会成都周辺の豊かな成都盆地に位置するか、あるいは商業都市重慶から湖北へのルート、そして四川東部と北部とを結ぶルートにある交通上重要な地域であった。いずれにせよ四川農民の哥老会への参加率については、四川省内部の地域差、農村部と市場町での差異、時期的相違をも踏まえつつ、今後さらなる検討が必要となろう。

(3) 哥老会組織の分立性

　四川社会において強い勢力を有した哥老会であるが、その特徴は、図表2-1に顕著に現れているように、市場町ごとに組織が分立していたことに見出せる。重慶北方で嘉陵江の水運の要衝である合川県でも民国初期に48の市場町ごとにそれぞれ組織が存在したという[38]。四川の有力軍事勢力である劉文輝の兄弟で大邑県の有名な大地主兼哥老会の頭目であった劉文彩（詳しくは本章109頁）ですら大邑県の全哥老会組織を統率することは容易ではなかった[39]。さらに聞き取りや回顧録でこれを確認すると、前掲の羅宗文氏は、哥老会の勢力は市場町で最大であったが県レベルではそれほどでもなかった、としている[40]。また陳開泗も「哥老会の頭目〔舵把子〕同士の抗争も聞くところである。過去において県政府が治安を維持する方法は、彼らの間の矛盾衝突を利用し、甲を以って乙を制し、乙を利用し丙を監視するものであった」[41]と回顧している。このようにその"縄張り"である市場町を超えて全県を単独の頭目が支配する情況は一般的ではなかったようである。

図表2-1　広漢県哥老会組織分布状況（1949年）

郷鎮名称	碼頭（組織）名称	分社名称
城守鎮	広益公	西城、外西、西全、東南、北外、高橋、城北、西城橋、大十字、常楽園、県府街、東街、元亨
三水郷	正誼社	栄豊、清浄、富還山
和興郷	人和公	
万福郷	集義堂、忠義公	

　i 『四川月報』：1932年に重慶で重慶中国銀行により刊行された。1938年停刊。四川各地の社会・経済の消息が掲載された。

連山鎮	和群公	場鎮、太慈、回龍
金魚郷	福最公	
松林郷	一龍社、正龍社、群英社	
小漢郷	忠義社	一、二、三分社
金輪郷	孝友公	一、二分社
興隆郷	復興社、人和社	
高駢郷	高駢公、正昆山	
太平郷	太平公	
永豊郷	永義公	
中興郷	中興公総社	白馬、回龍
復興郷	忠義公	団柏林
向陽郷	向陽公、張華社	向陽公の高宗寺分社
新豊郷	育英社	
三星郷	三和公	合計8分社
福寿郷	福寿公	

典拠:四川省広漢市『広漢県志』編纂委員会編纂『広漢県志』(成都:四川人民出版社、1992年)611頁。

(4) 哥老会頭目への地域民衆の眼差し

「新県制」実施後、地方政府が在地に根をはる社会勢力の把握に努めたことは図表2-2の調査が実施されたことからも窺知される。重慶近郊に位置する北碚での調査では哥老会頭目は旧式教育を受けた比較的年配の人物により多数が占められた。なかでも袁漢卿は、哥老会徒から軍閥に成り上がった範紹増の庇護下でアヘン売買を行い、北碚での範の代理人となった代表的哥老会頭目であった[42]。ただし彼らの社会的影響力を計る際には、本人のみならず、その一族の動静にも注意を払う必要がある。例えば、成都の西部に位置する崇慶県の圓通場を1940年代に調査したある社会学者は「圓通村は村というよりも頭目・黄潤琴の王国である。黄は約400エーカーの土地と数千の銃で武装された部下を従えている。彼の近親が市や省政府で重要な地位を占めている」と報告した[43]。黄一族は、哥老会の頭目のみならず、自衛団総団長、県参議会議長を輩出し、一族の力で地域社会に覇を唱えていた[44]。黄一族が元通において鎮政を壟断するだけでなく、崇慶県政にも影響力を及ぼしたことは複数の公文書史料にも叙述されている[45]。官側の叙述から見た場合、彼ら

は秘密結社と結託し地方政治に介入するいわゆる土豪的存在であった。

図表2-2　北碚管理局各郷鎮哥老会頭目調査表（1943年）

	頭目姓名	年齢	籍貫	教育程度	職業	財産	位階	備考
朝陽鎮	馮雨蒼	61	北碚	私塾5年	紳	不動産50石、動産3万元	掌旗大爺	仁
	袁漢卿	60	北碚	私塾4年	紳	不動産260石、動産10万元	掌旗大爺	義
	唐伯之	50	北碚	私塾4年	米商	動産5万元	掌旗大爺	禮
澄江鎮	羅継周	51	澄江鎮	私塾5年	茶館	不動産360石、動産10万元		
	陳清泉	50	澄江鎮	私塾6年	紳	不動産50石、動産8000元		
	汪成舟	38	澄江鎮	私塾3年		房屋1棟、動産3万元		
二岩郷	周環浦	50	二岩郷	私塾6年	鉱商	5万元		
	周潤之	51	二岩郷	私塾3年	鉱商	3万元		
	■海云	55	二岩郷	私塾4年	鉱商	3万元		
黄桷鎮	王朔海	60	黄桷鎮	武秀才		5万元	大同仁社長	
	僧群耀	61	黄桷鎮	私塾11年	住職		大同仁社補助社長	
	王愛民	44	黄桷鎮	私塾5年	炭商人	3万元	大同仁社補助社長	
	欧福堂	53	黄桷鎮	私塾11年		2万元	義字社長	
	賀澤沛	43	黄桷鎮	私塾8年		1万元	義字補助社長	
	葉華三	36	黄桷鎮	私塾3年		1万元	義字管事	
	魏樹林	41	黄桷鎮	私塾4年		5万元	禮字銭糧	
	葉懐清	28	黄桷鎮	私塾4年		数千元	禮字管事	

典拠：「北碚管理局□□鎮・郷哥老会首領姓調査表」1943年1月『北碚管理局檔案』全宗号0081、目録号4、案巻号1981（重慶市檔案館蔵）。
注：□□には北碚の各郷鎮名が入る。上記表は各郷鎮の報告を総合したものである。管理局は県級政治単位である。また哥老会は参加する人物の社会的地位に応じて仁、義、禮などの階層に分かれていた。
注：■は判読不能の文字。

　しかし、現地での聞き取り調査の結果からは異なる黄一族像が垣間見られた。現地民衆の記憶においては、黄一族の悪ボス〔悪覇〕ぶりよりは、むしろ年越しの際の施し、所有の薬屋の薬代未払い者に対する徴収の免除、市場町での公共事業、学校建設などの善行が想起される傾向にあった[46]。大邑県安仁鎮の地主兼哥老会頭目・劉文彩についても同様のことが指摘できる。劉は

第2章　1940年代、四川省における地方民意機関と秘密結社　　109

成都周辺の華陽、新繁、温江、崇慶、大邑、双流、邛崃など7県に8,000畝以上の土地（一説には、劉文彩の土地は12,530畝、その兄弟の土地を併せると30万畝ともされる）を集積するだけでなく、手広く金融業も手がける地域の大立者であった[47]。また1941年に「公益協進社」と称する組織を設立し、大邑県南部一帯の哥老会をその支配下におく一方で、1945年には私立文彩中学を創立するなど、地元人材の育成にも積極的であった[48]。ただし人民共和国期には、地主による封建的搾取の象徴、悪ボス地主の代表として宣伝の材料とされ、こうした表象が定着していった。しかし近年著された劉文彩の伝記においては、晩年の劉が慈善を行うことに熱心であったことや、安仁鎮市街の発展に貢献した側面が再評価されている[49]。筆者も別稿で、階級教育により意図的に表象された劉文彩像と地域民衆の記憶との間には大きな懸隔が存在したことを指摘した[50]。これらの口述からは、そのお膝元の安仁鎮における劉文彩の評判がむしろ良好なものであり、民衆が劉をして地域の保護者と見なすパトロン―クライアント関係が形成されていたことが窺われる[51]。共産党の階級教育を経た現在に至ってもなお、地元においては黄氏一族や劉文彩に対する好意的な記憶が語られていることを勘案すれば、彼らを反社会的存在として全否定することには無理があろう。

　もちろん部下の行為における粗暴さは民衆の記憶でも言及される上に、劉文彩が兄弟である劉文輝（四川省主席や西康省主席を歴任）の軍事力や政治力を後ろ盾として地域に覇を唱えていた土豪的側面は無視できない。また民国時期における哥老会の相互扶助団体から暴力団的組織への変質を指摘する研究もある[52]。しかし「兎は自分の住む穴のまわりの草は食べない」（自分の本拠地では悪事を行わない）との格言に着目するならば[53]、市場町に根ざした勢力である哥老会の頭目が被庇護者である地域民衆に一定の配慮を示していたと考えても不思議はなかろう。以下では地域民衆の眼差しの背景にあった規範意識やそれが形成された社会・文化的背景を一瞥したい。

　当時の成都平原の農民は決して村落ごとに孤立した生活を送っていたわけではなく、幾つかの村落の中心点におかれた市場に頻繁に出かけ、茶館で情報を交換していた。こうした社会をスキナー氏は「市場社会」と呼んでいる[54]。そして茶館においては、人々は時事を討論するだけでなく、地域の紛争について公開で是非が論じられた〔講理〕。これを踏まえて茶館という「場」を地域社会における「公共空間」であったとするのは四川社会史を専門とす

る王笛氏である[55]。これら先行研究に鑑みれば、成都盆地では、市場や茶館での情報交換や「講理」を通過することで地域社会の共通認識＝世評が形成されたといえよう。さらに酒井忠夫氏は、哥老会徒は本来道理を重んじる理念を有していたし、少なくともそうすることが当為とされていたことを強調している[56]。また宮原民平氏は、哥老会が会員外の者、特に苛酷な官吏や富豪には随分"ひどいこと"をした一方で、会員内部に対しては相互扶助を遵行したとし[57]、その内と外に対する行為規範のダブルスタンダードを指摘している。それゆえ劉文彩や黄一族にしても、地域社会における人間関係の網目に連なる（関係の濃淡に差はあるだろうが）民衆に対しては自らの行為を道理にかなったものとして印象付ける必要があったはずである。このように考えて初めて、市場町を中心とする地域社会において、彼らに対する好意的な記憶が今日に至るまで残存していることの意味を理解できるように思われる。

　しかし上記の市場町を中心とする"縄張り"に立脚し、その内部での関係や世評には配慮するという規範意識は、彼らが県レベルの政治空間に進出した際に深刻な弊害を生む原因となったと考えられる。後に述べるように、県レベルの政治空間である県参議会が開設され、そこにおいて地方の財産の管理権や予算の配分が審議されることになると、彼らは狭隘な党派的利己主義をむき出しにし、利権の獲得に狂奔するのである。

2　四川における基層行政制度の改革と哥老会

(1)　四川統一後の地方行政制度の整備

　それまで重慶を拠点とし四川東部を支配していた軍事勢力である劉湘が1935年に四川を統一すると、地方行政制度の刷新に着手した。地方行政人員については、劉湘は四川省県政人員訓練所を設置、県長や科長などの補助人員を訓練し各地に派遣した[58]。さらに保甲幹部人員訓練班が開設され、新県制実施前の郷鎮長〔聯保主任〕4,000余人が2カ月の訓練を受けた[59]。このように劉湘は全省の地方行政人員を省政府からの派遣、もしくは地元出身ではあるが政府による訓練を受けた人員に交代させるように努めた。これは、地域社会の側から見れば、県長や省政府の秘書、科長、区長が省政府派遣の外来人員に置き換えられ、地元の郷鎮長も省政府の訓練を受けなければその地位を保てなくなったことを意味するものであった。四川農村を舞台とした作

品で有名な郷土作家の沙汀は、当時地域で公職にありつくために、地方政府により開設された各種訓練班にもぐり込むことに腐心する田舎青年の姿を描いている[60]。こうした傾向が1940年代になると一層進展していたことは、中華平民教育促進会の機関紙に掲載された以下の記事からも窺われる。

> 自作農兼小作、自作農で活動的な者には郷鎮で小商工業に従事する者も多い。また、彼らには子弟に読書をさせ、生活を保障あるいは改善しようとする者もいる。しかし、新式教育の経費は高いので、十分には教育できない。これら半新半旧の中途半端な知識人は党、政、軍の種々の関係を通じて、今日の郷鎮保甲人員の骨幹を形成している。調査によれば、一般県市郷鎮の基層自治機構の人員は当地の地主豪紳が担任することは少なく、多くはこれらの「新貴族」をもって自任する「中途半端な」知識人が担任している。彼らは生活の改善を望むものの、郷鎮人員の給与は低い。そこで、数々の腐敗行為を行うのである[61]。

ところで、政府により新たに養成された郷鎮長などの行政人員が業務を執行するためには、県政府の代理人として政府の威光を背景とする一方で、郷鎮有力者や哥老会と関係を結ぶ必要があった。以下では、政府人員、国民党員や知識人による観察を紹介する。宜賓県では「聯保主任は県政府により選ばれ委任されたものであるが、常に地方封建勢力の操縦を免れない……聯保の工作の推進は多くは哥老会の支持に拠っている。その支持を得なければ、ややもすれば不興を買い、命令を実行することが困難となる」[62]と報告している。また1941年の調査によれば壁山県来鳳鎮では、政府から派遣された外来の鎮長を地元哥老会勢力が圧迫していた[63]。さらに四川省政府の民政部門である民政庁が1942年に行った調査では、来鳳鎮の鎮長は哥老会のボスが務めていた[64]。犍為県の事例では、県内某鎮の28保のうち25保の保長が哥老会員であり、聯保主任や小学校の校長も哥老会に掌握されていたという[65]。こうした郷鎮・保レベルと異なり県レベルでは県長の権限は相対的に強固であったが（詳しくは本章117頁）、それでも強引な改革を行った際の抵抗は頑強であった。例えば、若手の県長の下で地元勢力の利権を排除し、県政の刷新を断行した新都県では、哥老会が背景に存在すると思われる暴動により県城が包囲され、結果として県長が交代させられた[66]。こうした地域社会の抵

抗に直面した国民政府は、哥老会を弾圧するよりも、むしろ彼らを体制側に取り込み、その社会的影響力を利用する戦略を選択することとなった。

(2) 秘密結社に対する統制と癒着

　哥老会に対しては、軍事委員会委員長行営の指示により、四川省政府は当初取り締まりの規則〔四川省懲治哥老会締盟結社暫行条例〕（1936年10月）を公布し、その解散を命令したが、全く実効性がなかった[67]。その後、四川が抗戦の根拠地となると、国民政府は、哥老会を政府公認の社会団体に改組させることにより、戦時の社会動員にその組織を利用する戦略をとった。1940年に四川地方実際問題研究会（国民党有力者を成員とする）が編纂した『四川哥老会改善之商榷』というパンフレットは、各地の哥老会を、国民党の党是である三民主義を信奉し、国民政府を擁護し、最高の領袖へ服従し、抗戦工作へ努力し、民族の復興を趣旨とする「忠義社」に改称させることを提唱した[68]。さらに1940年に国民政府内で社会行政を司る社会部が哥老会を社会団体として組織化することを企図し、成都では1941年に「国民互助社」が、重慶でも同年に「人民動員委員会」が成立した[69]。

　以上を背景として、国民党や政府機関と地元有力者及び哥老会領袖の癒着が進展した。これについては、国民党内の派閥であるCC派[ii]や政学派[iii]の動向を観察した共産党による以下の報告が興味深い。

　　　　CC、政学派の人物と哥老会の結合も哥老会の質が変化した原因の一つである。CCはかつて様々な方法で土匪を買収し組織した。彼らの動機は、決して抗日救国ではなく、大衆を掴み取り、社会的基盤とし、勢力の拡大を達成するためであった。こうした目的で彼らは哥老会に接近し、自らも哥老会の組織に参加した[70]。

　これを在地の有力者側から見れば、何らかの形で党・政府権力と結びつくことが、自らの勢力を維持し、さらに拡大していく上での有効な戦略となったといえる。以下、蓬渓県における在地勢力と国民党との関係を、共産党の

---

　ii　CC派：本書49頁脚注ⅴ参照。
　iii　政学派：楊永泰や張群など有力政治家から成る国民党内の派閥。

報告に依拠し一瞥する。文俊伯は有力宗族の一員且つ地主、哥老会の領袖であったが、国民党勢力の地域への進出には不満であった。一方、同郷の蒋裕光は地主であり国民党の派閥・復興社と関係をもち、社会地位の上昇を目指した。周永安は大学卒業の学歴を有する地主で、哥老会徒であったが、国民党の派閥である復興社に参加し、県教育科長となった[71]。一部有力者層は、哥老会に加盟するに加えて党・政府権力にも食い込み、地域社会での権勢の拡大を目論んだのである。このように県以下の政治空間では、党・政府勢力と在地勢力の相互依存関係の再編成が進行した。逆に潮流に乗り遅れ政府と癒着できない勢力は哥老会頭目であってもその権勢を弱める傾向にあったことが窺知される。これに関連して沙汀の小説『在其香居茶館里』（茶館にて）では、徴兵をめぐり新任県長の顔色を伺う聯保主任が、従来は目こぼししていた地元有力者子弟の徴兵逃れを告発し、この紛糾に介入した哥老会の元頭目の調停を無視するという行動が描かれている[72]。また「哥老会頭目〔龍頭〕は会員間の紛争を処置する権威があるといえども、その生殺の権は昔に及ばない」との報告も注目される[73]。

3　民意機関の光と影

(1)　民意機関の制度と役割

　「新県制」が実施されると、戦時体制に在地有力者の協力を求めるという視点からも各級民意機関の設立が急がれた。四川省政府は「四川省各県臨時参議会組織規程」を作成、1942年4月に公布施行した[74]。同規程によれば、県臨時参議員は各県政府が県党部や地方団体の意見を聴取した後、名簿を省政府委員会に提出するという官選の方式で選出された。議員は無給の名誉職であり、その権限は、①県市政府の年度施政報告・年度地方概算・公産学産及び人民の負担に関する事項の審議（県長がその決議の執行を拒否し、さらに参議会が3分の2以上の賛成で議決した場合でも、県長は省政府に執行免除の許可を請求できた）、②県政に関わる事項の建議案の県政府への提出、③県政府の施政報告の聴取、④県政府に対する質問権、などの事項であった[75]。議決権は弱く、その権限は県政の諮問に与ることに止まったといえる。なお県の下の郷鎮レベルで設置された郷鎮民会の権限は1941年8月に公布された「郷鎮組織暫行条例」で規定されたが、その権限は県参議会に準じるものであっ

た[76]。

　その後、憲政実施へ向けての第2次憲政運動を経て、1943年9月の国民党5期11中全会で抗戦勝利1年以内の憲政の実施が公約された。これを受け、戦時国策の最高決定機関である国防最高委員会に直属した憲政実施協進会では民意機関の改善が協議された[77]。そして、地方自治機関としての県参議会の設置を憲政実施の前提とする孫文の『建国大綱』を踏まえ、1944年5月の国民党5期12中全会は地方自治の完成を1945年末に設定した[78]。こうして正式参議会の設立が急がれたが、引き続き以下では「県参議会組織暫行条例」（1943年8月）に規定されたその職権を検討したい。正式参議会では、臨時参議会の職権を踏襲しつつ、選出方法の変更と若干の権限強化が行われた。まず県市級参議員は民選となり、県参議員は一級下の郷鎮民代表会及び政府公認の県級職業団体による選挙を経て選出され、市参議員は市民の直接投票により選出された。具体的には各郷鎮民代表会は県参議員1人を地区代表として選び、職業団体は参議員定数の3割以内を職業団体枠として選出できた。なお郷鎮民代表は、各戸から代表が参加した保民大会において直接選挙されたため、県参議員は間接選挙であったこととなる。また正式参議会には、地方自治事項に関する議決権、県予算の議決権及び県決算の審査権、県有財産の運用及び処分に関する議決権、県単行法規の議決権、などの権限が付与された。なお、参議会の議決に対し、県長はこれを不当と認めた場合は、再審査を要求でき、再決議された場合でも、省政府に調査処理を請求できた[79]。臨時参議会に比較し、地方自治事項に関する権限が強化される一方、議決に対する省政府の介入の余地は依然残されたのである。

　以下、審議内容を一瞥する。重慶近郊の特別区北碚管理局（管理局は県に相当する特別行政単位）で1942年に開催された臨時参議会では、民政・自治・保安・兵役審査委員会、経済・交通・糧政・財政審査委員会、教育・文化委員会が設置され、地方政府の施政計画を審査した。その他、参議員による提案（建議権）に基づき、農業税〔田賦〕の減免、徴兵割り当て人数削減の請願、重慶衛戍司令部に対する匪賊取締りの請願、土地調査〔土地陳報〕修正の請願、市場の整備、風土病の予防と治療に関する建議を行うことなどが議決された[80]。

　ところで臨時参議会が開設されることにより、地方政府は参議会に次年度予算への同意を求めるとともに、施政内容を報告する義務が生じた。また施

政に関する情報公開度が高まることとなった。特に県参議会の場合、地元で発行された地方新聞に議事録が掲載されたため、参議員や一部支配層のみならず、新聞を読むことができる能力があれば（それでも限られた階層ではあるが）、政府の施政状況と民意機関での討論の内容を知ることが可能となった。筆者の管見の限りでも、四川省楽山県の『誠報』、広安県の『広安民報』、鄲都県の『鄲都日報』などの県レベルの地方紙が詳細に参議会での議事内容を報道している[81]。参議会での審議内容については既に別項で検討したが[82]、県臨時参議会参議員は県政府に対して、担当官吏がその答えに窮するような鋭い質問を比較的自由に発していた。ここからは民意機関の果たした積極的役割が確かに読み取れるのである。

　その一方で、本章で注目するのは利権の分配機関としての側面である。『四川省統計年鑑』によれば、正式参議会での議題数の第1位は教育事項であり、次が建設事項であった[83]。また『成都市参議会第2次工作報告書』によれば、①教育事項では、学校の拡充、児童遊楽園の設置、市区の公園の整備、小学校校長の任用に関する案件、②建設事項では橋梁や堰堤の修築などの土木工事案件が議論された[84]。また日中戦争時期の郷鎮民代表会での議事案件は、自治事項、特に学校の設立案が21％、郷鎮財産の造産案7％、交通の建設が6％を占めていた[85]。例えば、北碚管理局の文星郷郷鎮民代表会第1次会議では、①財政事項において白雲寺の廟産を教育経費に充てる、②教育事項においては5万元を募り、郷の小学校〔中心学校〕の新校舎を建設する、③建設事項においては、市街地の整備を行うなどの案が決議された[86]。このように地方予算、地方財産の使途を建議する権限が民意機関に付与されたことは、地方民意代表の"利権・うまみ"として見逃せない。さらに哥老会は土木工事からリベートを得ていたというから[87]、当然上記建設事業にからむ利権と哥老会とは関係があったと推測されよう。

(2) 民意機関への哥老会の浸透

　県臨時参議会の開設と連動していると思われるが、1941年には各県で在地名望家に対する調査が行われた。現存する南江県での調査表には、公益事業への貢献や国民党への加入だけでなく、国民党以外の党派や哥老会への加入の有無を問う項目がある。政府の審査を経て初めて公正な名望家〔公正紳士〕と認定されたのである[88]。すなわち官選である臨時参議員となるため

には、公正紳士として国民党や県政府と良好な関係を取り結ぶことが前提となっていたといえよう。ゆえに県レベルでは県長の権限は相対的に強固であった。これに関して前掲の羅宗文氏は、臨時参議会や哥老会が県政に与えた影響力について以下のように語っている。すなわち、徴兵や食糧の徴発については、参議会の意見を聞かねばならないことはあったが、上級から定められたノルマがあり、多くは県長が自らの判断で決定した。臨時参議会の影響力はそれほど大きなものではなかった[89]。しかし日中戦争終了後に成立した民選の正式参議会では、事情が異なった。政府による参議会への統制は後述するように大きく弛緩し、哥老会勢力もそこに浸透することとなった。

　まず、正式参議会では、従来の臨時参議会の議員以外の人々が多く当選した。例えば、重慶市正式参議会の場合は、約4分の1の者が臨時参議会議員経験者であったに過ぎない[90]。また鄞都県の事例では、30人の臨時参議員のうち正式参議員となった者はわずかに4人であった[91]。その他、成都県、華陽県、綿陽県、彭県では臨時参議員の残留が多かったが、広漢県では少数であった[92]。一概には言えないものの、参議会のメンバーは選挙を通じ相当程度入れ替わったとみなせよう。さらに哥老会の頭目は選挙を利用し公職を哥老会員で押さえることに強い意欲を示した[93]。参議会の正副議長などの重要な職位を得ることにより、県長に圧力をかけ、中小学校長、県銀行の経理、県の税務方面のうまみのあるポストを確保することが可能となったからである[94]。実際、哥老会勢力が強力であった広漢県では、政府職員の人選に地方派閥が露骨に介入した[95]。こうした広漢県での選挙の紛糾は成都の新聞でも報道され社会に広く知られることになった[96]。

　以上の背景の下、県、郷鎮、保レベルでの選挙の実施にともない多くの混乱が発生した。暴力による圧迫や金銭による買収が行われたことは、省政府民政庁の雑誌『県政』の記事においても確認できる[97]。例えば長江沿いの港町萬県では、1947年5月から6月にかけて、保長、郷鎮民代表の選挙が実施された。しかし、経費の関係で県政府が選挙監督団を派遣しなかったため、様々な紛糾が発生し、表立って司法機関〔法院〕での訴訟に発展した案件だけでも10余件に及んだ。選挙民には非識字者が多かったことから、代書人が投票用紙に勝手に候補者の名前を記載することや[98]、保長が記名する候補者を指定するという事態が発生した[99]。

　選挙に対する哥老会の関与は以下のように報道された。中間党派系の雑誌

『観察』は、四川全省各県市の参議員のうち90％から100％が哥老会の支持により選出されたとしている[100]。また、直接選挙方式が導入された市参議員選挙では、民衆の票のとりまとめに哥老会の組織が重要な役割を果たしていたという。例えば、重慶の新聞『国民公報』は「各地の幇会組織が集団選挙を行っている。甚だしくは双方の武装闘争が引き起こされている」[101]と報じた。また成都市参議会の選挙については、金銭による買収、偽の戸籍により票を集積する動きがあったとされる[102]。これについては以下の詳しい記事を紹介する。

> 10月7日早朝、打更匠（夜回り）が銅鑼を敲き「本日午前7時より午後3時まで市参議会を選挙する。選挙民は某某の場所で投票ください」と叫んだ。投票場の外では怪しげで見慣れぬ者がうろついていた。5区生まれの哈心源候補者に拠れば「私は、これらの不審者の顔を本区で見たことがない」とのこと。しかし、彼らは人の鼻息を伺うことに長けており、通りかかった選挙民が知識人であればやりすごし、そうでなければ、「誰に投票するのか」と尋ね、答えが期待通りでなければ、「時間が早すぎる。事務員はまだ来ていない」或いは「投票時間は過ぎてしまった」或いは「投票所に入るとなかなか出てくることができない。代わりに投票してあげよう」などと語り詐欺行為をはたらいた。候補者の曾昔冊に拠れば「選挙監視人と代書人は明らかに共同して不正を行っている」という。また一方では、多くの投票資格をもつ選挙民は生活に忙しく、とっくに門札を野心家に譲り渡しており、別の男女が投票場に行き投票している[103]。

次に重慶の事例に目を向ければ、重慶市の正式参議員の定員83人のうち、60名が哥老会員であったという[104]。重慶市の商工界の李奎安は選挙のために社会的地位がある人物が集まる仁字号の哥老会に加入し、元来国民党の派閥であるCC派に属した呉人初も、参議会議長選挙のために哥老会に加入したとされる[105]。また、犍為県では、1946年に成立した正式参議会において、「集忠和公社」の頭目である呉旭東が、哥老会の勢力を背景に副議長に当選した[106]。瀘県では「萬福堂総公社」の頭目である楊兆三が国民党以外の政党である青年党に加入する一方で、哥老会の勢力を利用し鎮民代表に当選し

た[107]。新都県の某鎮では哥老会の頭目が立候補すると、他の候補者は選挙から退出した。もちろん民意代表が全て哥老会徒で埋め尽くされた訳ではなく、新都県の郷鎮民代表会主席や代表には多くの青年教師や教育界の紳士が当選した。しかし同県においても国民党の青年組織である三民主義青年団の書記が某郷で選挙に参戦した際に地元哥老会の反対を受けたとされる[108]。選挙において当選を確実にするためには哥老会に依存することが捷径であったのだろう。このように選挙において不正行為を公然と行うなど、秘密結社はこの時期の選挙に大きな影響力を振るった。また特に不正が確認されない場合においても、人間関係という社会資源を有する哥老会は選挙に一定の役割を果たし得たという[109]。

⑶　民意機関における派閥抗争と県政への影響

　以下では民意機関内の派閥抗争を検討したい。合川県では臨時参議会時代に正副議長を務めた２人の有力者が自分の派閥を形成し、各級民意代表の職を争った。地元派閥の争いには、彼らがそれぞれ属した三民主義青年団とCC派といった国民党内派閥の対立も加わり、抗争は全県各層にまで波及した[110]。派閥対立に哥老会が関与していた事例としては黔江県が挙げられる。同県では臨時参議会は1942年９月に、正式参議会は1946年10月に成立した。日中戦争後期から国共内戦期にかけての期間、臨時参議会で議長であった陳遠儀と新たに正式参議会議長となった楊瑶泉（臨時参議会では参議員）の二大派閥に分かれ政治闘争が展開された。正式参議会議長には参議員の互選により楊瑶泉が選ばれたが選挙活動は地方派閥間の対立を刺激し、前臨時参議会議長・陳遠儀の派閥である陳派と民選参議会議長・楊瑶泉の派閥である楊派の抗争が激化した[111]。その抗争には哥老会が関与していた。すなわち参議会議長や議員は哥老会を利用し勢力の拡大を図り、官と紳士と哥老会とが癒着していたという[112]。

　また広漢県では1947年に、万福郷獅象橋の頭目・蕭徳淵と同郷十字路の頭目・莫輔侯が、それぞれ息子の郷長及び県参議員への立候補を支援し、双方が武器をもって抗争するまでに至った（本章109頁図表2-2に見られるように市場町である万福場には２つの組織が混在した）。莫派が郷長と県参議員のポストを獲得したが、蕭派は報復のため、市場町に放火したという[113]。さらに民意機関における派閥抗争は以下で述べるように本来官選であり、省

政府から派遣されてくる県長の地位さえも脅かすに至った。1945年当時、先に挙げた黔江県の県長であった彭年はその反対派である陳派により楊派に加担しているとみなされていた。1946年春、元黔江県国民党秘書長であった程紹滋が省参議会の参議員に当選し、成都に赴くと（恐らく程は陳派と結託していたのであろう）、省政府に彭県長の非違を訴え、ことあるごとに彭を非難した。その結果、紆余曲折を経て彭県長が解任されるに至った[114]。その他、成都県では新任の県長が地方勢力と距離をとったため、地元参議員が参議会に出席することを拒否することで県長に圧力を加えたとされる[115]。このように地元派閥との距離のとりかたは、正式参議会成立以後の県長にとって極めて深刻な問題となったと思われる。元来、県長は地元有力者層の派閥対立に巻き込まれることには注意を払っていたが[116]、正式参議会成立以降は、地元勢力との関係に対し一層細心の注意を払う必要が生じたのである。

おわりに

　民国前期である1910～20年代、統一的政治・軍事権力が存在せず、政府の治安維持能力が退縮した四川省においては、地主など在地有力者層を含め多くの人々が秘密結社・哥老会の庇護を求め、これに加入した。哥老会についてはアヘン販売、賭博や暴力性という反社会的側面を有する一方、市場町を中心とした郷村社会における民衆の保護、紛争の調停などの秩序維持機能を果たしていた。例えば哥老会の頭目兼大地主である黄氏一族や劉文彩に関わる聞き取りからは、そのお膝元の市場町における評判が概して良好なものであり、民衆が彼らを地域の保護者と見なしていたことが窺知された。哥老会の隆盛には上記の社会的背景が存在したのである。

　その後、1935年の劉湘による四川省の統一、さらに日中戦争時期の国民政府による「新県制」の施行を経て、郷鎮レベルにまで国家権力が下降してくると、哥老会領袖を含む在地有力者層と国民党や政府機関との摩擦そして癒着が発生した。「新県制」下にあっても、哥老会が拠点を置き、特に強い力を有した郷鎮レベルの政治空間では、郷鎮長による在地勢力の統制は困難であった。これに反して、県レベルの政治空間では、市場町を単位とする哥老会組織の分立的性格や、当初県臨時参議会議員が官選であったこと、その権限が諮問機関程度に止まったことなどにより、県長が政治の主導権を維持す

ることは不可能ではなかった。しかし憲政の実施を踏まえ民選となり、権限も強化された正式参議会が登場すると事情は一変した。哥老会の頭目や彼らと密接な関係をもつ地域有力者が選挙に参戦した。その結果、哥老会勢力は従来の市場町レベルの"縄張り"を超えて県レベルでの政治空間に進出し、壮絶な権力闘争・利権の獲得競争を繰り広げることになった。具体的には選挙が哥老会に壟断され、民意機関内部では派閥抗争が深刻化し、官選の県長が地元派閥抗争の巻き添えにより解任されるという事態さえ発生した。

ところで、国民政府時期の国家―社会関係を分析した王奇生氏は「国民党政権が社会に浸透すればするほど、土豪劣紳が国家権力を掠め取る機会も増大した」と主張している[117]。本章で考察してきたように、地方民意機関が、在地利益の代弁や県政に対する監督に一定の意義を有したことは間違いがない。その一方で、民意機関が有した地方財政の管理権や予算の分配権限をめぐり、哥老会などの社会勢力が公然と影響力を振るう状況が発生したことも看過できない。秘密結社の領袖でもある地域有力者は、自らの地盤である市場町レベルの地域社会では民衆の庇護者として行為する一面をもったものの、それを超える県レベルの政治空間では党派的利害に基づく利権獲得に狂奔したのである。いずれにせよ地方行政制度の整備や民意機関設置を通じて、社会統合を実現するという国民政府の構想は、地方の政治空間（特に県レベル）における抗争の激化により、大きく歪曲されることとなった。

1 民意機関という言葉を使用するのは、日中戦争時期の県臨時参議会は事実上の諮問機関であり、権限が強化された戦後内戦時期の正式参議会にしても、議決に上級の省政府が介入することが可能であったからである。
2 坂井田夕起子「全国内政会議の開催について――国民政府による統一的地方制度の模索」『史学研究』第230号（2000年10月）、山本真「1930年代前半、河北省定県における県行政制度改革と民衆組織化の試み」『歴史学研究』第763号（2002年6月）。
3 新県制については、天野祐子「日中戦争期における国民政府の新県制――四川省の事例から」平野健一郎編『日中戦争期の中国における社会・文化変容』（東洋文庫、2007年）。
4 その制度及び審議内容の詳細については、山本真「一九四〇年代国民政府統治下的県市参議会――以四川省之例為中心」『一九四九年：中国的関鍵年代学術討論会論文集』（台北：国史館、2000年）を参照されたい。
5 近代中国における議会制の展開については以下の研究を参照されたい。野澤豊「代議制の展開」野原四郎編『講座中国（3）』（筑摩書房、1967年）、横山英「二〇世紀初期の地方政治近代化についての覚書」横山英編『中国の近代化と地方政治』（勁草書房、1985年）、笹川裕史「1920年代の湖南省の政治変革と地方議会」『史学研究』第171号（1986年6月）、貴志俊彦「北洋新政体制下における地方自治の形成」横山英＝曽田三郎編『中国の近代化と政治的統合』（渓水社、1992年）、味岡徹「民国国会と東アジアの変動」中央大学人文科学研究所編『民国前期中国とアジアの変

動』(中央大学出版部、1999年)、金子肇「国共内戦下の立法院と1947年憲法体制」『近きに在りて』第53号（2008年5月）。国民政府による県市参議会を単に政府の傀儡でなく、問題を孕みながらも一定程度民衆の声を反映したと見る研究には、曹成建「20世紀40年代新県制下重慶地方自治的推行及其成効」『四川師範大学学報（社会科学版）』第27巻第6期（2000年）や山本・前掲注4論文がある。笹川裕史氏は民意機関をして「いわば草の根民主主義」の萌芽ともいえる性格をもっていたと評価する。その一方で各級民意機関の有した否定的側面（派閥抗争や秘密結社勢力の拡大）をも指摘している。笹川裕史＝奥村哲『銃後の中国──日中戦争下の総動員と農村』(岩波書店、2007年)第10章、笹川裕史「農村社会と政治文化」飯島渉ほか編『近代性の構造（シリーズ20世紀中国史・2）』（東京大学出版会、2009年）。

6 孫江『近代中国の革命と秘密結社』(汲古書院、2007年)第1章。
7 聞き取り成果の一部は山本真「表象された地主像と民衆の記憶──四川省大邑県劉氏荘園『収租院』から考える」『中国研究月報』第735号（2009年5月）において発表している。
8 小島泰雄「散居農民の生活空間」石原潤編『変わり行く四川』（ナカニシヤ出版、2010年）。
9 G・W・スキナー（今井清一ほか訳）『中国農村の市場・社会構造』（法律文化社、1979年）。
10 倉持徳一郎「四川の場市」『日本大学史学会研究彙報』第1号（1957年12月）、小島泰雄「四川農村における場鎮の成立」『神戸市外国語大学外国学研究所研究年報』第43号（2006年7月）。
11 常得仁＝李世林「郷単位農業建設弁法大綱」『郷建院刊』第1巻第5期（1948年1月）。
12 胡次威「国民党反動統治時期的新県制」『文史資料選輯』総129輯（1995年）214頁。
13 飯塚英明「中華民国時期彭県における集市および工商業の税制管理」『中国研究月報』第603号（1998年3月）2〜3頁。
14 李宗黄『県政問題──新県制之検討与改進』(出版地不明：中央訓練団党政高級訓練班、1943年)22頁。
15 易甲瀛「鍵為農村経済之研究」『民国二十年代中国大陸土地問題資料』（台北：成美出版社有限公司・美中中文資料中心、1977年）27238〜27239頁。なお同資料は1939年執筆と推定される。
16 「民国以来双流県城的袍哥」『双流文史資料』第2輯（1983年）182頁。
17 文XR氏（男、86歳、農民）。黄ZA氏（男、80歳、陶工）。肖NZ氏（男、74歳、陶器職人）。年齢は2008年12月21日時点での数え年。以上の3氏から崇州市元通鎮市街地の茶館で行った聞き取りによる。
18 蔡少卿主編『民国時期的土匪』（北京：中国人民大学出版社、1993年）223頁。
19 今井駿「中華民国期の四川省における哥老会の組織・活動の実態について」同『四川省と近代中国』（汲古書院、2007年）299頁。
20 王笛（小野寺史郎訳）「茶館・茶房・茶客」『中国──社会と文化』第19号（2004年6月）128頁。
21 酒井忠夫『中国民衆と秘密結社』（吉川弘文館、1992年）、西川正夫「辛亥革命と民衆運動」野沢豊＝田中正俊編『講座中国近現代史（3）』（東京大学出版会、1978年）。
22 四川の軍閥割拠の歴史的展開については、Robert A. Kapp, Szechwan and the Chinese Republic; Provincial Militarism and Central Power, 1911-1938, New Haven : Yale University Press, 1973 及び、今井・前掲注19書第1編を参照されたい。
23 成都の南西に位置する崇慶県では、自衛団が匪賊と戦ったが、逆に敗北し多くの人々が人質として拉致された。民国『崇慶県志（事記3）』(民国15年鉛印本)（台北：台湾学生書局影印、1967年）。なお四川西部における匪賊の跳梁については、梁勇「試論民国初年川西的匪患」『中国社会経済史研究』2000年第3期を参照されたい。
24 四川の民団については、楊慧媛「民国四川団練之研究（1912〜1936）」（国立台湾師範大学歴史研究所修士論文、1988年）が参考となる。
25 「団宜賓特支向団中央的報告──一九二五年十二月十八日」付件「宜賓社会状況及青年民衆運動意見書」中央檔案館・四川省檔案館編『四川革命歴史文件匯集──一九二二─一九二五』（成都：四川人民出版社、1987年）339頁。
26 陳開泗『回首八十年』（台北：自費出版、1986年、台湾大学図書館蔵）89頁。
27 呂平登『四川農村経済』（上海：商務印書館、1936年）150頁。
28 「民国時期南充袍哥組織一瞥」『南充文史資料』第3輯（1988年）139頁。

29 晏昇東「県単位（璧山、昆明）各種社会組織調査」（手稿、国立西南聯合大学社会学系卒業論文、1941年）李文海編『民国時期社会調査叢編（社会組織巻）』（福州：福建教育出版社、2005年）108頁、166頁。

30 何俊民ほか「宜賓哥老会」四川省政協文史資料委員会編『四川文史資料集粋（6）』（成都：四川人民出版社、1996年）456頁。

31 四川省双流県志編纂委員会編『双流県志』（成都：四川人民出版社、1992年）815頁。

32 趙清『袍哥与土匪』（天津：天津人民出版社、1990年）223〜224頁。

33 羅宗文氏（元重慶市文史研究館員）から、2004年11月26日と2008年4月28日に、成都市の羅氏自宅において行った聞き取りによる。羅氏は1908年に四川楽山県で出生、四川大学英文系卒、1938年2月から39年8月まで双流県長、1939年8月から40年9月まで永川県長、40年9月から江津県長、1942年3月から43年3月まで銅梁県長を務めた。なお羅氏には自家出版の『笑看百歳人生』（2007年）及び『抗戦中我在四川当県長』『世紀』（中央文史研究館）2007年5月号がある。

34 陳HS氏（男、1928年生まれ、1952年以降村長を経験）。唐JS氏（男、1935年生まれ、村の会計・保管を歴任）。袁ZX氏（男、1936年生まれ、農民）。以上の3氏から2008年4月29日に四川省双流県永興鎮H村で行った聞き取りによる。

35 彭YY氏（女、1938年生まれ、農民）から2008年4月30日に四川省大邑県安仁鎮X村で行った聞き取りによる。

36 何ZM氏（男、85歳［数え年］、農民）から2008年12月22日に崇州市X村で行った聞き取り及び注17で参照した文XR氏、黄ZA氏、肖NZ氏からの聞き取りによる。

37 「四川之哥老会」『四川月報』第8巻第5期（1936年5月）252頁。

38 四川省合川県志編纂委員会編『合川県志』（成都：四川人民出版社、1995年）702頁。

39 四川省大邑県志編纂委員会編『大邑県志（正編）』（成都：四川人民出版社、1992年）50〜51頁。なお劉文彩については邵雍「近代中国郷村社会権勢関係演変——以劉文彩与袍哥為個案」『上海師範大学学報』第33巻第5期（2004年）がある。

40 羅・前掲注33聞き取りによる。

41 陳・前掲注26書89頁。

42 重慶市北碚区地方志編纂委員会編『重慶市北碚区志』（重慶：科学技術文献出版社重慶分社、1989年）576頁。

43 Liao Tai-chu"The Ko Lao Hui in Szechuan" Pacific affairs Vol.20 No.2, June 1947. その資料紹介は石川滋「四川省の哥老会」『中国研究所所報』第7号（1947年10月）を参照されたい。

44 圓通場の黄氏一族については『川西悪覇崇慶元通場黄匪家族』『四川文史資料』第25輯（1981年）、同資料などを利用した今井駿「いわゆる悪覇についての一考察——四川省崇慶県元通場の黄氏一族について」同『四川省と近代中国』（汲古書院、2007年）が参考となる。

45 事由「抵呈処理道民郷郷長陳子瑞包庇隊長陳子華等違犯煙案経過所鑑核一案指令遵留（1947年11月）」（四川省檔案館蔵『四川省政府民政庁檔案』54／2364）、「拠視察員杜鑑湖査復崇慶県長幸蜀案被控貪汚不法縦匪殃民一案擬具処理意見請核示由（1943年10月）」（四川省檔案館蔵『四川省政府民政庁檔案』54／5605）。

46 山本・前掲注7論文を参照されたい。

47 四川省大邑県志編纂委員会編・前掲注39書793頁、四川大学歴史系・四川省大邑地主荘園陳列館『劉文彩罪悪的一生』編写組『劉文彩罪悪的一生』（編者印行、1978年）38頁。

48 文彩中学について当時の大邑県長は「私立文彩学校を考察するに建築は広大で設備は整っており、恐らく全四川の私立中学のなかでもめったにない学校であろう」とその視察記録において絶賛している。「拠大邑県長易元明貴呈出巡日記請核備一案轉呈（1945年8月10日）」（四川省檔案館蔵『四川省政府民政庁檔案』54／2364）。

49 笑蜀『劉文彩真相』（西安：陝西師範大学出版社、1999年）は劉文彩の縁者や安仁鎮の民衆に対するインタビューを踏まえ、中立的な視角から著された詳細な伝記である。

50 山本・前掲注7論文を参照されたい。

51 安仁鎮周辺には匪賊は出没せず、哥老会に参加している商人が匪賊にその商品を奪われると、

一定の比率に基づき財貨を取り戻してくれた。また劉文彩の同意がなければ壮丁を徴兵できなかったという。その他、新年には貧しい人々に米を施したり、葬儀費用を出したこともある。山本・前掲注7論文を参照。

52　渡辺惇氏は「四川袍哥の軍閥化、土匪化は民国時期の幇会の大きな特徴であり、その変質を示すものといえる」とする（渡辺惇「相互扶助で自衛を」野口鐡郎編『結社が描く中国近現代史』山川出版社、2005年、10頁）。

53　この点は今井駿氏にご教示いただいた。

54　スキナー・前掲注9書46、50頁。

55　王・前掲注20論文127〜130頁。王笛『茶館——成都的公共生活和微観世界1900〜1950』（北京：社会科学文献出版社、2010年）第8章。

56　酒井忠夫氏は哥老会・紅幇における民衆意識について、哥老会義は桃園で起義する豪傑の結合（すなわち『三国志演義』の桃園での義兄弟の契り）を習うものとし、また紅幇の民衆の間では常に「道理」によって行動することが強調されており、会の秘密書『海底』の中にも「我兄弟的道理」の語がみえたと指摘する。また日中戦争時期に幇の民衆と現実に接した酒井氏は「彼らは自らの行動は勿論のこと、他者の行動についても、道理に合うかどうかを常に問題にしていた」と回顧している（酒井忠夫『中国幇会史の研究（紅幇編）』国書刊行会、1998年、9頁、87頁）。

57　宮原民平『支那の秘密結社』（台北：祥生出版社、1975年［1924年刊本重版］）67頁。

58　今井駿「四川省県政人員訓練所についての一考察」静岡大学人文学部『人文論集』第55巻第1号（2004年7月）。

59　黄白傑「四川省県訓和保訓的概況」『江北県文史資料』第2輯（1987年）50〜51頁。

60　沙汀「防空」（1938年3月）沙汀『郷鎮小説』（上海：上海文芸出版社、1992年）、尾坂徳司「沙汀おぼえがき（2）」『法政大学教養部紀要』第62号（1987年1月）18〜24頁。

61　李紀生「農民問題与郷村社会」『郷建刊』第1巻第9期（1948年6月）。

62　楊予英「宜賓農村之研究」『民国二十年代中国大陸土地問題資料』（台北：成美出版社有限公司・美国中文資料中心、1977年）21184頁。

63　晏・前掲注29論文166頁。

64　「拠査復璧山来鳳郷郷長傅伯侯係当舵把子把持地方武断郷曲等情一案擬交民庁核辦請核示由（1942年11月13日）」（四川省檔案館蔵『四川省政府民政庁檔案』41／8146）。

65　易・前掲注15論文27239〜27240頁。

66　山本真「日中戦争開始前後、四川省新都県における県政改革の実験とその挫折——1938年11月の県城包囲事件に対する一考察」『一橋論叢』第120巻第2号（1998年8月）。

67　周育民＝邵雍『中国幇会史』（上海：上海人民出版社、1993年）570〜572頁。

68　四川地方実際問題研究会『四川哥老会改善之商榷』（成都：同会印行、1940年）24頁、奥付。

69　王純五『袍哥探秘』（成都：巴蜀書社、1993年）175、187頁。

70　「一個関於四川的経済政治文化的報導（一九三八年五月——編者推定）」中央檔案館・四川省檔案館編『四川革命歴史文件匯集——省工委、特委文件（一九三七年六月〜一九三九年）』（成都：四川人民出版社、1986年）453頁。

71　「陳天陛関於蓬溪県地方環境及党的工作情形的報告（一九四〇年七月）」中央檔案館・四川省檔案館編『四川革命歴史文件匯集——市委、中心県委文件（一九三八年十一月〜一九四〇年）』（1987年）258〜259頁、268〜269頁。

72　沙汀（守屋洋訳）「茶館にて」竹内好編『抗戦期文学集（1）（中国現代文学選集・7）』（平凡社、1957年、原著は1940年）、尾坂徳司「沙汀おぼえがき（3）」『法政大学教養部紀要』第66号（1988年1月）199〜201頁。

73　易・前掲注15論文27240頁。

74　胡次威編著『民国県制史』（上海：大東書局、1948年）140頁。

75　「四川省各県臨時参議会組織規程」潘公展主編『県各級民意機関』（重慶：正中書局、1944年初版、1946年上海版）232〜236頁。

76　胡次威『地方自治概要』（上海：昌明書屋、1947年）10〜11頁。

77　中村元哉『戦後中国の憲政実施と言論の自由1945〜49』（東京大学出版会、2004年）41〜43頁。

78 西村成雄『20世紀中国の政治空間』(青木書店、2004年)133～134頁。
79 胡次威『地方自治実施方案法規彙編』(上海:大東書局、1947年)375～378頁、381～390頁。
80 「北碚管理局臨時参議会第一次大会会議記録(1942年8月)」(重慶市檔案館蔵『北碚管理局檔案』巻号1178)。
81 例えば「政府施政報告傍聴記」『鄧都日報』1945年12月21日、「臨参会第三次会議続聴取施政報告」『広安民報』1944年12月19日、「本県臨時参議会、昨開駐会委員会議」『誠報』(楽山)1944年1月8日。
82 山本・前掲注4論文。
83 「第三類:民意組織」四川省政府編『四川省統計年鑑』(出版地不明:編者印行、1946年)108頁。
84 「第三次大会議案執行進度統計表」頼世平編『成都市参議会第二次工作報告書(首届第三四次工作報告書)』(成都:四川省実験救済院代印、1947年)13～21頁。
85 胡次威「四川省郷鎮民代表会首次会議決議案之検討」『県政』第3巻第6期(1944年7月)。
86 「北碚管理局文星郷郷鎮民代表第一次会議記録(1942年)」(重慶市檔案館蔵『北碚管理局檔案』巻号1179)。
87 羅・前掲注33聞き取りによる。
88 「南江県公正紳士調査表」1941年4月16日 『四川省民政庁檔案』54/9003 四川省檔案館蔵。
89 羅・前掲注33聞き取りによる。
90 『国民公報』(重慶)1946年1月1日。
91 代烈武ほか「豊都県の臨時参議会和参議会」『豊都文史資料』第4輯(1987年)。
92 「憲政実施協進会考察四川省華陽等六県民意機構設置及其弊端等情報告(1945年10月31日)」中国第二歴史檔案館編『中華民国史檔案資料匯編(第5輯第3編政治・2)』(南京:江蘇古籍出版社、1999年)818頁。
93 邵雍『中国秘密社会(6・民国幫会)』(福州:福建人民出版社、2002年)364頁。
94 米慶雲「抗戦時期国民党的県政改革」『成都文史資料』第20輯(1988年)36頁。
95 侯少煊「回憶偽広漢県参議会両届選挙的明争暗闘」『広漢県文史資料』第1輯・第2輯合期(1984年)14頁。
96 『新新聞』(成都)1947年8月27日。
97 劉覚民「辦理栄県選挙之感想」『県政』第5巻第1期(1946年1月)。
98 張覚夢「萬県郷鎮自治人員選挙の経過」『地方自治』第1巻10期(1947年10月)。
99 辛文成「民選一瞥」『新華日報』(重慶)1946年1月20日。
100 観察特約記者「川局近貌」『観察』第3巻第6期(1947年10月)。
101 社論「市参議員選挙再囑望」『国民公報』(重慶)1945年12月14日。
102 「市参議員今日普選」『華西日報』(成都)1945年10月7日。
103 「成都市選挙内幕」『国民公報』(重慶)1945年10月21日。
104 胡漢生「四川哥老会考」同『四川近代史事考』(重慶:重慶出版社、1988年)171頁。
105 唐紹武ほか「解放前重慶的袍哥」『重慶文史資料』第31輯(1989年)193～194頁。
106 四川省犍為県県政局主編『犍為県民政志』(1986年)12頁。
107 「瀘県北城鎮全体公民呈文(1945年7月7日)」(四川省檔案館蔵『四川省民政庁檔案』54/5508)。
108 前掲注92報告816～818頁。
109 魯GY氏(男、78歳[数え年])、2008年12月22日に崇州市X村で行った聞き取りによる。魯氏は民国時期に成都で見習い工を経験。その後は村に戻り農民となった。父は哥老会徒であったという。
110 「合川参議会競選拾零」『合川県文史資料』第3輯(1985年)127～128頁。
111 段立生「黔江参議会概述」『黔江文史資料』第4輯(1989年)65～77頁。
112 四川省黔江土家族苗族自治県志編纂委員会編『黔江県志』(北京:中国社会出版社、1994年)624頁。
113 四川省広漢市『広漢県志』編纂委員会『広漢県志』(成都:四川人民出版社、1992年)611頁。
114 段・前掲注111論文65～77頁。

115 周開培「成都県参議会概況」『金牛文史資料』第2輯（1985年）101〜102頁。
116 羅・前掲注33聞き取り。
117 王奇生「民国時期郷村権力結構的演変」周積明・宋徳金主編『中国社会史論（下）』（武漢：湖北教育出版社、2000年）590頁。

第3部 憲法学からのアプローチ

研究の視角と方法

石塚 迅

　第3部においては、憲法学（法律学）の視点から、中華人民共和国における「憲政」の消失と復権、および「憲政」の現代的展開を考察する。そして、さらに、比較研究の手法を用いつつ、「憲政（立憲主義）」の普遍性あるいは「憲政（立憲主義）」概念そのものをも検討の射程におく。

　「中国」の「憲政」を憲法学（法律学）の視点から考察するということは、具体的にいえば、中国において、「憲政」あるいはそれに関連する様々な思想・理論・制度をめぐってどのような法的議論が展開されてきたのか、現在、「憲政」を具体的に実現・実施するための法制度にはどのようなものがあり、それらはどのような特質を有し問題点を抱えているのか、を考察するということである。これら考察を通じて、近現代「中国」がいかなる社会であるのかを法的側面から一定程度において明らかにすることができる。さらに、それに加えて、これら考察は、そもそも「憲政（立憲主義）」とは何かを考える一助にもなるはずである。歴史学や社会学の研究者と比べて、普遍的価値の析出により強い関心を示す法律学の研究者にとって、後者の点はきわめて重要であるといえる。

　これら考察にあたっては、比較研究の視点・手法が必要不可欠である。「憲政（立憲主義）」が西欧近代において生まれたconstitutionalismの訳語であり、アヘン戦争（1840年）以降の「西洋の衝撃」の中で、近現代中国が様々な形で「憲政」と向きあいつつ今日に至ったことに鑑みれば、歴史的・時間的な「タテ」の比較、および地域的・空間的な「ヨコ」の比較が有益な視点・手法となることは間違いない。そうした「タテ」と「ヨコ」の比較研究により、近現代中国の「憲政（立憲主義）」を立体的に把握・理解することが可能となるのである。もちろん、本書の「序」においても強調されているように、本書は、「西欧＝普遍」、「東方（中国）＝特殊」という単純な二分法の妥当性については慎重な立場をとり、また、「東方」の多様性（東アジア諸国の多様性、中国内部の多様性）こそ同時に検討されなければならない課題であると考えている。しかしながら、アヘン戦争以前の伝統中国においても存在した固有の法制度・裁判制度とは異なり、やはり憲法・憲政（立憲主義）という概念はア

ヘン戦争以降に西欧から移入した一種の「舶来品」であるといわざるをえない[1]。近現代中国における「憲政」をめぐる法的議論は、このような近代西欧立憲主義に対して、中国の政府・党指導者あるいは知識人がどのような態度表明をするかというきわめて受動的なものであったのである。そうである以上、「西欧的」な立憲主義が「普遍」であるかはともかくとして[2]、近現代中国の「憲政」を西欧のそれと比較しつつ研究するという視点・手法はなお有効かつ重要なのである[3]。

ところが、中国における憲法学研究は、このような比較研究の視点・手法を忌避してきた。本書の「序」においても言及したように、毛沢東による西欧のブルジョア階級的文明、ブルジョア階級的民主主義、ブルジョア階級共和国の構想に対する「破産」宣告[4]がその後の憲法学研究の命運を決定づけることとなったのである。

そして、そうした中国の憲法学研究にいわば「引きずられる」形で、日本における中国憲法研究も「憲政（立憲主義）」を分析の視角として用いることはなかった。そこでは、中国法の独自性・特殊性が過度に強調され、「タテ」の比較も「ヨコ」の比較も著しく軽視されたのである（唯一の例外がソビエト法・東欧法との比較である）[5]。他方において、日本の憲法学界は、こうした自ら「孤高の道」を選択した中国憲法研究に対して、「無視」に近い態度をとり続けてきた。

戦後日本において、比較憲法論的な手法を用い、「立憲主義」を分析視角として強く意識した、初めての本格的な中国の憲法と人権に関する研究書は、R・ランドル・エドワーズ氏らの"Human Rights in Contemporary China"を翻訳して1990年に公刊された『中国の人権——その歴史と思想と現実と』であった[6]。この事実は、上述したような深刻な研究状況についての有力な例証の一つであるといえる。中国の憲法学界において、日本の憲法学界において、日本の中国法研究学界において、近現代中国の「憲政（立憲主義）」を比較の視点から把握・理解しようとする研究が本格的にスタートするのは1990年代以降のことなのである[7]。

第3部に所収される2篇の論文は、いずれも比較の視点・手法を重視しつつ、近現代中国の「憲政（立憲主義）」について憲法学からアプローチするものである。

周永坤論文は、「タテ」の比較である。すなわち、共産党の機関紙『人民日報』

に掲載された文章（記事・論文）を分析対象として、それら文章（記事・論文）に登場する「憲政」という語の数量の増減、その用いられ方の変化などから、中華人民共和国建国以降60年の「憲政」、および「憲政」研究の浮き沈みを読み解く。そうした考察を通じて、中華人民共和国建国以降、「憲政」研究が政治権力に翻弄され、その解禁には大きな困難が伴ったこと、「憲政」研究が憲法、法治、人権と相互依存関係にあること、学術界の誤った観点が時として政治的イデオロギーを誤った方向に導く可能性があることを実証し、政治権力、さらには大学を中心とする学術権力の「憲政」研究に対する寛容を強く主張する。中国は、建国の当時、臨時憲法の役割を果たした「中国人民政治協商会議共同綱領（共同綱領）」に加えて、それ以降、1954年、1975年、1978年、1982年にそれぞれ4つの憲法を制定・公布し、現行「1982年憲法」は4度の部分改正を経て今日に至っている。周論文は、これら憲法の制定および改正の政治的・学術的背景を探り、中国の憲法体制の今後を展望する上でもきわめて示唆に富んでいる[8]。

　続く石塚迅論文は「ヨコ」の比較である。石塚論文は、まず、立憲主義が民主主義と相互補完の関係に立ちながらも時として微妙な緊張関係にも立つという点を指摘した上で、中国の現行の国家・政治体制において、そうした緊張関係がどのように現出する可能性があるのか、現出しうる緊張関係について憲法学者はそれをどのように把握・理解しようと努めているのか、について、人民法院の人民代表大会に対する活動報告、違憲審査制の導入をめぐる議論などを手がかりに順次検討している。立憲主義と民主主義との相剋という問題は西欧諸国においても普遍的にみられる問題であり、それゆえ、中国におけるそれを検討することは、中国憲法研究を比較憲法研究の中で位置づけることを可能とする。また、立憲主義と民主主義との相剋という視点を導入することは、（全国）人民代表大会の権限強化、三権分立制の導入可能性など、中国の今後の政治体制改革の具体的内容をどのように評価するかについても、一定の手がかりを提供することになるはずである。

　最後に、蛇足になるかもしれないことを承知の上で、あえて一言付言しておきたい。それは、周永坤論文において、歴史研究の軽視あるいは歴史学研究者に対する不満・批判とも受けとられかねない表現が散見される点についてである。例えば、「1988年以前に、あわせて11篇の憲政を表題とする文章（論文）が出現しているが、それらの内容は、すべて、中国憲政史、外国憲政史、

憲政思想史など、歴史に関するもので、現実の憲政問題に論及するものは一つもなかった」（本書147頁）といったたぐいの表現である。筆者は、これらは歴史研究に対して向けられた批判ではないと考える。むしろ、中華人民共和国建国以降、政府・党の公式見解を代弁・宣伝することのみに力を注ぎ、そのための「たこつぼ」的な研究しか行ってこなかった法律学（憲法学）研究に対して向けられたものであると理解してよいと思う。これまで、中国の法律学（憲法学）研究が、そのようないわばステレオタイプの憲政像しか描いてこられなかったからこそ、今日、法律学（憲法学）と歴史学（政治史、社会史）との学際的な「対話」が必要とされるのである。周永坤氏もこの点について強く意識しているはずである。もともと、憲法学・行政法学など、実定法学の分野においてもすぐれた研究成果を数多く発表している周永坤氏[9]が、本書の刊行にあたり、あえて、憲政史という基礎法学の分野についての論考を執筆・寄稿して下さったことは、その何よりの証左であると筆者は確信している。

1　中国憲法学界において見解の相違は存在するが、憲法「概念は西洋社会に由来するもの」として理解するのが多数説である（胡錦光＝韓大元『中国憲法の理論と実際』成文堂、1996年、15～16頁）。
2　普遍的で「ある」ことと普遍的で「あるべき」こととは別個の問題である。
3　この点について、筆者は中国における言論の自由について考察する際に論じたことがある（石塚迅『中国における言論の自由──その法思想、法理論および法制度』明石書店、2004年、214～216頁）。
4　「論人民民主専政（1949年6月30日）」『毛沢東選集（4）〔第2版〕』（北京：人民出版社、1991年）1470～1471頁。
5　鈴木賢氏は、1978年12月の共産党第11期中央委員会第3回全体会議（11期3中全会）以前の中国法研究の一般的傾向として、次の6点を挙げている。すなわち、「①『文革』において頂点にたっした制定法を媒介としない国家秩序形成の試みを、積極的なモメントを内包するものとして、肯定的に評価した。②中国が無法状態におかれていることを承認しようとしなかった。③実証性を著しく欠いていた。④政治研究に主要な力点をおいた。⑤中国法から旧ソ連法のアンチテーゼとして『社会主義法』に普遍的な要素を引き出そうとする志向が生まれた。⑥法制史研究とはまったく切断されたところで研究が進められた」（鈴木賢「中国法研究をめぐって」社会主義法研究会編『社会主義法の変容と分岐〔社会主義法研究年報・11〕』法律文化社、1992年、163～166頁）（なお、共産党11期3中全会については本書140頁脚注x参照）。こうした指摘は、憲法・人権法の分野に最も直截的に妥当する。その他、日本における中国法研究を論じたものとして、高見澤磨「現代中国法研究の現状と課題」『中国──社会と文化』第9号（1994年6月）268～278頁、木間正道「日本における中国法研究──その歴史・現状・課題」『明治大学法科大学院論集』第1号（2006年3月）159～171頁などを参照。
6　R・ランドル・エドワーズほか（斎藤惠彦ほか訳）『中国の人権──その歴史と思想と現実と』（有信堂、1990年）（原書は、R.Randle Edwards, Louis Henkin and Andrew J.Nathan, Human Rights in Contemporary China, Columbia University Press, New York, 1986)。

7　中国の状況については、本書第 3 部第 1 章周永坤論文をご参照願いたい。日本の状況についていえば、土屋英雄氏がこの分野について精力的に研究を行っている（土屋英雄著『現代中国の人権——研究と資料』信山社、1996年、土屋英雄編著『中国の人権と法——歴史、現在そして展望』明石書店、1998年など）。とはいっても、中国の憲法についての研究は、民商法や司法制度の研究に比べてなお立ち後れた感があることは否めない。

8　中華人民共和国憲法の歴史、内容、問題点を概説した日本語文献として、さしあたり、以下のものを参照。土屋英雄『現代中国の憲法集——解説と全訳、関係法令一覧、年表』（尚学社、2005年）、西村幸次郎編『現代中国法講義〔第 3 版〕』（法律文化社、2008年） 1 ～20頁（第 1 章：憲法）、21～38頁（第 2 章：人権法）、木間正道ほか『現代中国法入門〔第 5 版〕』（有斐閣、2009年）23～58頁（第 2 章：現代中国法の歴史）、60～102頁（第 3 章：憲法）、稲正樹ほか編著『アジアの憲法入門』（日本評論社、2010年）55～79頁（第 3 章：東アジア編中国）。

9　本書第 3 部第 2 章石塚論文がとりあげているのは、周永坤氏の憲法学・行政法学の諸論文である。周永坤氏の基礎法分野の論文集として、周永坤『論自由的法律』（済南：山東人民出版社、2006年）を、実定法分野の論文集として、周永坤『憲政与権力』（済南：山東人民出版社、2008年）を挙げておく。

第1章
紆余曲折の中国憲政研究60年
『人民日報』掲載論文を手がかりに

周永坤（訳：石塚 迅）

はじめに

　憲政実践の文字媒体として、「憲政」という語の文献における浮き沈みは、一定程度において、憲政の発育の程度およびそれと関連する憲政研究を反映している。それゆえ、「憲政」という語の中国における政治・法律語彙の中での地位、およびそれをめぐって展開された論争を研究することは、中国の憲政研究史を理解し、また、中国の将来における憲政の命運を予測し、さらには、憲政研究の今後を展望するにあたり、きわめて有意義である。しかしながら、中華人民共和国建国以降60年にわたる政治・法律文献は汗牛充棟であり、その数え切れない文献の中から、いかにして「憲政」を把握すればよいのか。筆者は、『人民日報』上に掲載された文章（記事・論文）を主たる研究対象とすることが合理的である、と考えた。このことは、『人民日報』の政治的権威性から決定づけられるものである[1]。周知のとおり、1949年以降において中国が実行したのは、共産党が指導する体制である。共産党の機関紙『人民日報』は執政党の政治的傾向を代表している。それは、事実上、憲政を含む中国の政治的行為に大きな影響を与え、さらには、中国の憲政研究の命運を象徴し決定づけているのである。

1　「憲政」という語の移植と消失

　中国の憲政は、「旧い憲政」と「新しい憲政」の2つの段階に分けることができる。その境界（分岐点）は1949年である。憲政は、概念として、100年あまりの中国憲政運動の中で、その含意〔含義〕（憲法を実施することであり、かつ、憲法をもって政治的行為を規範化すること）にはあまり大きな変化は

みられなかったが、社会が「憲政」という語に付与した含意〔含義〕は、「目標としての憲政」→「道具としての憲政」→「批判対象としての憲政」→「目標としての憲政」という世紀の大転回を経てきた。清末から議論をはじめよう。

(1) 目標としての憲政の確立

中国の伝統的な政治・法律文化の中では、ただ王政があるだけで、もともと憲政は存在しなかった。清末の「西法東漸」[i]に至って、ようやくこの数千年の強固な伝統が打破された。立憲派[ii]の多年のたゆまぬ努力を経て、1906（光緒32）年秋7月戊申、光緒帝が「各国の富強なるは、憲法を実施し、公論を決定するところにある。今日、これにならって、憲政を実行するほかなし。……」という上論を出した[2]。このことは、中国の政治的目標に天地を覆す〔翻天覆地〕ような変化——王権の強化から権力（主として王権）の規範化へ——が発生したことを表していた。やがて、憲政は政治的行為の正当化の基準となり、憲政研究はきわめて大きな影響力を有する理論的学問となり、「憲政」という語は、政府〔官方〕と学術界の常用語となった。辛亥革命は、憲政をその目標とし、1912年の「中華民国臨時約法」はその代表的な成果であった。それゆえ、中華民国期において、「憲政」という語は、たちまち知識人界の共通認識となり、あらゆる政治勢力の旗印となった[3]。それだけでなく、さらに、それは、一定程度において、当時の社会の流行（先進的ファッション）にもなったのである[4]。

しかしながら、憲政の実践は、そのように順調には進まなかった。1928（民国17）年10月3日、国民党第2期中央執行委員会第172回常務委員会は、「訓政綱領」を議決した。この綱領は、国民党の一党独裁、党をもって政府に代える〔以党代政〕制度を確立し、憲政は棚上げにされた。国民党は、1935年に「政治を国民に還〔還政於民〕」し、憲政を実施することを承諾したものの、嘆かわしいことに、天は中華に加護を与えず、憲政計画は何度も挫折した。1937年、抗日全面戦争（日中戦争——訳者補足）が火を噴き、憲政は前途遼遠の夢

---

i 「西法東漸」：「西」欧諸国の「法」思想・「法」制度（西洋的近代化政策）が「東」（主として中国）に徐々に浸透していく（「漸」）の意。具体的には、「洋務運動」（李鴻章らによる西洋化政策）と「変法運動」（康有為や梁啓超らによる政治改革運動）のことを指す。

ii 立憲派：清末に台頭した政治グループ。代表的人物に康有為、梁啓超がいる。「光緒新政」では、立憲君主制の実現を主張し、共和政の樹立を掲げた孫文ら革命派と激しい論戦を繰り広げた。

想となってしまった。それでも、各派・政治勢力のスローガンにおける「憲政」の含意〔含義〕には差異があったものの、「憲政」という語の、各政治勢力の共通目標としての地位は、しっかりと確立していったのである。

(2) 目標としての憲政から闘争の道具としての憲政へ

　8年にわたる国共合作・抗日戦争の時期において、在野の共産党は、憲政の主要な推進力となった。共産党は、「新民主主義憲政」のスローガンを提起し、執政党（国民党）と民心を奪いあう道具とした。冷静かつ公平に論じれば、全面的な戦争の時期に、憲政のまったく存在していなかった国家において、憲政の実現を望むのは、確かに現実離れしたことである。それでも、民衆の憲政に対する追求は、非難のしようがなかった。1940年、共産党の根拠地の延安では「憲政促進会」が成立した。「憲政促進会」の設立大会において、共産党の実質的指導者であった毛沢東は、大会に自ら出席し、憲政に関する重要演説を行った。すなわち、有名な「新民主主義の憲政〔新民主主義的憲政〕」[iii]である。この演説の中で、毛沢東は憲政に一つの定義を与えた。「憲政とは何か？　それはすなわち民主の政治である」。彼は、さらに「中国国民党第1回全国代表大会宣言」の中の表現を引用し、憲政の内容を次のように概括した。すなわち、それは、「一般平民が共有するものであり、少数者が私有するものではない。……これが、すなわち私がいうところの新民主主義憲政の具体的内容である」。彼は、また、憲政を研究する人たちに、「これを熟読し銘記する」よう要求した[5]。1945年の抗日戦争勝利以降、憲政を実行する社会的条件が整備され、共産党および各民主党派[iv]は、提携してともに憲政を追求し、中国において憲政の高揚（憲政ブーム）が再現された。まさに、このような憲政の高揚（憲政ブーム）の中で、『人民日報』掲載の文章（記事・論文）に、「憲政」という語が出現した。1946年から1949年10月1日までに、『人民日

---

iii 「新民主主義の憲政〔新民主主義的憲政〕」:「新民主主義的憲政（1940年2月20日）」『毛沢東選集（2）』（北京：人民出版社、1991年）。

iv 民主党派：共産党の指導を受け入れ、共産党の政権奪取に協力した政党・政治団体を指す。現在、中華人民共和国において、中国国民党革命委員会、中国民主同盟、中国民主建国会、中国民主促進会、中国農工民主党、中国致公党、九三学社、台湾民主自治同盟という8つの政党が中国人民政治協商会議のメンバーとして存続している。共産党と8つの民主党派との関係は、与党と野党という関係ではなく、「執政党」と「参政党（友党）」という関係であるにすぎず、中国が複数政党制を採用しているわけではない。

報』に掲載された文章（記事・論文）のうち、「憲政」という語が出現し、かつその内容が憲政と関連するものは、あわせて31篇ある。その中で、各党派人士が、憲政の実行を積極的に（プラスの面から）論述し呼びかけた文章（記事・論文）が7篇、国民党の真の「訓政」・仮の憲政、および「偽憲政」を批判した文章（記事・論文）が22篇ある。それ以外に、1篇の紀念文章（記事・論文）、1篇の翻訳文がある[6]。この時期の「憲政」という語は、二面性を具えていた。それは、一方においては、政治的目標として依然として存在していたものの、より多くのところ、在野党と執政党との間の闘争の道具として存在していたのである。

(3) 闘争の道具としての憲政から批判の対象としての憲政へ

1949年以降、政権を奪取したことにより、共産党の地位には、根本的な変化が生じた。すなわち、革命党から執政党への転換である。共産党が革命時期において主張した憲政は、「新民主主義憲政」であり、それをもって、共産党は国民党の「旧憲政」と対抗した。中華人民共和国建国以降、執政党が確立した目標は、できる限り速やかに社会主義に向けて発展することであり、新民主主義はまたたく間に捨て去られた。新民主主義が、新しい革命――社会主義革命――の対象となったがゆえに、「新民主主義憲政」もまた、当然にその正当性を失った。同時に、当時の観念において、社会主義とは、革命を通じて実現されるものであり、その主要な内容は、国家的暴力を用いて私有制を変革し公有制を実現するというものであった。この目標は、本質的に憲政と矛盾・衝突した。実際に、当時、「社会主義憲政」という新しい憲政の目標が提起されることもなかった。このことは、憲政という地位の新しい時代における失墜をもたらしたのである。しかしながら、憲政は、かつて共産党と各民主党派が到達した共通認識であったため、中国人民政治協商会議[v]の枠組みにおいてはなお存在し続けた。それゆえ、「憲政」という語は、直ちに放棄されることはなく、「冷たい処理」[vi]がなされたのである。それは、次第に「忘

---

v 中国人民政治協商会議：各党派・各人民団体から構成される統一戦線組織。中華人民共和国建国直後は臨時的な国家機関として全国人民代表大会の職権を代行したが、「1954年憲法」の制定以降は、その国家機関としての位置づけを失った。現行「1982年憲法」においても、国家機関ではないため、「第3章：国家機構」ではなく、前文にその歴史的役割と今後の存続・発展が記述されているにすぎない。

vi 「冷たい処理」：故意に軽視・無視するの意。

れ去られ」、最終的には完全にマイナスの（消極的な）ものとなった。『人民日報』に掲載された文章（記事・論文）の中で、「憲政」という語が出現した文章（記事・論文）は、この漸進的過程をはっきりと示している[7]。

　1949年10月1日から1979年までに、『人民日報』テキストの中で、「憲政」という語が出現した文章（記事・論文）は、あわせて29篇ある。時間的にみれば、この29篇の文章（記事・論文）は、明らかに異なる2つの段階に分けることができる。その境界（分岐点）は1957年である。図表3-1、3-2をみてほしい。

図表 3-1　積極的な意義において（プラスの面から）「憲政」という語を使用した文章（記事・論文）の年度[vii]分布図（1949〜1956 年）[8]

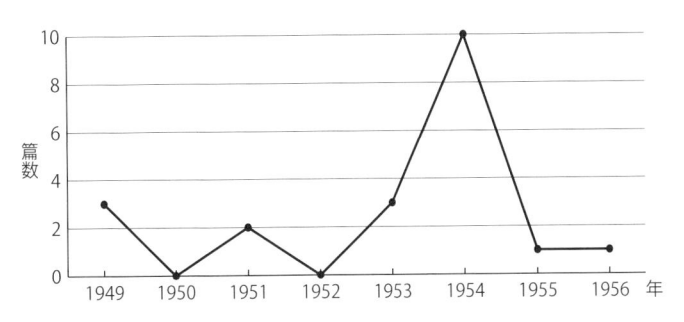

図表 3-2　消極的な意義において（マイナスの面から）「憲政」という語を使用した文章（記事・論文）の年度分布図（1957〜1979 年）[9]

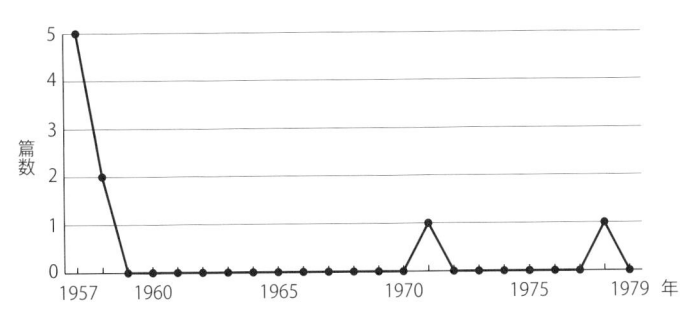

　図表3-1の憲政を積極的に（プラスの面から）肯定した20篇の文章（記事・論文）は、さらに、3種類に分けることができる。1つめは、歴史を叙述した

[vii]　年度：1月1日から12月31日まで。ただし、1949年については、10月1日から起算している。

もの、憲政の歴史的な作用・役割を肯定したものである。とりわけ、共産党および各民主党派が歴史上憲政を推進した功績に関するものである。計9篇ある。2つめは、国民党およびその従属勢力の偽憲政を批判したものである。これも実際には歴史を論じたものである。計8篇ある[10]。3つめは、完全に積極的に（プラスの面から）憲政を事業・目標として肯定した文章（記事・論文）であり、わずかに3篇しかない。前の2つは、歴史の評価に言及するだけであるが、3つめのこの3篇の文章（記事・論文）こそ、新しい権力主体（共産党政権——訳者補足）の憲政に対する肯定を真に表している。

　積極的に（プラスの面から）憲政を論述した3篇の文章（記事・論文）の中で、最も重要なものが、当時、中央人民政府副主席であった劉少奇が、中華人民共和国憲法起草委員会を代表して、第1期全国人民代表大会においてなした憲法草案に関する報告である。報告の中で、劉少奇は、歴史的な憲政運動に対して、積極的な（プラスの面から）評価を与え、さらに、中華人民共和国の憲法制定と憲政とを関連させて次のように論じた。「我々が提出した憲法草案は、中国人民の100余年にわたる勇敢な闘争の歴史的経験の総括であり、また、中国近代の憲法問題と<u>憲政</u>運動に関する歴史的経験の総括でもある」（下線は引用者。以下同じ）。彼は、1949年以前の憲政運動に対しても、部分的に肯定の評価を与えた。「孫中山をリーダーとする革命派は、革命を通じて彼らが希求する民主<u>憲政</u>、すなわち、ブルジョア階級的性質の民主憲政を実現することを断固として主張した。当時の歴史的条件からいえば、彼らがそのようにしたことも正しかったのである。……」[11]。2つめは、『人民日報』社の社説〔社論〕である。当該社説〔社論〕は次のように述べている。「我々の憲法は、社会主義社会を建設するために奮闘する憲法である。毛沢東同志は、（第1期全国人民代表大会第1回会議の——訳者補足）開幕の言葉で、この憲法は『大いに我が国の社会主義事業を促進するであろう』と指摘した。劉少奇同志は、憲法草案に関する報告の中で、中国人民の100余年にわたる勇敢な闘争の歴史的経験、および中国近代の憲法問題と<u>憲政</u>運動の歴史的経験について、概括的な分析を行った。……」[12]。3つめは、全国人民代表大会代表および中国人民政治協商会議委員の憲法草案に関する発言の摘録であり、彼らはみな憲政を肯定している。例えば、陳望道[viii]代表は、「1954年憲法」を憲政の到達点として、「1954年憲法」は「中国憲政史上において空前のものである。……」と述べた[13]。陳汝棠[ix]代表は、過去において、「民主憲政を渇望し

たがそれを得ることはできなかった。今日、共産党の指導の下で、革命の勝利を獲得した。中華人民共和国が成立して以降わずか5年で、さらに多くの新しい勝利を獲得した。今ここに、このような革命の勝利を示し全国人民の願望に符合する憲法が誕生するのだ」と述べた[14]。羅隆基（本書23頁脚注 ii 参照）代表は、「よい政法人員」の憲政に対する重要な意義に言及し、「<u>憲政実行</u>」の必要性を明確に提起した[15]。

　図表3-1の統計の数字およびその文章（記事・論文）の内容から、以下の4点をみてとることができる。第1に、「憲政」という語は、1949年以降において、もはや重視されなくなったということである。人々が憲政を論じるのは、主として歴史についてであって、現実についてではなかった。ここから、主流の観念において、憲政の意義は失われはじめていたということがわかる。第2に、この20篇の文章（記事・論文）の中で、10篇は1954年のものであるということである。とりわけ、3篇の積極的に（プラスの面から）憲政を肯定した文章（記事・論文）は、いずれも「1954年憲法」の制定の過程において出現している。しかしながら、続く1955年と1956年には、1篇ずつしかない。このことは、「憲政」という語の出現が憲法の宣伝に関係したにすぎず、人々が真に憲政を重視したわけではなかった、という信号を出すものであった。第3に、この頃、すでに、「ブルジョア階級憲政」を批判する文章（記事・論文）が現れはじめていたということである。例えば、あるエンゲルスを記念した文章（記事・論文）の中に、初めて「ブルジョア階級憲政を批判する」という表現が出現していた[16]。また、ある胡適（本書23頁脚注 i 参照）を批判した文章（記事・論文）は、胡適が「憲政の政府」を提唱したことを彼の犯罪行為の一つとしていた[17]。これらのことは、「憲政」という語が、すでにマイナスの（消極的な）ものになりつつあったということを表していた。第4に、「1954年憲法」は、「社会主義社会の建設」を明確に提起していたが、それとは対照的に、主流の観念は、「プロレタリア階級憲政」または「社会主義憲政」

---

viii 　陳望道（1890〜1977）：浙江省義烏県の人。早稲田大学、中央大学などで法律学を学び、帰国後に陳独秀主編の『新青年』を編集。当時人々に愛読されていた『民国日報』の文芸・社会欄「覚悟」の編集業務にもたずさわった。日中戦争期には、国民政府とともに、戦時首都重慶に難を逃れたが、1949年以降は中華人民共和国にとどまった。全国人民代表大会代表などを歴任し、中国語辞典として最も権威ある『辞海』の総編集の任にもあたった。

ix 　陳汝棠（1897〜1961）：広東省高明県の人。国民党の前身である中国同盟会、中華革命党に参加し、日本への留学経験ももつ。やがて、国民党と距離をおく中国民主同盟、中国国民党革命委員会に参加するようになり、1949年以降も中華人民共和国にとどまった。

第1章　紆余曲折の中国憲政研究60年　139

というスローガンを提起しなかった。したがって、事実上、「憲政」という語の命運は、1956年以前にすでに決定づけられていたのである。

1957年から1979年までの23年の間には、わずか9篇の文章（記事・論文）しかない。同時に、この9篇の文章（記事・論文）が「憲政」という語を使用する目的は、すべて憲政を批判するためであり、憲政を提唱するものではなかった。憲政は、すでに完全にマイナスの（消極的な）ものとなっていたのである。

上で示した2つの図表を関連させて分析すれば、以下の3つの結論を導き出すことができる。第1に、1959年以降、憲政は、完全に政治的禁語となり、憲政を批判する文章（記事・論文）でさえ、掲載することができなくなった。1959年から1970年までの12年間、「憲政」という語は、『人民日報』上から徹底的に消え失せてしまったのである。1971年および1978年の共産党第11期中央委員会第3回全体会議（11期3中全会）[x]の直前に、それぞれ1篇ずつ「憲政」という語を使用した文章（記事・論文）が出現しているが、いずれも、マイナスの（消極的な）意義において、「憲政」という語を使用したものであった。この2度の「憲政」の出現は、編集者の不注意ではないだろうかと思う。第2に、23年間における9篇の文章（記事・論文）のうち、1957年のものは5篇あり、総数の56％を占めている。ここからわかるように、憲政がマイナス（消極）化から最終的な消失へと至った転換点は1957年である。明らかに、これは1957年の「反右派闘争」[xi]の結果である。しかしながら、1955年および1956年の状況を考慮すれば、実際には、1957年の行為は、それ以前の行為の継続と強化にすぎない。それゆえ、憲政の否定は、事実上、1950年代初めにすでに芽生えていた左傾思潮の表現だったのである。第3に、1975年に新しい憲法が制定された（「1975年憲法」）。憲法は、本来、憲政と互いに密接な関係にあるはずである。しかしながら、「1954年憲法」制定時のような、たとえ表面上ではあったとしても憲政を尊重するような状況は、もはや再び出

---

x 　共産党第11期中央委員会第3回全体会議（11期3中全会）：1978年12月に開催された共産党中央委員会の全体会議。この会議において、「プロレタリアート独裁の下の継続革命」論が放棄され、共産党の工作の重点を「階級闘争」から「経済建設」に移行させることが確定した。この会議以降、鄧小平が共産党内の主導権を掌握し、「改革開放」政策が強力に推進されることになる。

xi 　「反右派闘争」：共産党が毛沢東の主導の下で1957年から1958年にかけて展開した「ブルジョア右派」に反対する闘争を指す。法学・政治学の分野においては、人民代表大会制度や選挙制度の改革、適法性（法治）の実現、裁判の独立、無罪推定の原則、言論の自由などを唱えた知識人たちが「ブルジョア右派」と断罪され、徹底的な弾圧の対象となった。

現することはなかった。ここからわかるように、憲政に対する忌避は、きわめて根深く、それは「階級闘争をかなめとする」という政治的イデオロギーの中に深く組み込まれていたのである。このことも、憲政の復興がきわめて苦難に満ちた歴程となるにちがいないということを前もって示していたといえよう。

2　苦難に満ちた「憲政」の復興

1949年以降、今日に至るまでの中国社会は、おおよそ前後30年ずつの2つの大きな段階に区分することができる。排外鎖国の時期と「改革開放」[xii]の時期である。その境界（分岐点）は1978年の「思想解放」運動[xiii]である。1979年から1980年代中葉にかけて、中国のイデオロギーは、あらゆる面において、「階級闘争をかなめとする」という桎梏から次第に抜け出しつつあった。しかしながら、憲政の解禁はかなり遅れた。図表3-3をみてほしい[18]。

図表3-3　『人民日報』において「憲政」という語を使用した文章の篇数（1979～2008年）

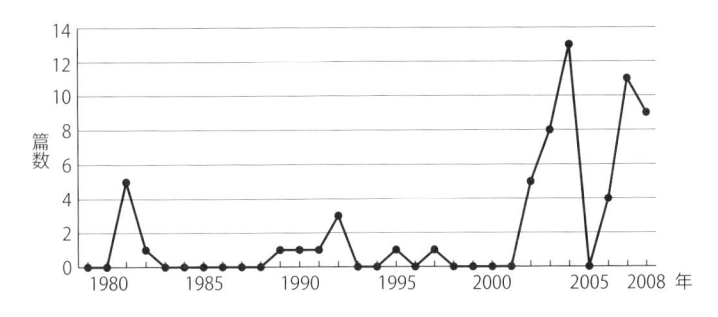

---

xii 「改革開放」：共産党11期3中全会において提起され、それ以降、鄧小平の主導で推進された経済体制の改革および対外開放政策の総称。前者では、農村の生産請負制の実施、価格の自由化、市場経済への移行、株式制の導入などが、後者では、経済特区の設置、WTOへの加盟などが具体的な政策として挙げられる。「改革開放」は、確かに、中国経済の飛躍的発展をもたらしたが、他方で、都市と農村の格差、環境の悪化、公務員の汚職・腐敗といった問題も深刻化している。また、この「改革開放」の対象を経済分野に限定するのか、それとも、政治や文化など、それ以外の分野をもその対象とするのか、をめぐって、しばしば学術的論争さらには政治的対抗が生じた。

xiii 1978年の「思想解放」運動：1978年後半に、「毛沢東主席の政策決定はすべて断固として擁護しなければならず、毛沢東主席の指示はすべて終始変わることなく遵守しなければならない」という「2つのすべて」という方針を提起した華国鋒らと、「実践は真理を検証する唯一の基準である」と主張した胡耀邦らとの間で、政治界・学術界を巻きこんだ激しい論争が展開された。論争は胡耀邦らの勝利に終わり、「文化大革命」路線の是正、鄧小平の復権へと道を開いた。「思想解放」運動とは、これら一連の動きを積極的に評価した呼称である。

図表3-3の折れ線は、この過程が２つの段階に分けられることを我々に明示している。

(1)　ためらいの中の前進
　1978年の「思想解放」運動は、直ちに憲政の解禁をもたらしたわけではなかった。1982年になって、ようやく緩和の兆しがみえはじめ、「比較的ゆとりのある禁語の時期」へと道が開かれた。私がいうところの「比較的ゆとりのある禁語の時期」とは、1957年から1980年までの「絶対的禁語の時期」と対応させたものである。この頃、「憲政」という語が、断続的に『人民日報』の文章（記事・論文）の中に出現し、そのコンテクストも、徐々に歴史限定という境界線を越えつつあった。
　1981年に５篇の文章（記事・論文）が出現した。数の上からみれば少なくないが、それらは、すべて辛亥革命70周年という特定のテーマに関する文章（記事・論文）であり、そのコンテクストはなお歴史に限定されていた[19]。それゆえ、この５篇の論文の出現は、依然として、権力者（当局者）の憲政に対する態度の転換を示すものではありえなかった。実質的意義を有する事件は1982年に発生した。1982年の１篇の文章（記事・論文）は、「1982年憲法」の公布・施行にあわせて書かれたものであり、表題を含めてわずか894字しかないが、破天荒の意義を具えていた。文中では、憲法が自らを改正することに関する規定は、「憲法の尊厳と憲政の強化・安定を擁護するにあたり、必要なものである」と論じられていた[20]。これは、1957年に「憲政」が禁語となって以降、「憲政」という語が初めて歴史のコンテクストを越えた瞬間であり、さらに、「憲政」の現実における意義を積極的に（プラスの面から）肯定したものであった。もちろん、このことは、きわめて珍しく貴重なことであったのだが、惜しいことに、一時的なものにとどまりすぐに立ち消えになった。続く1983年から1988年まで６年の長期にわたり、「憲政」は再び完全に禁止となった。みたところ、1982年の文章（記事・論文）の出現は、「個人」の行為であり、まさしく偶然であったのである。もちろん、このことは、権力主体の憲政に対する警戒心がある程度緩和されたことをも説明している。
　数年の経済体制改革および「思想解放」の蓄積を経て、1989年に至って、とうとう小さな「憲政解放」の波が出現した。その表現は、それぞれ1989年、1990年、1991年、1992年の４年間における６篇の文章（記事・論文）にみ

られる。数は多くないものの、この6篇の文章（記事・論文）の中で、1篇は歴史に関するもの、1篇は国際会議の情報に関するものであり、それ以外の4篇は、すべて積極的に（プラスの面から）現実の社会における憲政の必要性を肯定し、さらに、若干の新しい憲政の命題を提起していた。これは、未曾有の事態だったのである。

　1989年の張樹相氏の文章（記事・論文）は、中国の現実の政治的過程における憲法監督[xiv]を憲政と結合させ、「憲法監督は、実在の政治的過程の一つであり、<u>憲政建設</u>における不可欠の重要な構成部分である」ことを提起していた。これは、中華人民共和国建国以降40年の間で、初めての提言であった[21]。より重要なことは、1991年の文章（記事・論文）の中に「<u>社会主義憲政</u>」という表現が出現したことである[22]。なぜなら、社会主義は中国の政治生活の中で触れてはならない高圧線であったからである。政治的問題は、社会主義と符合しなければ、正当性がなく、それが存在する余地もなかった。反対に、いかなる事物も、社会主義と相通じてさえいれば、無限の生命力を具えたのである。「社会主義憲政」という表現は、間違いなく、現実の社会において憲政に生存の基礎を探りあてた。1992年の1篇の会議情報の中では、西側憲政に対する見解が病的な階級分析法を突破している。すなわち、この会議情報は、「勇敢かつ上手に、資本主義国家を含む外国の憲政制度と憲政理論における合理的で我が国が用いることのできるものを吸収し参照しなければならない」と指摘していたのである[23]。このこともまた破天荒であった。1990年は歴史を題材にした文章（記事・論文）が1篇あるにすぎないが、歴史上の憲政運動に対する態度にも変化が生じていた。この文章（記事・論文）は、民主党派が抗日戦争において憲政を勝ちとる闘争を進めたことの意義を積極的に（プラスの面から）肯定していた[24]。このことは、政治的イデオロギーの掌握者（少なくとも一部分の先知先覚者）が次第に「憲政」という語を受け入れはじめていたことを表していた。

　しかしながら、ちょうど、中国社会が、1992年の鄧小平の「南巡講話」[xv]の精神に鼓舞されて市場経済に邁進していた頃、憲政に対する態度は、不可思

---

xiv　憲法監督：憲法の実施を監督する活動を指す。現行「1982年憲法」は、憲法実施の監督権限を全国人民代表大会およびその常務委員会に付与している（62条2号、67条1号）。現行制度が抱える問題点およびその改革をめぐる法的議論の状況については、本書第3部第2章石塚論文を参照。

議にも1993年には以前の状態に戻ってしまった。1996年の「法治解禁」[25]、1999年の「法治入憲」[xvi]などの重大な社会的進歩は、このような退勢を転換させるには至らなかった。この間、9年である。1993年から2001年までの9年の間、1995年と1997年のそれぞれ1篇の文章（記事・論文）を除いて、残りの年度は再びゼロに戻ってしまった。この2篇の文章（記事・論文）のうち、1篇はイギリス憲政史に関するものであり、本章の研究テーマとの関連性は小さい。取りあげるに値するのは、1997年の1篇のみである。すなわち、憲法学者・陳雲生氏の論文「法律に基づいて国を治めることの核心は憲法に基づいて国を治めることである〔依法治国的核心是依憲治国〕」である。当該論文の中で、彼は、「憲法監督の制度化、専門化、恒常化、司法化は、すでに現代民主憲政の発展の一大趨勢を形成している」と提起している[26]。これは、1949年以降の中国において、間違いなく一つの春雷であった。1996年の「法治解禁」以降、学術界が憲政の禁区を突破しようと試みてきたたゆまぬ努力をはっきりと体現していた。なぜなら、ただ論理的にいえば、法治は憲政と切り離すことができないからである。しかしながら、権力者（当局者）の硬直化した思想ゆえに、この論文は権力の共鳴を引き起こすには至らなかった。人々は、なお沈黙を選択したのである。

　最も強力な憲政解禁の衝動は、2002年から2004年にかけて発生した。その直接の原動力は2つの方向から来た。一つは、2002年の憲法制定20周年紀念であり、もう一つは、2004年の「人権入憲」[xvii]である。

　2002年、いきなり5篇の「憲政」という語を使用した文章（記事・論文）が出現した。その中の4篇の文章（記事・論文）は、すべて現実の憲政問題について論述していた。その中の2篇の文章（記事・論文）は、憲法を憲政と明確に関連づけていた。徐運平氏は、「『1982年憲法』は、中華人民共和国憲法史上の里程標である」と提起した[27]。袁曙宏氏は、1999年の「法治入憲」は、

---

xv 「南巡講話」：鄧小平が、1992年1月から2月にかけて、深圳、上海など南方諸都市を視察した際に発表した談話。イデオロギー論議にとらわれず経済改革と対外開放を大胆に推進するべきだと主張した鄧小平の談話は、1989年6月の「天安門事件」で後退した「改革開放」を再加速させる結果をもたらした。

xvi 「法治入憲」：1999年3月の憲法部分改正において、「中華人民共和国は、法律に基づいて国を治めること〔依法治国〕を実行し、社会主義法治国家を建設する」という条項が憲法に新設されたこと（5条1項）を指す。

xvii 「人権入憲」：2004年3月の憲法部分改正において、「国家は、人権を尊重し保障する」という条項が新設されたこと（33条3項）を指す。

「我が国憲政史上画期的な意義を有する一大事件である」と考察した[28]。劉瀚氏は、中国の憲政を推進すべきことを次のように明確に主張した。「憲法の実施を貫徹することは、さらに一歩憲政を推進するためである。我が国が憲政を推進する過程において、実際には、それは、社会主義民主政治を発展させ、社会主義政治文明を建設する過程であり、また、着実に政治体制改革を推進する道程および目標でもある」[29]。張智輝氏は、検察制度を憲政制度の一部分として認識し考察した。「1982年憲法」が、「検察機関の国家憲政における法律監督の地位をさらに明確に規定したことは、法制の統一の擁護、法律に基づいて国を治めること〔依法治国〕の推進にとって、重大な歴史的意義と現実的意義を具えている」[30]。

2003年は、2002年の発展の趨勢が持続し、文章（記事・論文）数は8篇に達した。この8篇の文章（記事・論文）の中で、多くの重要な憲政問題および新しい憲政観念が提起された。劉山鷹氏の文章（記事・論文）は、「憲政国家」という概念を提起し、「憲政国家」を憲法の中の「法治国家」と同等視し、憲政国家において初めて「恒久平和」が実現しうると指摘した。彼は、さらに、毛沢東の講話を引用して「権力の制約」が民主憲政の基本原則の一つであることを証明した[31]。裴智勇氏の文章（記事・論文）は、「弾劾制度は、憲政と緊密に関係する制度であり、権力の制約と均衡を体現したものである」と提起した[32]。田必耀氏の文章（記事・論文）は、「憲政の核心は憲法に基づいて国を治めること〔依憲治国〕である」と提起し、「人民代表大会の決定権を尊重」すべきことを要求した[33]。甘益偉氏・黄錦峰氏は、憲政の角度から、党政関係に論及し、「地方人民代表大会常務委員会の重大事項決定権と同級の党委員会の決定権との関係を適切に処理」するよう要求した[34]。辛国安氏は、「憲政文化」という概念を提起し、その意義について論証した[35]。信春鷹氏の文章（記事・論文）は、「法律に基づき国を治め〔依法治国〕、社会主義法治国家を建設することの核心は、憲法に基づいて国を治め〔依憲治国〕、社会主義憲政国家を建設することである」という命題を提起した[36]。沈峰氏の文章（記事・論文）は、地方政府が「人民代表大会の決定権を僭越する」行為は「正常な憲政秩序に対する破壊である」と批判した[37]。

2004年、「人権」条項が憲法に新設された（「人権入憲」）。このことは、人権を最終的な支柱とする憲政およびその研究に対して、きわめて大きな推進作用を果たした。その年の憲政に関する文章（記事・論文）は、記録的な13

篇に達し、研究の深さ・広さもさらに開拓された。それが関連する領域は、憲政と国家補償制度との関係、「人民民主主義憲政」という新しい概念、憲政と人権との統一性の問題、憲政意識と憲政観念の向上、国体・政体と憲政との関係、社会主義と憲政、憲政原則、財政憲政、監査憲政等々を広くカバーした。特に指摘すべきことは、全国人民代表大会法律委員会主任委員の楊景宇が、共産党中央宣伝部など５つの組織が挙行した「憲法学習報告会」における専門テーマ報告の中で、「社会主義憲政国家の建設」というスローガンを提起したことである[38]。人民代表大会の指導者がこのような見識の広い言論を発表したことは、中国の憲政史上例のないことであった。しかしながら、思いもかけないことに、2005年に、「憲政」を使用した文章（記事・論文）は突如再びゼロに戻ってしまった。これは、決して偶然ではなく、明らかに権力による干渉の形跡があったことを示している。権力主体の憲政に対する憂慮・警戒感は依然として存在していたのである。

(2) 憲政の最終的解禁時代の始まり

　2006年に憲政は再度解禁され（4篇）、2007年と2008年にはそれぞれ11篇と9篇に達した。このことは、憲政の禁がすでに最終的に解除されたことを表していた[39]。その表れは、文章（記事・論文）の数量の増加にとどまらず、さらに、論及する問題の拡張・発展にもみられた。最も重要なものは、もちろん、2008年に法律的意義を具える権威が憲政を肯定したことである。すなわち、全国人民代表大会常務委員会委員長の呉邦国は、第11期全国人民代表大会第1回会議において、全国人民代表大会常務委員会の活動を報告する中で、次のように指摘したのである。「共産党中央の憲法の一部分の内容を改正することに関する建議に基づき、憲法改正案を審議・採択し、『3つの代表』重要思想[xviii]の国家・社会生活における指導的地位を確立し、党の第16回全国代表大会が確定した重大理論・観点、重大方針・政策を憲法に書き入れ、それらを我が国憲政史上の重要な里程標とならしめる」[40]。この事件は、象徴的な意義を具えていた。

---

xviii 「3つの代表」重要思想：共産党が、中国の①先進的生産力の発展の要求、②先進的文化の前進の方向、③最も広範な人民の根本的利益を代表するという理論。2000年2月に江沢民国家主席・共産党総書記（当時）が提起し、その後、2002年11月の共産党第16回全国代表大会において共産党規約に、さらに、2004年3月の憲法部分改正において憲法前文に、それぞれ書き加えられた。

3 『人民日報』の影響の下での憲政研究

『人民日報』が長期にわたり憲政に対して留保の態度を維持し続けていたために、中国の憲政研究は、他の分野の法学の研究に立ち後れただけでなく、憲法学の中のその他の課題の研究にも立ち後れることとなった。以下の研究では、政治学・法学分野の学術定期刊行誌（政法類学術定期刊行誌）に発表された文章（論文）を主要な対象とする。また、あわせて博士論文および修士論文にも言及する。学術定期刊行誌に発表された文章（論文）の中で、表題に「憲政」という語が含まれる文章（論文）の数は、図表3-4、3-5のとおりである[41]。

図表3-4 政法類学術定期刊行誌に出現した「憲政」を表題とする文章（論文）の篇数（1979～1993年）

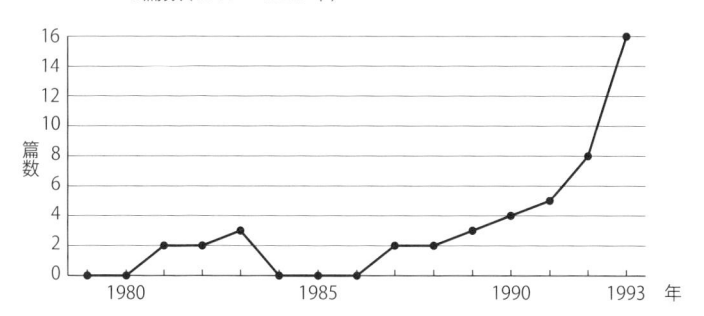

図表3-5 政法類学術定期刊行誌に出現した「憲政」を表題とする文章（論文）の篇数（1994～2008年）

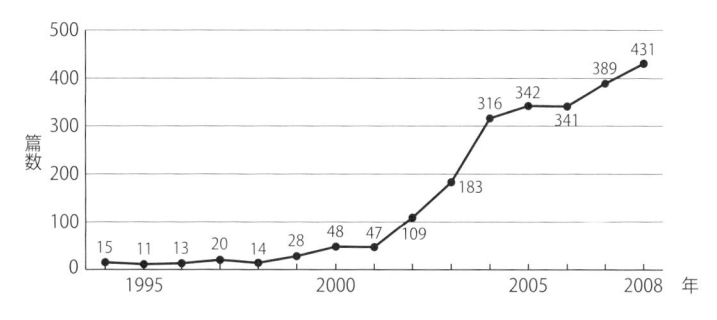

上の2つの図表およびさらなる研究から次のようなことがわかる。1988年以前に、あわせて11篇の憲政を表題とする文章（論文）が出現しているが、それらの内容は、すべて、中国憲政史、外国憲政史、憲政思想史など、歴史に

関するもので、現実の憲政問題に論及するものは一つもなかった。このことは、憲政研究が1988年の段階においてなお真に解禁されていなかったことを表している。1989年に、ようやく現実の憲政に関する文章（論文）3篇が出現した。1949年以降、憲政の現実的意義を初めて肯定した学術論文は、吉林大学の学報（紀要）に出現した。当該文章（論文）は、憲政を「憲法と対応する真の民主政治形態」と定義し、さらに、「憲法、憲政、憲政精神は一つの有機的に連関する統合体である」と指摘した[42]。この表現は、憲政の正当性を憲法と同等視するものであり、その意義は軽視できない。その年の華東政法学院（上海）の『法学』には、2篇の憲政に関する文章（論文）が発表された。いわば前衛である。そのうち一方の文章（論文）の中で、作者は、「法治国家において、公民の行為の結果を予測し判断することができる基準はただ法律のみである。法律の基準は憲法であり、憲法の基準は憲政であり、憲政の基準は自由である」と論じた[43]。もう一方の文章（論文）の作者は、憲政を承認したものの、その階級性を強調し、憲政研究を階級分析の枠組みの中に押し込んだ[44]。このことは、ある側面から、憲政研究がなお初歩的な段階に位置していたことを反映していた。議論は、まだ専門の領域に入ってはおらず、政治批判のレベルにとどまっていたのである。1990年以降、状況は原状に復した。1990年の4篇、1991年の5篇の文章（論文）は、現実から遠く離れ、歴史の「古ぼけた資料の山」へと戻ってしまったのである。

　もしかすると、鄧小平の「南巡講話」に勇気づけられたからかもしれない。1992年に、憲政研究の第二の衝動が出現した。その年、8篇の憲政研究の文章（論文）が出現したのである。この時の衝動は、3年前の試みに比べて明らかに成熟していた。この8篇の文章（論文）の中で、依然として、歴史を研究したものは主要な部分を占めてはいるものの（5篇）、歴史研究の目的にも変化が生じた。人々は、もはや単純に「憲政発見史」を論じたり、さらには憲政の歴史的作用を否定したりせずに、歴史に対する研究を通じて、現実の中の憲政の実現に向けて、その基礎を探し求めるようになった。代表的作品は、「毛沢東の民主革命時期における憲政思想〔毛沢東在民主革命時期的憲政思想〕」[45]、「抗戦時期の中国共産党の新民主主義憲政理論に関する探索〔抗戦時期中共関於新民主主義憲政理論的探索〕」[46]である。現実の憲政問題を研究した3篇の文章（論文）のうち、1篇は、憲政の一般的な理論問題を研究したものであり、2篇は、現実を再認識し憲政を唱道した、「1982年憲法」を紀念し

た文章（論文）である[47]。1992年の勢いを受けて、1993年に、全面開放の状況が現出した。その年の論文の数は、記録的な16篇に達した。そのうち、外国の憲政を研究した4篇の文章（論文）を除けば、文章（論文）の主たるテーマは、現実の憲政と密接に関係していた。主要なものをあげれば、現実の憲政のためにさらなる理論的根拠を探求したもの[48]、憲政の一般的理論問題の研究[49]、憲政と政治体制改革の関係[50]などがある。「社会主義憲政」という新しい概念を提起した文章（論文）が出現したのもこの頃である。これ以降、憲政を研究した論文の数量は中断することなく不断に上昇する傾向にある。2002年、憲法20周年を紀念した際、文章（論文）の数は初めて3桁に達し、2008年には、431篇に達した。このことは、憲政研究が、学術界においてすでに潮流の一つとなったことを表している。

「社会主義憲政」という語は、現実の政治生活の中で憲政を実行することを直接的に主張するものであるため、その解禁はさらに困難をきわめた。図表3-6をみてほしい[51]。

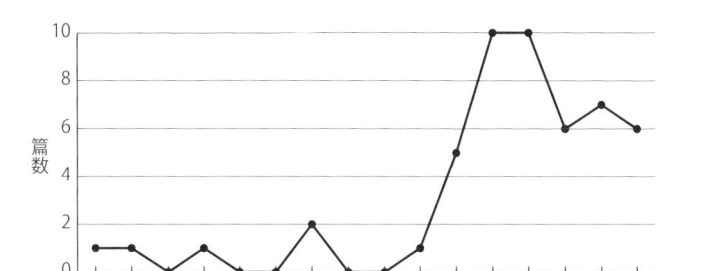

図表3-6　政法類学術定期刊行誌に出現した「社会主義憲政」を表題とする文章（論文）の篇数（1993～2008年）

1993年に、ある学者は、レーニンの思想を考察するという名義の下で、「社会主義憲政」という概念を提起した[52]。1994年には、中国の社会主義憲政を研究する論文が出現した[53]。しかしながら、この概念は長期にわたって受け入れられることはなかった。1996年から2001年にかけては、低いレベルをいったりきたりの足踏みの状態（0～2篇）が続いた。2003年に足踏みの状態から抜け出し、2004年および2005年にはそれぞれ10篇に達した。研究内容はさらに拡充し、中国の社会主義憲政の建設初期の歴史的状況、人権と社会主義憲政、人民代表大会制度と憲政、中国の社会主義憲政の建設の歴程、

中国の社会主義憲政の建設の方途、社会主義憲政の中国的モデル、党の指導と社会主義憲政、鄧小平の社会主義憲政思想の論理体系、社会主義憲政と平等の希求等々を包括した。取りあげるに値するのは、2006年、著名な法学者の江氏が、「憲政社会主義」という概念を提起したことである。彼は、社会主義の概念を創新することを通じて憲政を提唱することを試み、社会科学者たちの間で大きな反響を引き起こした[54]。

学位論文は、学術研究の主力軍の一つであり、それに対する叙述は必要であろう。図表3-7をみてほしい[55]。

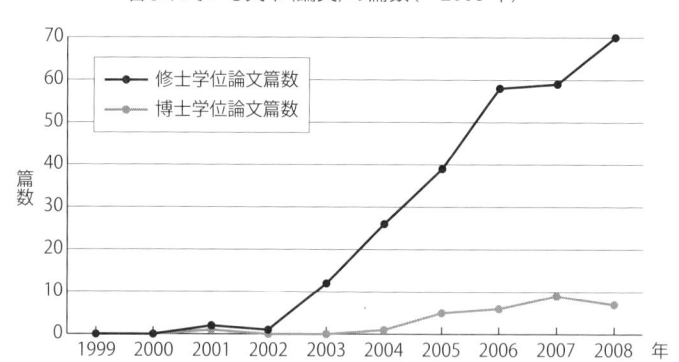

図表 3-7　博士学位論文、修士学位論文の表題の中に「憲政」という語が含まれている文章（論文）の篇数（～2008 年）

2001年に「憲政」を表題とする博士論文が出現した。しかしながら、その内容は現代憲政思潮を研究したものであった。2002年および2003年はそれぞれゼロであり、2004年の1篇もまた歴史を題材としたものであった。2005年にようやく転機が訪れた。2005年にあわせて5篇の論文が出現し、それらはすべて一般の憲政理論と現実の憲政問題を論題としていた。具体的には、憲政概念史、憲政の危機、いかに憲政を実行するか、経済憲政、および刑事訴訟憲政の問題などに及んでいた。

博士論文に比べて、修士論文は明らかにより開放的であった。博士論文と同時期の2001年に出現した2篇の修士論文は、いずれも中国の憲政問題を研究したものであった[56]。2002年に下降を経験した後、2003年には新記録となる12篇に達し、この後、一貫して高速上昇態勢を呈している。研究の範囲からみても、修士学位論文は博士学位論文のそれに比べてはるかに広範である。

最後に、『人民日報』上に出現した「憲政」という語を含む文章（記事・論文）を中国法学界の憲政研究と比較してみるとおもしろいだろう。前者は、政府側〔官方〕の憲政に対する態度を代表し、後者は、学者の見解を代表している。図表3-8をみてほしい。

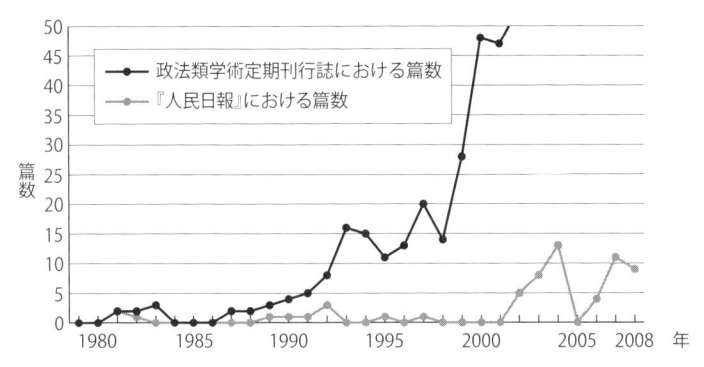

図表3-8 『人民日報』において「憲政」という語が含まれている文章（論文）と中国の政法類学術定期刊行誌における「憲政」学術論文の篇数の比較

　上の図表からみてとれるように、両者において「憲政」と関連する文章（記事・論文）が最も早く出現した時期はほぼ同じである。1981年から1992年までの両者の趨勢もほぼ一致しており、いずれも低迷状態におかれている。ところが、1993年以降、2つの折れ線にははっきりとした「分岐」現象が生じる。『人民日報』上の文章（記事・論文）は、依然として低いレベルを徘徊し、さらにはしばしばゼロに近づいている。この状況は2001年まで継続しており、3年間（2002年、2003年、2004年）の上昇以降、2005年に意外にも再びゼロに戻ってしまっている。これに対して、学術論文の数は、安定した上昇態勢を呈しており、とりわけ1998年以降は直線的な急上昇となっている。

おわりに

　中国憲政研究60年を素描した後で、まず第1に得られる結論は、中国における憲政解禁の苦難である。学術界においては、2004年に依然として憲政研究者にレッテルを貼る（帽子をかぶせる）ような文章（論文）が出現している[57]。一方において、憲法の尊厳の擁護を主張し、他方において、憲政を否定することは、理性的に受け入れがたいことである。なぜなら、「憲政

（constitutionalism）」という語は、「憲法（constitution）」から進展変化してきたものであるからである。constitutionalismの直訳は「憲法主義」であり、憲法の実効性がすなわち「憲政」が創出するということなのである。また、ブラックウェル（Blackwell）の『政治学詞典（The Blackwell Encyclopaedia of Political Thought）』[xix]の中では、憲政（constitutionalism）と憲法（constitution）は同じ収録語に属している。それゆえ、憲法を擁護して憲政に反対することは、相矛盾しているのである。認識において、また、実践において、憲法と憲政とを分離させることは、典型的な「東方問題」の一つであるといえる。なぜなら、西欧世界においては、憲政運動は憲法に先んじたため[58]、憲法の成立後に、憲政を否定するような現象は、憲法の存在価値を同時に否認しない限り発生しえなかった。しかしながら、東方はこれとは異なる。東方の憲法は、権力の意志を実現する道具として導入されたものであり、権力の意志は、往々にして、憲法の名を用いて、憲法の拘束を受けることを拒絶してきた。このことは、（権力の合法性を獲得するために）憲法を受け入れると同時に憲政を排斥するという異常な事態を創出させたのである。「1954年憲法」を書いた字の墨がまだ乾かない〔墨跡未乾〕うちに、憲法原則と憲政が同時に批判を浴びたのは、まさにこのことに由来している。

　第2に、憲政研究は、憲法、法治、人権と相互依存関係にある。憲政が初期における徹底的禁止から相対的に緩和された禁止へと進展したことは、「1982年憲法」の制定に役立ったし、それ以降、各回の研究の衝動は、それぞれ憲法制定10周年および20周年に関連していた。憲政解禁の衝動と学術界の憲政研究の高揚は、1990年代初期に生じた。これらは、もちろん、鄧小平の「南巡講話」と関連していたが、それに加えて、1989年の人権研究開放の内部決定とも関連していた[59]。2002年、2004年の研究の最高潮は、1999年の「法治入憲」、2004年の「人権入憲」と相当程度の因果関係がある。このことは、憲法、人権、法治、憲政が本質的な相似性を具え、それらが「栄誉と恥辱をともにする〔栄辱与共〕」関係に立つことをある側面から我々に教えてくれている。

　第3に、学術研究は、憲政解禁および憲政思想の発掘に対して価値のある

---

　　xix　ブラックウェル（Blackwell）の『政治学詞典』：原書は、David Miller, The Blackwell Encyclopaedia of Political Thought, Basil Blackwell Ltd., U.K., 1987.

ものであるが、同時に、学術界の誤った観点は、政治的イデオロギーに対するミスリードをももたらす可能性がある。『人民日報』が憲政に対して沈黙していた頃、1982年以降の学術界では憲政に関する文章（論文）はすでにしばしば出現していた。『人民日報』の文章（記事・論文）と学術定期刊行誌における文章（論文）との間には、明白な「タイムラグ」現象が存在していたのである。『人民日報』上に掲載された多くの先駆的な文章（記事・論文）は、学者の研究がその前にあった。このことは、為政者が学術研究の成果を吸収したことを示している。すでに論及した1993年以降の『人民日報』の文章（記事・論文）中で「憲政」を使用した頻度の折れ線と、学術研究の折れ線との間に生じている「分岐」の現象は、一貫して2005年まで持続した。2006年以降、『人民日報』の側に学術研究と接近する趨勢が現れはじめた。このことは、長期にわたる学術研究が、政府側〔官方〕の政治的イデオロギーに対して良好な作用を発揮することを示している。他方において、学術界の不当な行為が、政治的イデオロギーを誤った方向へと導くこともありうる。典型的な事例が、『人民日報』が突然2005年に以前の状況に回帰してしまったことである。このことは、明らかに、2004年の学術界のある一部の権威による憲政に対する政治的批判と関係している[60]。

　第4に、中国の歴史的条件の下で憲政を実現するにあたっては、権力主体の憲政研究に対する寛容がきわめて重要である。中国の憲政は権力が主導するものであり、権力主体の能動性が発揮されることが要請される。ところが、憲政の核心は権力の規範化に他ならない。これは、一つのパラドックスである。したがって、現体制下の中国において、憲政の実現には、学術界と全社会の共同の努力が必要とされ、さらに、権力主体の先見の明と自己拘束の行為理性がより必要とされる。その中でとりわけ重要なものが、憲政研究に対する寛容なのである。学術研究に対する寛容は、間違いなく1978年以降の「改革開放」の重要な成果の一つであった。1978年以前において、学術界と政治的権威は、憲政の拒絶という点で完全に一致していた。しかしながら、1978年以降、政治的権威は、次第に学術界に対する寛容を示しはじめた。上述した「分岐」現象は、政治的権威は憲政を論じないが、それでも学術界が憲政を研究することは許容するということを証明しているといえる。このことは、中国憲政の最終的解禁に対して重要な意義を具えていたし、また、さらなる中国憲政の発展に対しても積極的な意義を具えているにちがいない。

第5に、学術体制の憲政研究に対する影響はきわめて巨大である。学位論文が学術定期刊行誌論文に比べて明らかに立ち後れているのは、その一つの証左である。1993年、学術定期刊行誌論文は、憲政の禁区をすでに打破していたが、学位論文はこの点についてなお萎縮し沈黙していた〔噤若寒蝉〕。憲政を研究した初めての修士論文は2001年に出現し、初めての博士論文はさらに遅れて2005年になってようやく登場した（歴史に関するものは除外している）。たとえ、学位論文がテーマの選定から口頭試問に至るまでの周期が比較的長い（中国では通常2年）ということを考慮に入れたとしても、このような落後現象は明らかに社会常識に合致しない。なぜなら、学位論文は、通常、最も創新力を具えるものであり、その創造者は、重大な理論および実践的価値を具える課題を早くから発見していなければならない。それなのに、彼らは大きく立ち後れているのである。ありうる解釈はおそらく体制的なものであろう。学生と指導教授は、「敏感」なテーマは口頭試問をパスするにあたり問題があるのではないか、と恐れている。なぜなら、口頭試問〔答辯〕委員会の構成員は、通常、学生よりも「成熟」しているからである。中国の口頭試問〔答辯〕委員会は、学術問題を論評するだけではない。多くの構成員は、「政治的正確性」を第一位におく。政治的権威が憲政について開放的でない条件の下で、憲政研究は、順調に学位を取得することを希望する学生たちにとって、自ずと危険な道となってしまうのである。

〈付記〉本章の執筆にあたり、資料の一部を収集してくれた曹宝山氏、作図を担当してくれた趙哲氏に感謝したい。

1　『人民日報』は、1948年6月15日に創刊された。『晋察冀日報』と晋冀魯豫（現在の山西省、河北省、山東省、河南省）の『人民日報』が合併したもので、もともとは共産党華北局機関紙であった。1949年3月15日に、『人民日報』社は北平（現在の北京）に移転し、同年8月1日、共産党中央は、『人民日報』を共産党中央委員会機関紙へと転換し、その後、今日に至っている。
2　『清史稿・徳宗紀』。
3　一時的に現れては消えていった復辟党（清朝の再興を目指した諸勢力──訳者補足）は例外とする。
4　興味深い実例がある。中華民国期の多くの知識人の名前は、「某憲政」といった。例えば、張憲政、李憲政などである。ちょうど、「文化大革命」の最中に生まれた人が、「某学東」（毛沢東に学ぶ）といったようにである。
5　笑蜀編『歴史的名声──半個世紀前的庄厳承諾』（汕頭：汕頭大学出版社、1999年）275頁より引用。
6　この2篇の文章（記事・論文）とは、すなわち「呉玉章同志年譜」と「艾奇遜致杜魯門信全文」である。
7　『人民日報』に掲載された文章（記事・論文）の中で、「憲政」という語が出現したものは、合わ

せて458篇ある。中華人民共和国建国前が38篇で、建国後が420篇である。その中の大部分が憲政と無関係の内容である。例えば、人名、外国の政治運動、対外関係、台湾と香港に関する文章等々である。以下における統計では、すべてそれらを除外している。

8　1949年は10月1日の中華人民共和国新政府成立から起算しており、7年3カ月で合わせて20篇ある。資料出所：報紙全文庫（http://202.195.136.37/gndl/default_b.asp）。2009年10月8日閲覧。

9　23年間で合わせて9篇ある。資料出所：報紙全文庫（http://202.195.136.37/gndl/default_b.asp）。2009年10月8日閲覧。

10　「憲政」という語をここでは批判として用いているが、それが内包する価値については依然として積極的に（プラスの面から）肯定している。それゆえ、積極的に（プラスの面から）肯定する文章（記事・論文）に分類している。

11　「部分的に肯定」というのは、劉少奇が同時に次のように述べているからである。「同時に、数十年にわたって、中国では、多くの人が、ブルジョア階級の憲政を実現するために、各種各様の努力をなしてきたが、一つも成功しなかった」（劉少奇「関於中華人民共和国憲法草案的報告（1954年9月15日在中華人民共和国第一届全国人民代表大会第一次会議上的報告）」『人民日報』1954年9月16日）。以下、『人民日報』の文章（記事・論文）の引用については、『人民日報』という新聞名の表示を省略する。

12　「学習第一届全国人民代表大会第一次会議的文件」1954年10月15日。

13　「在第一届全国人民代表大会第一次会議上代表們関於憲法草案和報告的発言」1954年9月18日。

14　「在第一届全国人民代表大会第一次会議上代表們関於憲法草案和報告的発言」1954年9月19日。

15　羅隆基は、「国家に、よい政法人員がおらず、よい政法工作がなされなければ、よい憲政も存在しえないし、真の法治も存在しえない。我が国は、今まさに憲法を採択し、憲政を実行しようとしている。このような現象（中国において、よい政法人員がおらず、よい政法工作がなされないために、よい憲政・真の法治が存在していないということ――訳者補足）は、速やかに是正されなければならない」と述べている（「在第一届全国人民代表大会第一次会議上代表們関於憲法草案和報告的発言」1954年9月19日）。

16　当該文章（記事・論文）の作者は、「1844年に書かれた『イギリスの状態：Ⅱ　イギリスの憲法』の一文の中で、エンゲルスは、ブルジョア階級の憲政および権力均衡の原則を鋭く批判した」と記述している（王若水「恩格斯論国家――紀念恩格斯逝世五十九周年」1954年8月5日）。

17　文中では、胡適は「北洋軍閥政府に対して、3つの基本的要求を提起した。すなわち、『憲政の政府』、『開かれた政府』、および『計画ある政治』を要求した。以前と同様に、胡適は、耳当たりのよい言葉を用いて人民を惑わし、実際には、ほしいままに、反動的なブルジョア階級改良主義を宣伝し、……共産党が提起した反帝国主義・反封建主義の呼びかけに抵抗し、封建軍閥の反動的統治を擁護していたのである」と記述されている（李達「胡適的政治思想批判」1954年12月31日）。

18　30年間で総計66篇ある。資料出所：2004年以前の資料については、報紙全文庫の『人民日報』（http://202.195.136.37:8333/webpage_bz/webpage_RMRB/index_b.htm）、2005年以降の資料については、『人民日報』の人民網（http://paper.people.com.cn/rmrb/html/）。2009年10月8日閲覧。

19　この5篇の文章（記事・論文）は以下のとおりである。黄大能「憶念吾父黄炎培」1981年3月6日、胡愈之＝千家駒「我国著名的法学家張志譲先生」1981年4月28日、呂濤「辛亥革命前的一場争論」1981年9月29日、林増平「評辛亥革命時期的立憲派」1981年10月5日、屈武「携起手来共同完成統一大業屈武在首都各界紀念辛亥革命七十周年大会上的講話」1981年10月10日。

20　陳方生「必須保障憲法的最高法律効力」1982年5月24日。

21　張樹相「評『民主憲政新潮――憲法監督的理論与実践』」1989年5月19日。

22　大雨「対社会主義憲政的可喜探索――『憲法保障論』簡評」1991年4月8日。

23　張宿堂＝王標「紀念憲法頒布十周年学術討論会結束」1992年11月26日。

24　汪新「為団結進歩民主的新中国而奮闘――記抗日戦争時期的民主憲政運動」1990年9月2日。

25　共産党の指導者の中で、最も早く「法治」という語を積極的に（プラスの面から）使用したの

は、趙紫陽元総書記である。彼は、1987年に「幹部人事制度の改革」について報告した際に、「人を用いるにあたり法治が欠如している」ことを指摘した（趙紫陽「沿着有中国特色的社会主義道路前進──在中国共産党第十三次全国代表大会上的報告［1987年10月25日］」『紅旗』1987年第21期18頁）。1989年に趙紫陽が失脚した後、「法治」もまたこれに伴い論じることができなくなった。法治の再度の正当化は1996年に始まった。このことは、中国の特殊な慣例と関連していた。1980年代に、中国では、共産党政治局委員が専門家の「法治講座」を聴くという慣例が形成されていた。この過程は次のようなものである。まず、司法部が講座について大枠の方針を確定し（例えば、法理学の分野、刑法の分野など）、その任務をある単位（例えば、大学、研究機構など）に担わせる。当該単位・組織の専門家は、その方針にしたがって、いくつかのテーマを提案する。その後、それらがいくつかの部署で審査・許可され、最終的に最高指導者によりテーマが決定される。テーマの最終的な決定を受けて、当該単位は再度専門家を組織して、草稿を準備する。草稿が審査を経た後、共産党政治局委員に向けて講義が行われる。1996年に最高指導者が選定したテーマは、「法律に基づいて国を治め〔依法治国〕、社会主義法治国家を建設する」であった。法治は、この時に解禁されたのである。

26　陳雲生「依法治国的核心是依憲治国」1997年11月15日。
27　徐平平「依法治国的豊碑──写在我国現行憲法頒布実施二十周年之際」2002年12月4日。
28　「1954年憲法」が制定された当時も、人々はこれに類似した話をしていたことがある。袁曙宏「依法治国──全体公民的価値準則」2002年12月4日。
29　劉瀚「学習宣伝尤為重要」2002年12月4日。
30　張智輝「検察官法定位検察職能」2002年12月4日。
31　劉山鷹「依法治国的核心──依憲治国」2003年1月15日。
32　裴智勇「一周法評」2003年6月4日。
33　田必耀「尊重人大決定権」2003年8月13日。
34　甘益偉＝黄錦峰「有効行使重大事項決定権──六省区人大常委会主任座談会総述」2003年11月19日。
35　辛国安「積極培育和構築社会主義政治文明的思想文化根基」2003年11月25日。
36　信春鷹「依憲治国、全面建設小康社会」2003年12月19日。注目に値するのは、当該文章（記事・論文）の作者が全国人民代表大会常務委員会委員、全国人民代表大会法律委員会委員であることである。
37　沈峰「応保証人大決定権的有効行使」2003年12月24日。
38　張涛「中宣部等五部委挙行学習憲法報告会、全国人大法律委員会主任委員楊景宇作専題報告」2004年3月26日。
39　筆者が「最終」という語を使用するのには、その中に予測、さらには一種の期待も含まれている。なぜなら、世界中で憲政が常識となってすでに数百年が経つ時に、引き続き憲政を排斥するのは明らかに時宜に合わないからである。そして、そのことは、統治者自身の利益にも合致しないし、政権の安定にも不利であるからである。しかしながら、この判断は間違いなく危険もはらんでいる。というのも、憲政の実質とは、権力の至上性を「規範化」することであるが、権力至上の現実の中では、いかなる事態も発生しうるからである。
40　「呉邦国在十一届全国人大一次会議上作的常委会工作報告（摘登）」2008年3月9日。
41　図表3-4、3-5の反応は、一個の持続的な過程である。しかしながら、数量の差があまりにも大きく、1つの図で表現すれば不明確になると考え、それゆえ、2つの図表を掲げた。30年間の総計は、2,350篇である。資料出所：中国期刊全文数拠庫（http://202.195.136.22/kns50/Navigator.aspx?ID=1）。2009年10月8日閲覧。
42　劉惊海「従憲法、憲政、憲政精神──対憲法学研究対象的認識」『吉林大学社会科学学報』1989年第1期。
43　陳小平「憲政与自由」『法学』1989年第5期。
44　俞子清「談民主憲政的階級属性」『法学』1989年第12期。
45　華友根「毛沢東在民主革命時期的憲政思想」『政治与法律』1992年第2期。
46　劉曼柯「抗戦時期中共関於新民主主義憲政理論的探索」『毛沢東思想研究』1992年第1期。

47 陳端洪「憲法初論」『比較法研究』1992年第4期、杜鋼建「従専政到憲政──紀念現行憲法頒行十周年」『浙江学刊』1992年第3期、陸徳山「中国憲政十年発展若干問題反思──為紀念現行憲法実施十周年而作」『法学評論』1992年第6期。
48 龔天平「列寧社会主義憲政思想述略」『湖北師範学院学報（哲学社会科学版）』1993年第4期、胡錦光「毛沢東憲政思想初探」『中国人民大学学報』1993年第6期。
49 郭道暉「憲政簡論」『法学雑誌』1993年第5期、隆仕明「憲政精神論」『浙江学刊』1993年第2期。
50 杜鋼建「新憲政主義与政治体制改革」『浙江学刊』1993年第1期。
51 あわせて50篇ある。資料出所：中国期刊全文数拠庫（http://202.195.136.22/kns50/Navigator.aspx?ID=1）。2009年10月8日閲覧。
52 龔・前掲注48論文。
53 許崇徳「社会主義憲政的不平凡歴程──新中国第一部憲法頒布40周年紀念」『中国法学』1994年第5期。
54 江平氏は、社会主義の成功と失敗のカギは、「憲政社会主義」を堅持するかどうかにある、と論じた。憲政社会主義は次の5つの分野を包括する。(1)憲法の権威。(2)政治的秩序の確立。政治的秩序が依拠するのは権力の制約である。(3)政治的民主。そのカギは一般大衆が選択の権力、選挙の権力を有するかどうかである。(4)人民の権利。(5)違憲審査制度（江平「我們応当支持憲政的社会主義」『社会科学報』2006年11月2日）。
55 表題の中に「憲政」という語が含まれている博士学位論文はあわせて29篇あり、修士学位論文はあわせて277篇ある。資料出所：中国博士学位論文全文数拠庫（http://202.195.136.22/kns50/Navigator.aspx?ID=2）および中国優秀碩士学位論文全文数拠庫（http://202.195.136.22/kns50/Navigator.aspx?ID=9）。2009年10月10日閲覧。
56 一つは、中国政法大学の姚建国氏の修士学位論文「憲政の背景の下での中国検察権の属性・定位〔憲政背景下中国検察権的属性定位〕」であり、もう一つは、厦門大学の林小芳氏の修士学位論文「中国90年代以降の台湾『憲政改革』の『国家アイデンティティ』に対する影響〔中国九十年代以来台湾『憲政改革』対『国家認同』的影響〕」であった。
57 ある人は、この20余年、自由化が「『憲政』問題を突破口として、4つの基本原則（社会主義の道、人民民主主義独裁、共産党の指導、マルクス・レーニン主義と毛沢東思想・鄧小平理論・「3つの代表」重要思想──訳者補足）を覆し、根本的に我が国の社会主義政治制度を改変しようと企図している」と論じた（王一程＝陳ационный太「関於不可採用『憲政』提法的意見和理由」『理論研究動態』2004年第11期）。この政治的レッテル（帽子）に対して、許崇徳論文が反駁を加えている。彼は「この文章は我が国の社会主義憲法を故意に捨て去ろうとしている。一方的に憲政を資本主義のものと定義し、そして、憲政を提起することが西洋化を招くという神話を虚構し、それにより、世論を誤った方向へ導き、指導者をたぶらかしている」と指摘した（許崇徳「憲政是法治国家応有之義」『法学』2008年第2期）。何勤華氏は、「憲政否定説」は「中国の社会大衆および政法分野の指導者たちに長期にわたって誤解を生じさせてきた。憲政否定説は、政治学界および法学界では、すでにほとんど市場がないが、この説のその他一般大衆への伝播は、中国の憲法の実施に対して、軽視できないマイナスの（消極的な）影響をもたらしている」と述べ、「憲政は、社会主義が継承し発展させるべき普遍的・世界的な価値である」という命題を明確に提起した（何勤華「憲政是社会主義応当継承和発展的普世価値」『法学』2008年第3期）。
58 憲政は、イギリスにおいて、コモンローによって歴史的に形成されたものである。これは、世界上他に例がない。アメリカの憲法学者C・H・マクウルワイン（Charles Howard Mcllwain）は、「現代のイギリスを除いて、我々は、いずれの国に本土の憲政の成長を発見することができるだろうか？」と論じている（C.H.麦基文〔翟小波訳〕『憲政古今（Constitutionalism Ancient and Modern）』貴陽：貴州人民出版社、2004年、45頁）。
59 1989年の内部会議において、多くの学者は人権研究を展開すべきことを主張した。当時の人権研究の開放は一種の戦略的なものであったものの、中華人民共和国建国40年来で初めてのことであった。郭道暉「人権禁区怎様突破的」郭道暉ほか編『中国当代法学争鳴実録』（長沙：湖南人民出版社、1998年）375頁以下を参照。
60 陳紅太「関於憲政問題的若干思考」『政治学研究』2004年第3期、王ほか・前掲注57論文。

第 2 章

現代中国の立憲主義と民主主義
人民代表大会の権限強化か違憲審査制の導入か

石塚 迅

はじめに

　「立憲主義（constitutionalism）」と「民主主義（democracy）」はそれぞれきわめてあいまいで多義的な語である。そうであるにもかかわらず、このあいまいで多義的な２つの語が、これまで中国の現状を分析しその将来を展望するにあたってのキーワードとされてきた。とりわけ、「民主主義」についていえば、中国の民主主義・民主化に対する日本の中国政治研究者および一般メディアの関心はきわめて高い。中華人民共和国が政治的に民主化するかどうかが、これまでの日本における中国国内政治研究の核心的テーマであったといっても過言ではないだろう[1]。「民主主義」・「民主化」を定義せずに短絡的に用いる研究については、一部で懸念が表明されているが[2]、今後もこの状況に大きな変化はないと思われる。

　これに対して、「立憲主義」という語は、中国研究においては法学者専用の語という趣があり、日本の一般メディアにおいても「民主主義」に比べてその登場の頻度ははるかに少なかった。ところが、近年、この「立憲主義」という語が、なお研究の場に限定されてはいるものの、中国および日本において俄然脚光を浴びはじめている。その背景としては、次の３点を指摘することができる。

　第１に、中国国内において立憲主義研究がブームとなっていることである。現在までのところ、「立憲主義」は、中国においては「憲政」とほぼ同義とされる[3]。現行の「1982年憲法」の制定以降、早くから一部の憲法学者は中国における「憲政」の真の実現を唱えてきたが[4]、1997年９月の共産党第15回全国代表大会において「法律に基づき国を治める〔依法治国〕」、「社会主義法治国家の建設」が提起され、1999年３月の憲法部分改正でそれらの表現が憲

法に明記されるにいたり、法学者は猫も杓子も「憲政」と「法治」について著作・論文を公表するようになった。すでに、研究成果は星の数ほど公表されており、まさに「百家争鳴」の観を呈している[5]。

　第2に、東西冷戦の終結が「立憲主義」の「普遍化」・「グローバル化」といえる状況を現出させたことである[6]。体制転換を果たした「東」側世界、すなわち旧ソ連・東欧諸国は、ほぼ一様に新しい憲法を制定し「立憲主義」の政治体制を採用した。そして、さらに、「南」の発展途上国、すなわちアジア、アフリカ、ラテンアメリカ諸国における立憲主義の受容可能性が活発に議論されるようになった[7]。このことは、ややもすれば、従来、研究にあたりその特殊性または独自性を過度に強調する傾向に陥りがちであった中国法、とりわけ中国憲法の研究について[8]、それを相対化して把握・理解することを可能にした。

　第3に、中華民国史研究において、1945年から1949年にかけての「憲政」模索・実施の時期の政治・社会状況、あるいは「憲政」概念そのものに研究の関心が集まっていることである。そして、すでに、同時期の国民政府や立法院についての研究には、一定の蓄積がみられる[9]。これらの研究は、「戦後復興の一つの象徴である憲政実施過程が政権内部からの分析を欠いたまま『国民党政権＝反動政権』といった理解の下で一方的に否定されてきたこと」を問題視し、従来の「革命中心史観」の克服を訴えている[10]。

　以上のような状況は、近現代中国の立憲主義（憲政）[11]を立体的に把握・理解するかつてない好機をもたらしている。すなわち、東西冷戦の終結により現代中国の立憲主義について「ヨコ」との比較研究が可能となり、歴史学における「革命中心史観」克服の動きにより現代中国の立憲主義について「タテ」との比較研究が可能となり、さらに、そうした比較研究について、なお様々な制約は存在するものの、中国の研究者との間で、比較的自由な意見交換が可能となったのである。

　さらに考慮すべきは、こうした近現代中国の立憲主義を研究するにあたり、歴史学研究者の側から政治学研究者・法学研究者へ向けて「共同戦線構築」の呼びかけが繰り返しなされていることである[12]。とりわけ、中華民国「憲政」期の司法権や裁判に関する研究はほぼ手つかずで残されており、あたかも法学研究者のためにその席が空けられているかの如くである。ところが、こうした呼びかけに対して、日本の中国法研究者はこれまでどちらかといえ

ば慎重な態度を維持していた。この理由についてここで詳細は論じないが、いずれにせよ、結果として、中華民国法は日本の中国法研究においてきわめて手薄な分野となっていることは否定できない[13]。

　筆者はこの呼びかけに応えたい[14]。ただ、「近現代中国の立憲主義」というテーマはあまりにも大きすぎて、到底筆者の手に負える代物ではない。また、檔案を用いた研究手法に習熟していない筆者が、中華民国「憲政」期の司法権を分析することは現時点においてはなお多くの点で困難を伴う。

　そこで、本章においては、まず、立憲主義が民主主義と相互補完の関係に立ちながらも時として微妙な緊張関係にも立つという点を指摘したい。その上で、次に、中華人民共和国の現行の国家・政治体制下において、そうした緊張関係がどのように現出する可能性があるのか、現出しうる緊張関係について法学者はそれをどのように把握・理解しようと努めているのか、について、人民法院の人民代表大会に対する活動報告、違憲審査制の導入をめぐる議論などを手がかりに順次検討していきたい。というのも、日本の歴史学研究者および政治学研究者の一部は、立憲主義と民主主義をしばしば渾然一体のものとして把握・理解する傾向にあるが、両者は異なる概念であり、この概念定義の混乱は今後の中国立憲主義の解析にとって決してプラスにはならないと考えるからである。また、立憲主義と民主主義との相剋という問題を考えることで、(全国)人民代表大会の権限強化、三権分立の導入可能性など、中華人民共和国の今後の政治体制改革の具体的内容をどのように評価するかについても、一定の示唆を提供することができるはずだからである。

1　立憲主義と民主主義

　本章の冒頭で指摘したように、「立憲主義(constitutionalism)」と「民主主義(democracy)」のいずれもそれを定義することがきわめて困難な語であり、法学、政治学を問わず多くの論者もそのことを率直に認めている。ここでは、「立憲主義」と「民主主義」の関係について、筆者の問題意識を示すにとどめたい。

　民主主義あるいは民主政の原語である「デモクラシー(democracy)」という語は、ギリシャ語のデモス(民衆)とクラチア(支配)、すなわち「民衆(＝多数者)の支配」という語に由来している。この民主主義(国民主権)は、君

主主権に対抗する語としてシンボリックな意味合いを有していた。

　これに対して、立憲主義とは、国家権力の濫用を制約し国民の権利・自由を保障する思想あるいは仕組みを指す。1789年の「フランス人権宣言」は、16条において「権利の保障が確保されず、権力の分立が定められていないすべての社会は、憲法をもたない」と謳っているが、これこそが立憲主義の思想の端的な表現である。

　両者は、密接に結びついているとされる。憲法学者の芦部信喜氏は、その理由について、「①国民が権力の支配から自由であるためには、国民自らが能動的に統治に参加するという民主制度を必要とするから、自由の確保は、国民の国政への積極的な参加が確立している体制においてはじめて現実のものとなり、②民主主義は、個人尊重の原理を基礎とするので、すべての国民の自由と平等が確保されてはじめて開花する、という関係にある」と述べた上で、「民主主義は、単に多数者支配の政治を意味せず、実をともなった立憲民主主義でなければならないのである」と強調する[15]。

　ところが、話はそう簡単なものではない。近代市民革命においては、権力の制限とは、主として、君主の権力の制限を意味していた。その役割を期待されたのは議会であり、国民の人権の保障は議会の制定した法律を通じてなされた。この段階においては、民主主義が強調され、立憲主義は後景に退いていた。しかしながら、20世紀に入り、ドイツ・ワイマール憲法体制の崩壊など、「民主主義の限界」が露呈されるに伴い、議会に代わる新たな人権保障の担い手が必要となった。また、「民主主義の暴走」、すなわち議会権力の専横に対する歯止めも必要となった。この段階において、これまで後景に退いていた立憲主義が、違憲立法審査権という制度を伴って再浮上するのである。憲法学者の阪口正二郎氏は、「立憲主義のグローバル化」を論じるにあたり、そこで復権している「立憲主義」とは、「権力は縛られるべきだ」という単純な発想を超えて、「権力＝多数者によっても侵しえないものとしての『人権』という観念と、それを担保するための違憲審査制という装置を内容として持ったものである」と明言している[16]。

　近代市民革命当時と現代において、その状況が異なる点に注意しなければならない。近代市民革命においては、君主の権力を制限しそれに対抗するために立憲主義と民主主義（国民主権）がそれぞれ必要とされた。それに対して、現代においては、民主主義を補完するもの、あるいはそれをも制限する

ものとして立憲主義（違憲審査制）が浮上しているのである。このことは、深刻な問題を我々に提起する。すなわち、憲法は、民主主義（国民主権）に立脚し、選挙で選ばれた国民の代表が法律を制定することを前提としている。ところが、その法律の合憲性が、国民から選出されたわけではない裁判官によって確定されることになれば、その限りで国民はその代表者を通じて国政を決定することを否定されることになる。民主主義に立脚する憲法の下で、違憲審査制はなぜ正当化されうるのか、という問題である[17]。この問題は突きつめていけば、立憲主義と民主主義との両立可能性という根源的な問題にまでたどり着く[18]。

　法学以外の中国研究の分野において、上述したような問題意識はどの程度共有されているのであろうか。

　この点、歴史学研究において、それはなお十分に意識されていないのではないか、というのが筆者の正直な印象である。例えば、金子肇氏は、「一国の統治形態を論ずる場合、国家意思の形成・決定・遂行に関わる制度的な構成を統一的に取り上げなければならないが、その分析の核心は、何よりも三権分立の態様、とりわけ立法権と執行権の関係如何という点にある」と述べた上で、中華民国「憲政」期の立法院の検討へと進んでいる[19]。また、最近の歴史学研究者の論文の中には、「司法」の概念についての基礎的な理解に欠けると思われるようなものも散見される。ただし、これは日本の歴史学研究者の認識不足のみに帰する問題ではない。当時の政治・社会状況においては、強大な執行権（総統・行政院）をどのように牽制・制約するかが、「憲政」実施にあたっての最大の関心事であった。そして、執行権を制約する役割を期待されたのが立法院であったというのであれば、その構図はまさに上述した近代市民革命期の西欧のそれと類似したものであり、そこに司法権の出る幕はない。この時期、民法、刑法、民事訴訟法、刑事訴訟法、会社法といった主要な法律はすでに一通り制定・公布されていたが、それらの実効性にはなお疑問符がついていた[20]。民事訴訟や刑事訴訟さえままならない状況下において、執行権さらには立法権の暴走に対する歯止めとして司法権に期待すること自体に無理があったのだろう[21]。

　とはいっても、立憲主義と民主主義との緊張関係という視点はやはり重要である。その意味で、水羽信男氏が、リベラリズムを「個人の自由を平等かつ実質的に保障するために、個人の諸権利を確立し拡充する思想・運動」と定

義した上で、リベラリズムと民主主義との衝突可能性を指摘していること[22]、また、中村元哉氏が、「1936年中華民国憲法草案（五五憲草）」、「1947年中華民国憲法」の起草段階において、「法律の留保」を憲法に規定するか否かをめぐって起草者間に意見の相違があったことを紹介していること[23]は、注目に値する。いずれの研究も、「民主主義（立法権）の暴走」をも視野に入れているからである。

2　民主集中制における人民代表大会と人民法院

　それでは、立憲主義と民主主義との緊張関係は、中華人民共和国（以下、中国と略称）の現行の国家・政治体制下においては、どのように現出しているのであろうか。

　周知のとおり、中国の国家・政治体制は、憲法上、「民主集中制の原則」を採用している（3条1項）。「民主集中制の原則」には、次の3つの内容が含まれる。第1に、人民と人民代表大会との関係である。中華人民共和国のすべての権力は、人民に属し（2条1項）、人民が国家権力を行使する機関は、全国人民代表大会および地方各級人民代表大会である（同条2項）。全国人民代表大会および地方各級人民代表大会は、すべて民主的な選挙により選出され、人民に対して責任を負い、人民の監督を受ける（3条2項）。第2に、人民代表大会とその他の国家機関との関係である。人民代表大会は、人民を代表して国家権力を行使する機関として、その他の国家機関、すなわち国家の行政機関（人民政府）、裁判機関（人民法院）、検察機関（人民検察院）を選出する。国家の行政機関、裁判機関、検察機関は、人民代表大会に対して責任を負い、その監督を受ける（同条3項）。第3に、国家機関内部の関係および中央と地方の関係である。中央と地方の国家機構の職権の区分は、中央の統一的な指導の下で、地方の自主性と積極性を十分に発揮させるという原則に従う（同条4項）[24]。

　本章との関係において、次の2点に注意しておきたい。

　一つは、広義でいえば、中国も憲法体制においては「民主主義」を採用していることである。「治者と被治者の自同性」を目指すという点においては、ファシズムも共産主義も徹底した民主主義なのである[25]。畑中和夫氏は、中国の人民代表大会制度は直接的には旧ソ連のソビエト制につながり、さらに

第2章　現代中国の立憲主義と民主主義　　163

は、その起源を近代立憲主義の２つの源流の１つ（「1793年フランス憲法」）にもつものとして捉えることができると述べる。そして、現行憲法が、「全国人民代表大会代表は、選挙母体および人民と密接な関係を保持し、人民の意見と要求を聴取し反映させ、人民への奉仕に努めなければならない」（76条２項）、「全国人民代表大会代表は、選挙母体の監督を受ける。選挙母体は、法律が規定する手続に基づき、その選出した代表を罷免する権限を有する」（77条）と規定していることを挙げ、人民代表大会制度は人民主権に直接基礎をおくものであると評価している[26]。

　もう一つは、憲法上、三権分立が否定されていることである。すでにみたように、人民代表大会は、行政機関、裁判機関、検察機関を選出し、その活動を監督するという全権的な国家権力機関である。人民代表大会制度の下では、各機関相互間での業務の分業はありえても、西欧的な三権分立や司法権の独立を観念する余地はない。また、現行憲法は、裁判機関（人民法院）に違憲立法審査権を付与していない。現行憲法上、憲法実施の監督権限は全国人民代表大会およびその常務委員会に、憲法の解釈権限は全国人民代表大会常務委員会にそれぞれ付与されている（62条２号、67条１号）。これもまた、「民主集中制の原則」からの当然の論理的帰結とされる。強調しておきたいことは、「民主主義の暴走」に対する制度的な歯止めは現行中国憲法においては存在しないということである。

　このように、憲法の規定からみれば、中国の人民代表大会は圧倒的に強大な権力を有している。中国の憲法学者の周永坤氏は、「人民代表大会の憲法・法律上の権力がすべて真に実現することになれば、人民代表大会はきわめて恐るべき機構となる」[27]と危惧する。ところが、現在のところ、そうした人民代表大会の暴走（権力濫用）の危険性については、一部の法学者の議論の段階に止まり、現実にはそれほど切実な問題とはなっていない。なぜなら、人民代表大会が、憲法・法律に規定された権力・権限を実際には十分に享有・行使しえていないからである[28]。それでは、人民代表大会を凌駕する権力・権限を享有・行使しているのは誰か。いうまでもなく、それは、中国唯一の執政党であり、国家と人民を指導する中国共産党である[29]。この共産党の権力の濫用をいかに防止するか、恣意的な権力行使をいかに規範化するか、より具体的にいえば、共産党と国家機構とをいかに分離するか（「党政分離」）、これこそが中華人民共和国建国以降、とりわけ「文化大革命」終結以降の中

国の政治体制改革の最大の課題であり[30]、日本の中国政治研究者は、この問題を政治的民主化と関連させつつ論じてきた。

こうしてみてくると、筆者は、西欧近代市民革命期、中華民国「憲政」期と現在の中国の状況をパラレルに論じる余地があるように思う。君主の権力を制御する役割を期待された西欧近代議会。総統・行政院の権力を制約する役割を期待された中華民国「憲政」期の立法院。それでは、共産党の権力濫用を防止し恣意的な権力行使を規範化する役割を期待されている国家機関はどこか。やはり、その筆頭として挙げられるのが人民代表大会なのである[31]。現代中国において、人民代表大会は、「もつべき権力・権限をもっていないがゆえに」、そして、「もつべき権力・権限をもってほしいがゆえに」、各方面から期待を集め、また警戒心を抱かれることもないのである。

3　人民代表大会の権限強化か違憲審査制の導入か

現在の中国において、あるいは中国研究において、政治的民主化・民主主義の担い手として人民代表大会が期待を集めている以上、「民主主義」を補完しあるいはその暴走を抑制するものとしての「立憲主義」を論じることは、無意義な試みなのであろうか。筆者はそうは思わない。すでに述べたように、「立憲主義」は「民主主義の限界」に際して再浮上しうるものである。人民代表大会がこのまま共産党の権力制御に対して無力であり続けた場合、あるいは逆に人民代表大会がその権力を濫用するような事態が生じた場合、現行憲法下の人民代表大会制度を修正する何らかの制度的枠組みが必要となってくる。すでに、中国の一部の法学者はそうした可能性について論じはじめている。また、実際の状況として、1990年代後半以降、人民代表大会の活動が徐々に活発化してきており、このことが人民代表大会と他の国家機関との間に様々な軋轢を生じさせており、法学者たちの関心を集めている。

本節では、筆者と近接した問題意識をもち、近年、立憲主義と民主主義との相剋という問題について積極的に発言している憲法学者・周永坤氏の所説に着目しつつ、人民代表大会の権限強化の是非について、司法権との関わりから論じていきたい。

(1) 一府両院報告の否決は喜ぶべきことか憂うべきことか

　すでに述べたように、現行憲法は、「一府両院」(人民政府、人民法院、人民検察院) が人民代表大会に対して責任を負い、その監督を受けると規定している。人民代表大会およびその常務委員会の一府両院に対する監督は、憲法・法律上、「立法・執法監督」、「活動監督」、「人事監督」など、きわめて多岐にわたる[32]。近年、人民代表大会はこれら監督機能を徐々に積極的に行使するようになり、一部の地方においては、人民代表大会が一府両院の活動報告を否決したり、共産党の用意した人事案を覆すといった事態まで出現している[33]。

　その中でも、中国社会に衝撃を与えたのは、2001年2月に、瀋陽市人民代表大会が、瀋陽市中級人民法院の活動報告を否決した事例である[34]。中華人民共和国建国以来、省人民政府所在地の市 (省都) の人民代表大会において、一府両院の一つである人民法院の活動報告が否決された初めての事例であったからである。瀋陽市では、当時、大型のスキャンダルが相次いで発覚していたという背景も手伝って、この事例に対して、中国のメディアおよび憲法学界はおおむね肯定的評価を与えた。例えば、『中国青年報』は、「人民代表大会が次第に真の権力機関になりつつあることを示している」(許崇徳氏)、「中国民主政治の象徴的事件である」(韓大元氏) といった憲法学者たちのコメントを掲載している[35]。

　ところが、周永坤氏は、これは「喜ぶべきこと」ではなく、むしろ「憂うべきこと」として、懸念を表明するのである。彼は、人民政府の活動報告については、その必要性を肯定するが、人民法院の活動報告については、憲法に根拠がなく司法の独立の原則にも反するためにこれを取り消すべきであると主張する。以下、その理由をみておきたい。

　まず、周永坤氏は、憲法の規定に着目する。現行憲法は、92条において「国務院は、全国人民代表大会に対して責任を負い、かつ活動を報告する。全国人民代表大会の閉会期間においては、全国人民代表大会常務委員会に対して責任を負い、かつ活動を報告する」と、110条1項において「地方各級人民政府は、同級の人民代表大会に対して責任を負い、かつ活動を報告する。県級以上の地方各級人民政府は、同級の人民代表大会の閉会期間においては、同級の人民代表大会常務委員会に対して責任を負い、かつ活動を報告する」とそれぞれ規定している。人民政府の人民代表大会に対する活動報告は、

「1954年憲法」、「1975年憲法」、「1978年憲法」にも規定が設けられていた。それゆえ、十分に憲法上の根拠を有している。ところが、これに対して、人民法院の人民代表大会に対する活動報告に関する規定は、事情がかなり異なっている。現行憲法は、128条において「最高人民法院は、全国人民代表大会および全国人民代表大会常務委員会に対して責任を負う。地方各級人民法院は、それを選出した国家権力機関に対して責任を負う」と規定している。憲法128条には、「活動を報告する」という文言が存在しないのである。人民法院の人民代表大会に対する活動報告は、以前の３つの憲法には規定が設けられていた。それなのに、現行「1982年憲法」においては、「責任を負う」としか規定されていない。この点について、彼は、「責任を負う」という表現と「責任を負い、かつ活動を報告する」という表現とには、明らかにその意味において違いがあるはずである、と述べ、現行憲法の制定者が司法活動と行政活動の性質の違いを意識して、「活動を報告する」という文言を設けるべきではないと考えたのではないか、と制憲者意思解釈を展開している。そして、このことは、司法の独立の観点において、現行憲法の制定者が以前の３つの憲法の制定者に比べ進歩していることを示しており、共産党第11期中央委員会第３回全体会議（本書140頁脚注ｘ参照）以降の「思想解放」運動（本書141頁脚注ⅹⅲ参照）および法制追求の結果であると論じている[36]。

　現行憲法には、人民法院の人民代表大会に対する活動報告が明記されていないが、個別法である「人民法院組織法」（1979年７月採択）が、17条１項において「最高人民法院は、全国人民代表大会および全国人民代表大会常務委員会に対して責任を負い、かつ活動を報告する。地方各級人民法院は、同級の人民代表大会およびその常務委員会に対して責任を負い、かつ活動を報告する」と規定している。人民法院の人民代表大会に対する活動報告に、憲法上の根拠はないが法律上の根拠があることについてどのように考えるべきか。周永坤氏は、一般法をもって憲法の規定を「改正」または「補充」することは適切ではないと主張する。なぜなら、第１に、全国人民代表大会は最高国家権力機関であるが、このことは、人民代表大会の権力が無限であることを意味するわけではないからである。人民代表大会の権力も、何よりもまず憲法の範囲内で行使されなければならない。また、第２に、「憲法至上」が貫徹されなければならないからである。憲法は、前文においてそれは「国家の根本法であり、最高の法的効力をもつ」と、５条３項において「すべての法律、

行政法規および地方的法規は、憲法に抵触してはならない」と規定している。つまり、彼にいわせれば、現行の「人民法院組織法」の当該規定が憲法に違背しているのである[37]。

　さらに、上述したような憲法上の理由以外に、人民法院の活動報告を停止すべき理由として、周永坤氏は、3点の法理上の理由を挙げる。第1に、人民法院の内部構造との矛盾である。人民法院の内部構造は、法律に基づき裁判権を行使する裁判官の活動の需要に適応し、高度に分散したものでなければならない。権力の集中は司法の公正に対する最大の脅威となる。第2に、法治国家における司法機能との矛盾である。人民法院院長の人民代表大会に対する活動報告は、必然的に人民法院の行政化を推し進めることになる。具体的にいえば、人民法院院長の行政首長化と審級制度の形骸化である。それにより、個々の裁判官の自主的地位を喪失させてしまう。第3に、裁判の専門性との矛盾である。人民法院の裁判の最終性は、人民法院の権威の保障なのである。もし、司法の権威の上にさらにもう一つ権威が増えれば、必然的に司法の権威を損なうことになる[38]。

　以上のような周永坤氏の学説は、中国の学術界においてはいまだ少数意見にとどまっている。法学界、政治学界を問わず、学術界は、総じて一府両院の人民代表大会に対する活動報告について積極的な評価を下している。理由はすでに述べたとおりである。すなわち、憲法が採用する人民代表大会制度および「民主集中制の原則」という法制度的・法理論的な理由、および人民代表大会の監督権行使の活発化に対する期待という実践的な理由である。このような法学界の多数説と期待を受けて、2006年8月に「各級人民代表大会常務委員会監督法」が制定・公布された。同法は、1条において「全国人民代表大会常務委員会および県級以上の地方各級人民代表大会常務委員会が、法律に基づき監督職権を行使することを保障し、社会主義的民主を発展させ、法律に基づいて国を治めることを推進するため、憲法に基づき、本法を制定する」と規定し、「第2章：人民政府、人民法院および人民検察院の特定項目活動報告の聴取および審議」という章を設けている。周永坤氏は、同法制定の後も、自身の立場に変更はないと明言し、人民代表大会の権力が大きくなりすぎることを理由に同法については高い評価を与えていない[39]。

(2) 議行合一の原則は徹底的に廃棄されなければならない

　政治学者の林伯海氏は、「我が国は、『議行合一』の人民代表大会制度を実行している。全国人民代表大会および地方各級人民代表大会は国家権力機関である。我が国の司法の独立は、三権分立のモデルに基づいて存在しているのではなく、国家権力機関の監督の下での司法の独立であり、司法機関は、司法権を行使する際、権力機関の監督の下におかれなければならない。……したがって、司法機関が人民代表大会の監督の対象になるのは理の当然であり、決して『司法の独立』を口実に、人民代表大会およびその常務委員会の監督から離脱したり、それを拒絶してはならない」[40]と論じる。

　「議行合一」とは、文字どおり「議（立法権）」と「行（執行権）」の組織上・職能上の合一であり、中国において長期にわたり憲法上の基本原則として位置づけられてきた。周永坤氏は、この「議行合一の原則」を社会主義国家の政権の理論とするのは誤りであると述べ、それに対して全面的な批判を展開する。その理由として次の３点を挙げている。

　①　中華人民共和国の憲法史上、「議行合一の原則」を実際に実行したのは、建国直前に制定された「中国人民政治協商会議共同綱領」と「文化大革命」期に制定された「1975年憲法」においてである。前者は、全国人民代表大会の下に「議、行、軍、審、検」を統率する中央人民政府委員会を設置するという内容であり、後者は、地方各級人民代表大会の常設機関として地方各級革命委員会を設置するという内容であった。つまり、戦時の需要と政府指導者が誤りを犯した時を除いて、中国は議行合一を実行したことがないのである。そして、議行合一の実行が人々にもたらしたのは災難だけであった。

　②　「議行合一の原則」を社会主義憲法の特色として資本主義憲法の三権分立と対照させることは歴史の真実に合致しない。三権分立は、集権と対立する政治文化である。それは、政権の階級属性と無関係である一方で、人の自由とは関連性を有している。社会主義が理論上は議行合一を論じながらも、実践においては一定程度の分業体制を実行したのはなぜか。ひとたび、議行合一を徹底して実行すれば、自由はもはや存在しなくなるからである。中国の「文化大革命」はその典型的事例である。

　③　マルクスの「議行合一の原則」の提唱にはいくつかの条件があった。第１に、当時のパリ・コミューンは戦争という環境におかれていた。第２に、マルクスは、ブルジョア階級の行政の専横とサロン風議会に反対し、人

民が議会を通じて政府を制御することに期待をかけていた。第3に、19世紀の民主の思想は、人民主権にその注意が集中し、議会を民主の化身とみなしていた。マルクスもまた民主的に選挙された議会に希望を託していた。第4に、マルクスが政治問題において基本的に依拠していたのは、西欧の伝統的な社会的権力と政治的権力の二分論であった。彼は、権力をプロレタリア階級に掌握させれば、最終的に政治的権力は消滅すると考えていた。また、レーニンが議行合一を主張したのは純粋な功利主義的目的によるものであった。レーニンにとって、議行合一は政権奪取の便宜上の措置にすぎず、理想の政府に関する理論ではなかった。それゆえ、政権を掌握した後、レーニンはためらうことなくこの理論を放棄したのである[41]。

周永坤氏は、「……『議行合一』が代表するのは集権モデルであり、権力分立が代表するのは分権モデルである。それらと人類の自由および解放との関係についていえば、議行合一は人の自由および解放と対立するモデルであり、権力分立は人の自由および解放と調和がとれている。なぜなら、人の自由および解放の条件の一つは、政治権力に対するコントロールだからである」[42]と結論づけている。

「議行合一の原則」に対する批判の声は、憲法学界に限っていえば、徐々に主流を占めつつある。おそらく、「議行合一の原則」批判をめぐって、他の憲法学者と周永坤氏との違いは、人民代表大会の絶対優位性、「民主集中制の原則」をどう評価するかの点にあると思われる。例えば、韓大元、胡錦光両氏は、「理論と実践の両面からいって、議行合一の原則は、いずれも中国の人民代表大会の組織原則ではなく、歴史的伝統もなければ、現実的土台もない」として、「議行合一の原則」に批判を加えるものの、他方で、「民主集中制の原則を、いかにしてよりいっそう健全にするかということが、人民代表大会制度を発展させる上で、きわめて重要な理論的、実践的意義を有している」とも述べている[43]。

これに対して、周永坤氏の所説に通底する特色は、人民代表大会制度そのものへの懐疑、その裏返しとしての司法権に対する強いこだわりに表現される。

「議行合一の原則」に対する批判の中でも、彼は、司法権の位置づけに論及している。すなわち、マルクス主義の議行合一の理論は、議会（立法権）と政府（行政権）の2種類の権力にのみ関連するもので司法権は含んでいない。

そうであるにもかかわらず、中国法学界は、人民法院が人民代表大会に対して責任を負うという現行制度をいわゆる議行合一の枠組みの中に押し込め、司法をも「合一」させてきた。この理論上の誤りは、司法権の矮小化と弱体化という深刻な結果をもたらすこととなった、と指弾している[44]。

司法権の地位の向上および権限の強化のために、周永坤氏は、「人民法院は、法律の規定に基づき独立して裁判権を行使し、行政機関、社会団体および個人の干渉を受けない」という現行憲法126条の規定の改正建議にまでふみ込んでいる。彼は、人民法院の行政化の傾向を防止し司法権の独立を確実なものとするために、同条の表現を「中華人民共和国の裁判官は、独立して裁判をし、法律にのみ服従する」と改正すべきである、と主張する。その要点は以下の2つである。

第1に、人民法院の行政化の傾向を防止するためには、裁判所〔法院〕の独立よりも個々の裁判官〔法官〕の独立を明記した方がよい。司法の独立の趣旨は、裁判官の裁判権が裁判権以外の権力から掣肘を受けないという点にあるだけでなく、司法権が人民法院内部の権力、すなわち、人民法院の首長の行政権力や他の裁判官の権力から独立しているという点にもあるからである。

第2に、現行憲法のような列挙式の干渉禁止という方法では、反対解釈に基づき「裁判権に対する合法的干渉」の余地を残すことになる。「行政機関、社会団体および個人の干渉」の中に軍事機関や国家主席は含まれないが、これら機関も裁判に干渉してはならないはずである。それゆえ、概括式の干渉禁止という方法を採用するべきである[45]。

同論文において、周永坤氏は人民法院と人民代表大会との関係については多くを論じていない。しかし、2つめの論点である概括式干渉禁止の建議から、人民代表大会の人民法院に対する監督もできるだけ慎重でなければならないという彼の隠れた主張を読み取ることができる。

(3) 人民代表大会制度の下での違憲審査の可能性

人民代表大会の権限強化に疑問を呈し、人民代表大会に対する司法権の牽制を必要不可欠のものと考えるのであれば、違憲立法審査権の導入は避けては通れない論点である。

違憲審査制の導入を含む憲法保障・憲法監督の問題は、現行「1982年憲

法」の起草・制定当初から今日に至るまで、憲法学界において熱心に議論され、具体的な制度の構想をめぐっても多種多様な提案がなされてきた。現在、何らかの憲法監督機構を設置することが急務であるという一点においては、憲法学者の間で共通認識が形成されているものの、その具体的内容については、現行の人民代表大会制度をどのように評価するかと直接に関連する問題であるだけに、その意見には分岐がみられる[46]。

周永坤氏は、違憲審査制の導入を積極的に提唱する憲法学者の一人である。彼は、①憲法および法律の権威と安定の擁護、②法秩序の統一性・連続性・実効性および政令の統一の擁護、③人民代表大会制度の権威の擁護、④公民の憲法的権利の保障、⑤規範の制定をもって私利を図る行為の制止、⑥社会の転換の円滑な実現の保証、を理由に、違憲審査制導入の意義を強調する。そして、「法律道具主義」の考え方が後退し、憲法の部分改正で「中華人民共和国は、法律に基づいて国を治めることを実行し、社会主義法治国家を建設する」（5条1項）、「国家は、人権を尊重し保障する」（33条3項）という条項を新設した今こそ、違憲審査制導入の好機であると説く。

現在、違憲審査制の制度構想をめぐっては、憲法学界の学説は、全国人民代表大会あるいはその常務委員会の下に何らかの憲法監督委員会を設置する説と人民法院に違憲審査権を付与する説とに二分されており、2つの学説は論者によってさらにそれぞれ細分化される。多数説は、細部において多少の違いはあるものの前者である。しかし、周永坤氏は、「違憲審査制度は、人民代表大会制度そのものの改革にかかわる問題であり、そのカギは、憲法の形式をもって人民法院に違憲審査権を付与することにある」と断言する。具体的には、まず、最高人民法院に独立した憲法法廷を設置するか、単独の憲法裁判所を設置して、それを違憲審査制度の頂点とし、同時に、中級以上の人民法院に違憲審査権を付与するという「混合型」の違憲審査制度を構築する。次に、憲法は、違憲審査を明定すると同時に、違憲審査の範囲と効力についても相応の規定を設け、裁判官の違憲審査権を制限する。さらに、人民代表大会の人民法院に対する「反牽制」の制度を設ける。

周永坤氏は、階級闘争のイデオロギーの中で、違憲審査制をブルジョア階級の専売特許として人民代表大会制度と対立するものとして把握・理解してきたことこそが誤りであり、司法に違憲審査制を付与することは、人民代表大会制度とは何ら矛盾しないと述べる。「人民代表大会制度に対する誤解の

中で最も有害なのは、『人民』に対する誤解である。我々は、事実上、意識的・無意識的に『人民主権』を『人民代表大会主権』と理解してきた」[47]。立憲主義と民主主義は接合可能であるという彼の立場は、違憲審査制の導入をめぐる議論においても一貫しているといえる[48]。

おわりに

　以上考察してきたように、立憲主義と民主主義との緊張関係という論点は、現代中国においても、人民代表大会と人民法院との関係をどのように把握・理解するかという問題と絡みつつ、憲法学界の中で議論の俎上に上がりつつある。そして、近年、それは単なる「机上の議論」にとどまらず、具体的な制度・機構改革および法整備などにおいて、避けては通れない実践的な課題となりつつある。今後も、様々な理論的場および実践的場において、この論点は意識的・無意識的に頭をもたげることになろう。また、この論点は、現代中国に特有の問題ではなく、地域・時代を問わず普遍的に存在するものである。現代中国においては、それが人民代表大会と人民法院との関係に集中的に表現されているにすぎない。とすれば、それは、今後、現代中国の立憲主義について「ヨコ」と「タテ」の比較研究を進めるにあたり、きわめて重要な視点となるはずである。

　「立憲主義か民主主義か」という問いに唯一の正しい解はない。個々の論者によりその解答は様々である。周永坤氏は、立憲主義（人民法院）と民主主義（人民代表大会）は両立可能であると考えているが、もし、立憲主義（人民法院）と民主主義（人民代表大会）とが対立する場合には、人民代表大会を含むあらゆる権力から個人の人権を確保するために人民法院は積極的にその役割を果たすべきであるという立場、すなわち「民主主義よりも立憲主義を」という立場に立っている[49]。ただし、現代中国において、人民法院がそうした役割を十分に果たしうるためには、司法とりわけ裁判官の独立、違憲審査制の導入が不可欠である。このように、個々の論者は、それぞれの時代の状況と国・地域の状況を勘案して、自らの信念に基づいて、「立憲主義か民主主義か」という問いに解を出していくほかない。

　現代中国の状況についていえば、立憲主義と民主主義との緊張関係を、人民法院と人民代表大会との関係に単純におきかえることができない最大の要

因に、共産党の存在がある。「立憲主義(人民法院)か民主主義(人民代表大会)か」を論じるのであれば、その前にあるいはそれと並行して、「党政分離」の課題に取り組まなければならない。具体的には、人民法院については共産党からの司法の独立、人民代表大会については選挙制度およびその運用の改革が論じられなければならない。国家権力を凌駕する「もう一つの権力」があるという状況をふまえれば、現時点において望ましい選択は「立憲主義か民主主義か」という二者択一ではなく、「立憲主義も民主主義も」という選択、すなわち何とか両者の接合を図り「もう一つの権力」と対峙していくことなのかもしれない。

最後に、もう1点指摘しておきたいのは、一般大衆の法意識の問題である。一国がいかなる国家・政治体制を採用するかにあたっては、知識人の啓蒙だけでなく、一般大衆の法意識が大きく影響する。現在、中国の一般大衆は立法(人民代表大会)による権利保障に期待しているのだろうか、それとも司法(人民法院)による権利保障に期待しているのだろうか。中国のメディアが人民代表大会の監督権行使に肯定的なのは、一般大衆の司法に対する不信を示しているのだろうか。陳情〔信訪〕の増加をどのように評価すればよいのだろうか[50]。周永坤氏は、「一般大衆は人民代表大会に期待している。人民法院に期待するという私の見解は少数の知識人の見解にすぎない。一般大衆は、具体的な問題が生じた際、人民法院を訪ねるが、もちろん現在はそれよりも陳情の方が多い」[51]と述べるが、それは本当だろうか。このような一般大衆の法意識についても、「ヨコ」と「タテ」の比較研究が可能であろう。

周永坤氏は、現在、司法の腐敗に対する一般大衆の批判の声が日増しに高まっているがゆえに、司法改革に深刻な「情緒化傾向」が現出していると指摘し、こうした「情緒化傾向」は、司法の公正と独立にマイナスの影響を与える恐れがあると憂慮する[52]。「世論」と法治、何も中国に限った問題ではない。

1 例えば、唐亮『変貌する中国政治——漸進路線と民主化』(東京大学出版会、2001年)は、国家と社会の関係の変化、中間層の形成、マス・メディアの変容、「知る権利」の拡大、村民委員会の選挙制度改革、人民代表大会の権限強化など、様々な実証研究を通じて、中国政治の民主化の可能性について論じている。また、毛里和子『現代中国政治〔新版〕』(名古屋大学出版会、2004年)、国分良成『中華人民共和国』(ちくま新書、1999年)なども、中国の民主主義・民主化の問題をその著作の中心的テーマとして位置づけている。
2 例えば、唐・前掲注1書に対する書評として、高原明生『アジア経済』第43巻第12号(2002年12月)89〜90頁、毛里和子『アジア研究』第48巻第3号(2002年7月)105〜107頁を参照。

3　周永坤「関於立憲主義的訪談──答石塚迅先生（2008年7月30日）」『平民法理（周永坤）的博客』（http://guyan.fyfz.cn/blog/guyan/index.aspx?blogid=370610）。
4　杜鋼建「従専政到憲政──紀念現行憲法頒行十周年」『浙江学刊』1992年第3期36～40頁、李歩雲（西村幸次郎ほか訳）「憲政と中国」『阪大法学』第46巻第3号（1996年8月）187～228頁などを参照。
5　「百家争鳴」ではあるが、残念ながらその内容は「玉石混淆」であるといわざるをえない。その傾向をわかりやすくまとめた研究として、鈴木賢「ポスト『文革期』中国における変法理論の転換──『法制』と『法治』のあいだ」今井弘道ほか編『変容するアジアの法と哲学』（有斐閣、1999年）327～331頁を参照。
6　長谷部恭男『憲法とは何か』（岩波新書、2006年）56頁、阪口正二郎『立憲主義と民主主義』（日本評論社、2001年）2～3頁。
7　例えば、「シンポジウム：非西欧諸国における人権概念の受容と変容」『比較法研究』第59号（1998年2月）1～81頁、「特集：アジアの憲法問題」『憲法問題』第11号（2000年5月）5～140頁などを参照。
8　木間正道『現代中国の法と民主主義』（勁草書房、1995年）9頁。
9　例えば、金子肇「戦後の憲政実施と立法院改革」姫田光義編著『戦後中国国民政府史の研究』（中央大学出版部、2001年）133～148頁、同「国共内戦下の立法院と1947年憲法体制」『近きに在りて』第53号（2008年5月）2～15頁、中村元哉『戦後中国の憲政実施と言論の自由1945～49』（東京大学出版会、2004年）、本書第1部第1章中村論文など。
10　中村・前掲注9書1～2頁、19～26頁。
11　本書の「序」において、「狭義における憲政」を「立憲主義」と同義のものとして把握することを編著者の共通理解として提示しているが、筆者は、「立憲主義」と「憲政」とを等号で結ぶことについてなお若干の違和感を覚えている。日本の憲法学においては、「憲政」よりも「立憲主義」の方がなじみのある語であり、また、「民主主義」と対応させる上でも、本章においては「立憲主義」という語を用いる方が適当であると考える。それゆえ、本章第1節において「立憲主義」について筆者なりの理解を示した上で、「立憲主義」と「憲政」とをできるだけ区別して用いたい。
12　金子・前掲注9論文「国共内戦下の立法院と1947年憲法体制」3頁、本書第1部第1章中村論文26頁。
13　この点については、高見澤磨氏が繰り返し指摘している（高見澤磨「中国法」北村一郎編『アクセスガイド外国法』東京大学出版会、2004年、319～320頁、高見澤磨「現代中国法研究の現状と課題」『中国──社会と文化』第9号、1994年6月、275頁）。
14　2009年10月に開催された日本現代中国学会第59回全国学術大会において、「中国社会における『民意』と権力」と題した歴史・法律合同分科会が組織された。筆者は、三品英憲氏の問題提起「中国共産党の支配の正当性と『民意』」、笹川裕史氏の報告「1949年革命前夜における『民意』のゆくえ」に続いて、「民主政と社会主義憲法」という表題で報告を行った。
15　芦部信喜（高橋和之補訂）『憲法〔第4版〕』（岩波書店、2007年）17頁。
16　阪口・前掲注6書2頁。
17　松井茂記『日本国憲法〔第3版〕』（有斐閣、2007年）90頁。
18　立憲主義と民主主義との関係、司法審査の民主的正当性については、以下の文献を参照。阪口・前掲注6書、長谷部恭男『憲法学のフロンティア』（岩波書店、1999年）1～18頁（第1章）、59～71頁（第4章）、同『比較不能な価値の迷路──リベラル・デモクラシーの憲法理論』（東京大学出版会、2000年）89～97頁（第6章）、99～112頁（第7章）、135～148頁（第9章）、同『憲法と平和を問いなおす』（ちくま新書、2004年）17～42頁（第Ⅰ部）、43～110頁（第Ⅱ部）、同・前掲注6書67～86頁（第3章）、長谷部恭男＝杉田敦『これが憲法だ！』（朝日新書、2006年）9～57頁（第1章）、樋口陽一『個人と国家──今なぜ立憲主義か』（集英社新書、2000年）84～96頁、松井茂記『二重の基準論』（有斐閣、1994年）、同・前掲注17書90～98頁。
19　金子・前掲注9論文「戦後の憲政実施と立法院改革」133頁。ただし、金子氏も「議会専制」がはらむ問題性については強くこれを意識している（金子肇「権力の均衡と角逐──民国前期における体制の模索」深町英夫編『中国政治体制100年──何が求められてきたのか』中央大学出版

20 鈴木賢「現代中国法にとっての近代法経験」『社会体制と法』第4号（2003年6月）17～18頁。
21 周・前掲注3対談。
22 水羽信男『中国近代のリベラリズム』（東方書店、2007年）5～6頁、同「毛沢東時代のリベラリズム——『百花斉放・百家争鳴』をめぐって」日本現代中国学会編『新中国の60年——毛沢東から胡錦濤までの連続と不連続』（創土社、2009年）84～87頁。
23 本書第1部第1章中村論文。
24 胡錦光＝韓大元『中国憲法』（北京：法律出版社、2004年）325～326頁（胡錦光執筆部分）、木間正道ほか『現代中国法入門〔第5版〕』（有斐閣、2009年）71～72頁（鈴木賢執筆部分）。
25 長谷部・前掲注6書80頁。
26 畑中和夫「人民代表大会制度の比較憲法的検討」王叔文ほか編著『現代中国憲法論』（法律文化社、1994年）47～52頁。
27 周・前掲注3対談。
28 通山昭治氏は、こうした人民代表大会の現状を、「政治的美称」ならぬ「法律的美称」であると表現している（通山昭治「現段階における中国国家システムの基本問題——中国人大の司法に対する監督『強化』を素材として」『社会体制と法』創刊号、2000年6月、90頁、92～93頁）。
29 共産党の地位と指導性については、現行憲法の前文に叙述されている。
30 「党政不分」の弊害については、鄧小平も早くからこれを指摘していた（「党和国家領導制度的改革〔1980年8月18日〕」『鄧小平文選（2）〔第2版〕』北京：人民出版社、1994年、321頁）。
31 共産党と人民代表大会との関係の変化に着目した代表的な研究として、加茂具樹『現代中国政治と人民代表大会——人代の機能改革と「領導・被領導」関係の変化』（慶應義塾大学出版会、2006年）を参照。
32 人民代表大会の監督の内容については、蔡定剣『中国人民代表大会制度〔第4版〕』（北京：法律出版社、2003年）372～383頁、林伯海『人民代表大会監督制度的分析与構建』（北京：中国社会科学出版社、2004年）99～106頁が詳しい。
33 唐・前掲注1書が「第6章：疑似議会制民主主義の発展」（191～228頁）において多くの事例を紹介している。
34 事案の概要・経過については、加茂・前掲注31書291～292頁、唐・前掲注1書206頁などを参照。
35 「瀋陽人大不通過案：吹皺一池春水——専家指出，這是中国民主政治的標志性事件」『中国青年報』2001年2月16日。
36 周永坤＝朱応平「否決一府両院報告是喜是憂」『法学（滬）』2001年第5期7～8頁。
37 同上8～9頁。
38 同上10～11頁。
39 周・前掲注3対談。
40 林・前掲注32書94頁。
41 周永坤「議行合一原則応当徹底抛棄」『法律科学（西北政法学院学報）』2006年第1期59～60頁。
42 同上61頁。
43 胡錦光＝韓大元『中国憲法の理論と実際』（成文堂、1996年）277～284頁。この他、「議行合一の原則」を批判する憲法学の論者として、蔡・前掲注32書91～92頁をも参照。
44 周・前掲注41論文54～55頁、60～61頁。
45 周永坤「関於修改憲法第126条的建議」『江蘇警官学院学報』2004年第1期62～65頁。
46 憲法監督について論じた研究成果は、中国においてはもちろんのこと、日本においても数多く公表されており、枚挙にいとまがない。さしあたり、王振民『中国違憲審査制度』（北京：中国政法大学出版社、2004年）、莫紀宏主編『違憲審査的理論与実践』（北京：法律出版社、2006年）、李忠『憲法監督論〔第2版〕』（北京：社会科学文献出版社、2002年）、鹿嶋瑛「中国における憲法保障——現行82年憲法下における憲法監督制度を中心に（1）（2・完）」『法学研究論集』（明治大学大学院）第20号（2004年2月）1～25頁、21号（2004年9月）1～18頁、胡ほか・前掲注43書107～119頁（第6章）、121～141頁（第7章）、143～180頁（第8章）などを参照。

47　周永坤「試論人民代表大会制度下的違憲審査」『江蘇社会科学』2006年第3期120〜127頁。その他、周永坤「政治文明与中国憲法発展」『法学（滬）』2003年第1期23〜29頁（邦訳・解説として、周永坤［石塚迅訳・解題］「政治文明と中国憲法の発展」『東京立正女子短期大学紀要』第32号、2004年3月、119〜139頁）をも参照。

48　周永坤「周永坤訪談録（2007年8月15日）」『平民法理（周永坤）的博客』（http://guyan.fyfz.cn/blog/guyan/index.aspx?blogid=247705）。周永坤氏は、同「違憲審査的民主正当性問題」『法制与社会発展』（吉林大学）2007年第4期において、違憲審査の民主的正当性を立証するアメリカの様々な理論を紹介している（78〜89頁）。ただし、これら理論はそれぞれに弱点をも抱えている。前掲注18で挙げた文献を参照。

49　周永坤氏と同じ立場に立つと思われるのが憲法学者・杜鋼建氏である。杜鋼建氏は20世紀の中国の憲政主義思潮を「民主主義的憲政主義」と表現し、それに批判を加えた上で、「憲政の本義は自由の実現にある」として「人権主義的憲政主義」を提唱している。杜鋼建氏の「憲政」観およびその制度構想について、石塚迅「言論の自由は最重要な人権である――杜鋼建の人権観と中国の立憲主義」角田猛之編『中国の人権と市場経済をめぐる諸問題』（関西大学出版部、2010年）115〜140頁を参照。

50　信訪制度の特徴と問題点については、松戸庸子「信訪制度による救済とその限界」『中国21』（愛知大学）第30号（2009年1月）109〜130頁を参照。

51　周・前掲注3対談。

52　周ほか・前掲注36論文11頁。刑事法学者の王雲海氏も、同様の問題意識をもって司法に対する「世論監督」を憂慮している（王雲海「刑事法」西村幸次郎編『現代中国法講義〔第3版〕』法律文化社、2008年、88〜90頁）。

あとがき

　本共同研究は、2007年2月に中村元哉の呼びかけでスタートした。それぞれの研究の方法と内容を尊重しつつ、ゆるやかな形で共同研究を進め、その結果として、数年後に何らかの成果を出せればいいな、というのが当初の私たちのコンセンサスであった。形式的には、当初の予定よりも少し早く、中間成果的なものを公刊することができたが、それが実質的な内容を伴っているかどうかについては、読者の皆さんのご批判・ご教示を真摯に受けとめて今後も自問し続けたい。

＊＊＊＊＊

研究会の開催および研究助成

　ここで、本共同研究について、研究会の開催および取得した研究助成を整理しておく。それらを記載することで、あわせて、研究会の報告・コメントをお引き受けいただいた諸先生方、研究助成を受けた各団体・財団への謝意に代えたい。なお、所属・肩書きは当時のものである。

研究会の開催（研究の打ちあわせ、本書の編集会議は除く）
○2007年6月8日（東京大学駒場キャンパス）
　　山本真「民国時期における革命と社会統合──宗族に着目して」
○2007年9月10日（筑波大学東京キャンパス大塚地区）
　　石塚迅「中国の情報公開地方法規──2つのひな形」
○2007年11月3日（一橋大学国立キャンパス）
　　中村元哉「『中華民国憲法』の政治・思想的背景」
○2008年2月21日（筑波大学筑波キャンパス）
　　三橋陽介（筑波大学大学院生）「抗戦前南京国民政府の司法制度──『中華法学雑誌』にあらわれるそれぞれの課題」
　　吉見崇（東京大学大学院生）「抗戦末期から戦後における中国の検察制度改革──『独立』と『廃止』のはざまで」

○2008年6月21日（慶応義塾大学三田キャンパス）
　石塚迅「現代中国の立憲主義――人大の権限強化か違憲審査制の導入か」
　薛化元（台湾・政治大学）「憲法の制定から憲法の施行へ――『政協憲草』とリベラリストの憲政主張（1946～1972）〔従制憲到行憲――『政協憲草』与自由主義者的憲政主張（1946～1972）〕」
○2008年7月26日（慶應義塾大学三田キャンパス）
　徐躍（中国・四川大学）「清末四川廟産興学における廟の樹木の伐採問題〔清末四川廟産興学中的砍伐廟樹〕」
○2008年11月29日（筑波大学東京キャンパス大塚地区）
　河村有教（海上保安大学校）「中国における人身の自由」
○2009年2月22日（慶應義塾大学三田キャンパス）
　中村元哉「党治と憲政論――民国後期のアメリカ観・ソ連観の視点から」
○2009年6月27日（南山大学名古屋キャンパス）
　ワークショップ「近現代中国の立憲主義をめぐる政治・社会・思想情勢」[1]
　　9:30～9:40　趣旨説明　中村元哉（南山大学）
　　9:40～11:40　第1セッション「中央政治と地方社会」
　　　山本真（筑波大学）「民国時期の河南南陽という"場"から読み解く地方自治と社会――土匪・民団・ローカルエリートに着目して」
　　　姜抮亜（韓国・慶北大学）「財政における中央・地方関係――広東省の事例」
　　　加茂具樹（慶應義塾大学）「現代中国地方政治における『民意』の集約――地級市人民代表大会と政治協商会議に注目して」
　　13:20～14:40　第2セッション「党と立憲主義・立憲政治」
　　　中村元哉（南山大学）「中華民国憲法制定史――自由と司法をめぐって」
　　　石塚迅（山梨大学）「現代中国における言論の自由とその制度的保障」
　　15:00～16:20　第3セッション「リベラリズムとナショナリズム」
　　　水羽信男（広島大学）「リベラリズムはナショナリズムを統御できるか――『戦国策』派の言論活動を素材として」
　　　中村元哉（南山大学）「中国近現代史研究と現代中国――近代史認識と自由論」
　　16:30～17:00　総括討論　コメント：久保亨（信州大学）

研究助成
○2008年1月〜12月、JFE21世紀財団
　2007年度・アジア歴史研究助成
　研究題目：近現代中国における立憲主義の受容とその社会的背景[2]
　研究代表者：山本真、研究分担者：石塚迅、中村元哉
○2008年10月〜2009年9月、三菱財団
　第37回（平成20年度）三菱財団人文科学研究助成
　研究題目：近現代中国における立憲主義の受容と変容」
　代表研究者：中村元哉、協同研究者：石塚迅、山本真

＊＊＊＊＊

本書所収論文の初出一覧

　本書所収論文の多くは、本共同研究の中で研究報告がなされ、そこでの討論・質疑応答を経て執筆されたものである。その時点において、本書の刊行はなお直ちには予定されていなかったため、執筆者の多くは、かかる研究成果をまず学術誌に公表した。ここにそれらの初出一覧を示しておく。執筆者は、その後の研究の進展をふまえて、既発表の論文に加筆・修正を施している。

　第1部第1章：中村元哉「中華民国憲法制定史にみる自由・人権とナショナリズム――張知本の憲法論を中心に」『近きに在りて』第53号（2008年5月）。
　第1部第2章：書き下ろし。
　第2部第1章：徐躍「興学与郷村習慣和文化衝突――以清末四川興学砍伐廟樹為例」『四川大学学報』2007年第5期。
　第2部第2章：山本真「1940年代の四川省における地方民意機関――秘密結社哥老会との関係をめぐって」『近きに在りて』第54号（2008年11月）。
　第3部第1章：周永坤「跌宕起伏的中国憲政研究六十年――以『人民日報』載文為主線的叙述与思考」『法商研究』（中南財経政法大学）2010年第1期[3]。
　第3部第2章：石塚迅「現代中国の立憲主義と民主主義――人民代表大会

の権限強化か違憲審査制の導入か」『近きに在りて』第54号（2008年11月）。

　ご多忙の中、私たちの共同研究の趣旨に賛同して、貴重なご論考を寄稿して下さった薛化元氏、徐躍氏、周永坤氏にあらためてこの場を借りて感謝申し上げたい。

＊＊＊＊＊

　最後に、私たちの共同研究に対して「おもしろい」と興味を示して下さり、本書の刊行を快く引き受けて下さった現代人文社の成澤壽信社長、および編集の北井大輔さんにもお礼申し上げたい。人権、司法、教育などを中心に数多くの良書を世に送り出している現代人文社から「憲政」をテーマとした本共同研究の成果を公刊できることは、私たちにとってこの上ない光栄である。

　2010年５月

石塚 迅
中村元哉
山本 真

1　ワークショップの各報告の要旨および質疑応答の様子は、中村元哉編「ワークショップ報告――近現代中国の立憲主義をめぐる政治・社会・思想情勢」『南山大学アジア・太平洋研究センター報』第５号（2010年６月）13～65頁に詳録されている。
2　研究成果報告書についてはJFE21世紀財団のホームページ上で公開されている（http://www.jfe-21st-cf.or.jp/jpn/hokoku_pdf_2008/asia09.pdf）。
3　周永坤氏の論文が編著者の手元に届いたのは、周永坤氏が『法商研究』に投稿する前であり、その意味では、当該論文は書き下ろしといえる。

索　引

【事項】

あ

アヘン戦争 128
アメリカ 14, 27-28, 35-36, 50, 52-53, 55-56, 58-59
　──合衆国憲法 30
イギリス 18, 27-28, 44-45, 48, 55-56, 59, 66, 144
違憲審査制 8, 11, 130, 160-162, 171-173
違憲立法審査権 161, 164, 171
市場町 73, 77, 104-107, 109, 110-111, 119-121
一府両院 166
　人民検察院 163, 166, 168
　人民政府 163, 166, 168
　人民法院 130, 160, 163-164, 166-168, 171-174
依法治国 144-145, 158

か

会 77, 84
改革開放 140-141, 144
会館 77-78, 94
階級闘争 140-141, 172
会計監査権 → 監察院審計権
会計監査長 → 監察院審計長
会計監査部 → 監察院審計部
外見的立憲主義 9
戒厳令 10
各級人民代表大会常務委員会監督法 168
革命中心史観 20, 159
活動報告 130, 160, 166-168
耆老会 73, 103-121
勧学所 78, 82-83, 96
監察院 46-47, 52, 60-65, 67
　──審計権 52, 63

　──審計長 60
　──審計部 60
間接保障主義 9, 22, 24-26, 31-35, 38-39
議院内閣制 18, 20, 37, 50, 66
　一元型の──（責任内閣制）25, 44-49, 51, 53, 55-59
　二元型の── 45-46, 49, 53
議行合一の原則 169-170
規範 7, 13, 52, 72-73, 110-111, 133-134, 153, 164-165, 172
共産党 → 中国共産党
行政院 23, 29, 46-53, 55-60, 62-67, 162, 165
　司法行政部 23, 64
郷鎮民代表会 74, 115-116, 119
欽定憲法大綱 9
訓政 7, 10, 18, 27, 29, 60, 103, 136
　──綱領 134
軍政分離 24, 32
軍令権 58, 66
刑法 37, 162
建国大綱 55, 115
憲政 6-14, 18, 20, 23, 27-29, 32-38, 43-46, 50, 54-56, 59, 64-67, 72, 74, 103, 115, 121, 128-131, 133-154, 158-160, 162, 165
　──運動 9, 10, 20, 32-33, 35, 115, 133, 138
　──実施協進会 35-36, 115
　──促進会 135
憲法解釈権 29-30
憲法監督 143-144, 171-172
憲法制定のための国民大会 → 国民大会
憲法施行のための国民大会 → 国民大会
憲法保障 171
『憲法論』24
考試院 46-47, 51, 62
抗日戦争 → 日中戦争
講理 110-111
功利主義 28, 170
国際人権法 14
国際報道自由運動 35
国際連合 14, 43
国防会議 57-59
国防最高委員会 35, 115
国民革命 18, 28, 30

182

国民参政会憲政期成会 33-34
国民政府 → 中華民国国民政府
国民大会 18, 20, 28-30, 39, 46-47, 49-51, 55, 65, 103
　　行憲——（＝憲法施行のための——）23
　　制憲——（＝憲法施行のための——）23, 38, 49, 51
　　第1期第2回—— 55
国民党 → 中国国民党
国民党の六法全書を廃棄し解放区の司法原則を確定することに関する指示 13
五権構想 18, 20, 23-24, 28-29, 37-39
五五憲草 → 中華民国憲法草案
国家主席 146, 171
国共合作 135

さ

参議会 103, 108, 111, 114-120
三権分立 20, 37, 39, 130, 160, 162, 164, 169
三民主義 18, 23-24, 28, 33, 37, 113
三民主義青年団 119
諮議局 84
『四川月報』106-107
「思想解放」運動 141-142, 167
祠堂 77-78, 88-90, 93, 98
司法院 23, 46-47, 51-52, 61-62, 64-66
司法行政部 → 行政院
司法（権）の独立 29, 164, 166-167, 169, 171, 174
社会主義 6, 27-28, 30, 40, 138-139, 143, 145-146, 168-169
　　——憲政 136, 139, 143, 145-146, 149-150
　　——法治国家 10, 144-145, 158, 172
社会民主主義 27-28
自由 6-8, 20, 23-24, 26-28, 30, 32, 36-37, 39, 43, 46, 54, 56, 148, 161-162, 169-170
　　契約の—— 31, 36-37
　　結社の—— 31, 35-37
　　言論の—— 15, 21, 35-37, 40-42, 124, 131, 140, 175, 177
　　個人の—— 8, 24, 28, 31, 34, 37, 39, 162
　　国家の—— 32

財産の—— 36
出版の—— 26, 28, 31
民族の—— 32, 36-37
『自由中国』34, 39, 54-58, 62, 64-66
儒教 33, 85-86
出版法 31, 35
初等小学堂章程 73, 79
辛亥革命 18, 38, 73, 105, 134, 142
人権 6-8, 10, 12-14, 20, 28, 35, 40, 52, 54, 129-130, 144-146, 149, 152, 161, 172-173
　　——入憲 144-145, 152
新県制 103, 108, 111, 114, 120
新式学校 73, 77-78, 80, 84, 93, 96, 98
心性 72
新政（光緒新政）72-73, 77-79, 96-97, 100-101, 134
信訪 174
人民検察院 → 一府両院
新民主主義憲政 135-136, 148
人民政府 → 一府両院
人民代表大会 130, 140, 145, 149, 160, 163-174
　　全国—— 130, 136, 138-139, 143, 146, 160, 163-164, 166-167, 169, 172
　　全国——常務委員会 143, 146, 164, 167-168, 172
『人民日報』129, 133, 135, 137-138, 140, 142, 147, 151, 153-154
人民法院 → 一府両院
人民法院組織法 167-168
政学派 113
政協憲草 → 政治協商会議
『制憲述要』56, 58, 64
政治協商会議 20-21, 37-38, 43-44, 46-47, 49-54, 59-67
　　政協憲草 38, 43-44, 46-47, 50-53, 59-62, 65, 66-67
　　12項目の修正原則 47-51, 53-54, 63, 65-66
政治的民主化 10, 165
青年党 → 中国青年党
政法類学術定期刊行誌 147
清明会 90-91
責任内閣制 → 議院内閣制
選挙 29, 45-47, 50, 53, 63, 74, 103, 115, 117-119,

121, 140, 162-164, 170, 174
全国人民代表大会 → 人民代表大会
全国人民代表大会常務委員会 → 人民代表
　　大会
創制権 → 四権
宗族 72-73, 77-79, 88-93, 114
総統 18, 20, 24, 29, 37, 43-44, 46-61, 63, 65-67,
　　162, 165
ソビエト 163
ソビエト連邦 27-30, 159, 163
ソ連 → ソビエト連邦

た

第1次世界大戦 14, 28, 36-37
第2次世界大戦 14, 18, 35-36, 38, 46
大日本帝国憲法 9-10, 30
大法官 51-53, 61
弾劾権 52, 63, 67
地保 94-95
地方自治 9, 29, 103, 115
茶館 105, 109-111, 114
中華人民共和国憲法 10-11, 144
　　1954年憲法 136, 138-140, 152, 167
　　1975年憲法 140, 167, 169
　　1978年憲法 167
　　1982年憲法（現行憲法） 130, 136, 142-145,
　　　　148, 152, 158, 163-167, 171
中華平民教育促進会 104, 112
中華民国憲法 10, 12-13, 18, 20-21, 22-23, 25-26,
　　33, 38-39, 46, 49-50, 53-57, 59-60, 62,
　　64-65
　　――草案 18, 20, 30, 32-35, 37-38, 47, 54-55,
　　　　61, 65, 163
中華民国国民政府 18, 23, 34, 58, 74, 103, 105,
　　113, 120, 139, 159
『中華民国制憲史』 59
中華民国臨時約法 134
中華民族 24
中間団体 72-73
中国共産党 10, 20, 25, 27, 30, 33, 36-37, 44, 113,
　　129, 133, 135-136, 139-141, 146, 158, 164,
　　167, 174

　　――11期3中全会 140-141
中国憲法学会 23
中国国民党 10, 18, 20-21, 23-27, 30, 32-38, 43,
　　49-50, 54, 59-61, 65-66, 105, 112-121,
　　134-136, 138-139, 159
　　――6期2中全会 49
中国人民政治協商会議 130, 135-136, 138, 169
　　――共同綱領 130, 169
中国青年党 49, 61, 118
中国民主社会党 21, 49, 61
中国民主同盟 23, 25, 43, 135, 139
直接保障主義 22-27, 30-39
陳情 → 信訪
帝国主義 9, 30
天安門事件 6, 144
天賦人権論 28, 35
ドイツ 27-30, 46, 52, 161
動員戡乱時期臨時条款 10, 44
道教 77, 86
党政分離 164, 174
『東方雑誌』 100

な

ナショナリズム 9, 20, 22, 24-25, 28, 40
南巡講話 143-144, 148, 152
日中戦争 18, 23, 32-33, 35-38, 62, 103-104, 106,
　　116-117, 119-120, 134-135, 139, 143
日本国憲法 9, 65

は

パリ・コミューン 169
反右派闘争 39, 140
匪賊 74, 105-106, 115
秘密結社 72-73, 103-105, 109, 113, 119-120
廟産興学 73, 77-80, 100
ファシズム 163
風水 73, 85-86, 88-93, 99
フェビアン主義 27
仏教 77, 85-86
復決権 → 四権
復興社 108, 114

184

腐敗　112, 141, 174
フランス　28-29, 46, 52, 56, 164
　　──人権宣言　7, 161
文化大革命　141, 164, 169
米ソ冷戦　14
法治　6, 7, 13, 29, 32, 34, 130, 140, 145, 148, 152, 158-159, 168, 174
　　──解禁　144
　　──入憲　144, 152
法律道具主義　172
法律に基づき国を治める　→　依法治国
法律の留保　→　間接保障主義
暴力　13, 24, 29, 74, 110, 117, 120, 136
保長　106, 112, 117

ま

満洲事変　27
民意機関　34, 60, 62, 65, 72-73, 103-104, 114-116, 119
民社党　→　中国民主社会党
民主集中制の原則　163-164, 168, 170
民主主義　23, 27-28, 74, 129-130, 158, 160-165, 173-174
民主党派　135-136, 138, 143
民団　105-106

や

四権（選挙・罷免・創制・複決）　47
　　創制権　49, 55
　　複決権　49, 55

ら

立憲主義　6-11, 20, 28-30, 39, 128-130, 158-165, 173-174
立憲派　134
立法院　23, 29-30, 38-39, 44, 46-51, 53, 55-57, 59-65, 103, 159, 162, 165
リベラリズム　20, 23, 25, 27-28, 35, 39, 43, 54, 162-163
劉自然事件　58, 66

列挙主義　30, 32, 38
聯保主任　111-112, 114
ロシア革命　27

わ

ワイマール憲法　27-30, 46, 161

数字・アルファベット

12項目の修正原則　→　政治協商会議
1954年憲法　→　中華人民共和国憲法
1975年憲法　→　中華人民共和国憲法
1978年憲法　→　中華人民共和国憲法
1982年憲法　→　中華人民共和国憲法
「3つの代表」重要思想　146
CC派　34, 49, 113, 118-119

【人名】

※　人名については、読者の見やすさを考慮して、姓名（フルネーム）の順ではなく、姓を50音順に配列するという方法をとった。

あ

芦部信喜　161
エドワーズ, R・ランドル　129
エンゲルス　139
黄炎培　35
王世杰　34, 35, 50, 56
王寵恵　34

か

夏道平　55
韓大元　166, 170
許崇徳　166
胡功威　104
胡適　23, 27, 34, 54, 56, 139
呉経熊　23, 25, 30, 32, 38

呉邦国 146
江平 150
光緒帝 134

さ

阪口正二郎 8, 11, 161
沙汀 112, 114
周永坤 8, 9, 129-131, 164-174
周至柔 57
徐謙 34
蔣介石 23, 25, 29, 34-35, 38, 43, 56-58, 65-66
蕭公権 36
邵力子 35
スキナー 104, 110
孫科 23, 25, 30, 32, 35, 38, 49, 51
孫中山 → 孫文
孫文 7, 18, 23, 33, 37, 39, 49, 55, 65, 115, 134, 138

た

戴季陶 33
張君勱 21, 33, 35, 38, 43, 46-48, 50-53, 56
張知本 20, 22-33, 35-39
陳雲生 144
陳汝棠 138, 139
陳布雷 25
陳望道 138, 139
陳立夫 34, 49
鄧小平 6, 140-141, 143-144, 148, 150, 152

は

長谷部恭男 8, 10
範紹増 108
樋口陽一 6

ま

マルクス 169, 170
美濃部達吉 9
宮沢俊義 20
毛沢東 129, 135, 138, 140-141, 145, 148

や

俞鴻鈞 62
吉野作造 9

ら

羅家衡 38
羅隆基 23, 33, 139
雷震 21, 34, 43-44, 50, 54-70
ラスキ 23, 27
李歩雲 7
劉湘 111, 120
劉少奇 138
劉文輝 107, 110
劉文彩 107, 109-111, 120
レーニン 149, 170

編著者紹介（50音順）

石塚 迅（ISHIZUKA Jin）
1973年生まれ
山梨大学教育人間科学部　准教授
専攻：比較憲法、現代中国法
- 『中国における言論の自由——その法思想、法理論および法制度』（明石書店、2004年）
- 「中国からみた国際秩序と正義——「中国的人権観」の15年」『思想』第993号（2007年1月）
- 「中国の情報公開地方法規——二つのひな形」孝忠延夫＝鈴木賢編『北東アジアにおける法治の現状と課題』（成文堂、2008年）

中村元哉（NAKAMURA Motoya）
1973年生まれ
津田塾大学国際関係学科　准教授
専攻：中国近現代史、東アジア国際関係論
- 『戦後中国の憲政実施と言論の自由1945～49』（東京大学出版会、2004年）
- 「近現代東アジアの外国語書籍をめぐる国際関係——中国を中心に」『中国——社会と文化』第22号（2007年6月）
- 「国共内戦と中国革命」木畑洋一編『アジア諸戦争の時代1945～1960年（東アジア近現代通史・7）』（岩波書店、近刊）

山本 真（YAMAMOTO Shin）
1969年生まれ
筑波大学大学院人文社会科学研究科　准教授
専攻：中国近現代史、農村社会史
- 「1930年代前半、河北省定県における県行政制度改革と民衆組織化の試み」『歴史学研究』第763号（2002年6月）
- 「福建省西部革命根拠地における社会構造と土地革命」『東洋学報』第87巻第2号（2005年9月）
- 「1930～40年代、福建省における国民政府の統治と地域社会——龍巖県での保甲制度・土地整理事業・合作社を中心にして」『社会経済史学』第74巻第2号（2008年7月）

執筆者紹介（中国語ピンイン順）

徐躍（XU Yue）
1958年生まれ
中国・四川大学歴史文化学院　副教授
専攻：中国近代史
- 「論弘一大師」『北京師範大学学報』1990年第4期
- 「清末廟産興学政策的縁起和演変」『社会科学研究』（四川省社会科学院）2007年第4期
- 「清末四川廟産興学及由此産生的僧俗紛糾」『近代史研究』（中国社会科学院近代史研究所）2008年第5期

薛化元（XUE Huayuan）
1959年生まれ
台湾・政治大学歴史学系・台湾史研究所　教授
専攻：中国近現代史、現代台湾政治
- 『《自由中国》与民主憲政──1950年代台湾思想史的一個考察』（板橋：稲郷出版社、1996年）
- （編著）『戦後台湾人権史』（台北：国家人権紀念館籌備処、2003年）
- （主編）雷震『中華民国制憲史』（板橋：稲郷出版社、2010年）

周永坤（ZHOU Yongkun）
1948年生まれ
中国・蘇州大学法学院　教授
専攻：法理学、憲法
- 『規範権力──権力的法理研究』（北京：法律出版社、2006年）
- 『憲政与権力』（済南：山東人民出版社、2008年）
- 『法理学──全球視野〔第3版〕』（北京：法律出版社、2010年）

訳者紹介

吉見 崇（YOSHIMI Takashi）
1983年生まれ
東京大学大学院総合文化研究科博士後期課程、日本学術振興会特別研究員
専攻：中国近代史
- 「司法史から見た民国史」『中国研究月報』第711号（2007年5月）

憲政と近現代中国
国家、社会、個人

2010年11月10日　第1版第1刷

編著者　石塚 迅・中村元哉・山本 真
発行人　成澤壽信
編集人　北井大輔
発行所　株式会社 現代人文社
　　　　〒160-0004 東京都新宿区四谷2-10 八ツ橋ビル7階
　　　　Tel: 03-5379-0307　Fax: 03-5379-5388
　　　　E-mail: henshu@genjin.jp（編集）/ hanbai@genjin.jp（販売）
　　　　Web: www.genjin.jp
発売所　株式会社 大学図書
印刷所　株式会社 平河工業社
装　丁　Malpu Design（星野槙子）

検印省略　Printed in Japan
ISBN978-4-87798-452-6 C3031
©2010　石塚 迅・中村元哉・山本 真
◎本書の一部あるいは全部を無断で複写・転載・転訳載などをすること、または磁気媒体等に入力することは、法律で認められた場合を除き、著作者および出版者の権利の侵害となりますので、これらの行為をする場合には、あらかじめ小社または著者に承諾を求めて下さい。
◎乱丁本・落丁本はお取り換えいたします。